Cristóbal Villalón
El Crotalón

Barcelona **2024**
Linkgua-ediciones.com

Créditos

Título original: El Crotalón.

© 2024, Red ediciones S.L.

e-mail: info@linkgua.com

Diseño de cubierta: Michel Mallard.

ISBN tapa dura: 978-84-1126-504-1.
ISBN rústica: 978-84-9816-869-3.
ISBN ebook: 978-84-9897-215-3.

Cualquier forma de reproducción, distribución, comunicación pública o transformación de esta obra solo puede ser realizada con la autorización de sus titulares, salvo excepción prevista por la ley. Diríjase a CEDRO (Centro Español de Derechos Reprográficos, www.cedro.org) si necesita fotocopiar, escanear o hacer copias digitales de algún fragmento de esta obra.

Sumario

Créditos _____ 4

Brevísima presentación _____ 7
   La vida _____ 7

Prólogo del autor _____ 9

Argumento del primer canto del gallo _____ 13

Argumento del segundo canto del gallo _____ 25

Argumento del tercero canto del gallo _____ 38

Argumento del cuarto canto del gallo _____ 48

Argumento del quinto canto del gallo _____ 65

Argumento del sexto canto del gallo _____ 80

Argumento del séptimo canto del gallo _____ 92

Argumento del octavo canto del gallo _____ 108

Argumento del nono canto del gallo _____ 121

Argumento del décimo canto _____ 136

Argumento del onceno canto del gallo _____ 148

Argumento del duodécimo canto del gallo _____ 159

Argumento del decimotercio canto del gallo _____ 170

Argumento del decimocuarto canto del gallo _____ 184

Argumento del décimo quinto canto del gallo _____ 195

Argumento del decimosexto canto del gallo _____ 206

Argumento del décimo séptimo canto _____ 219

Argumento del décimo octavo canto _____ 233

Argumento del décimo nono canto del gallo _____ 248

Argumento del vigésimo y último canto _____ 262

Libros a la carta _____ 273

Brevísima presentación

La vida

Cristóbal de Villalón (c. 1505-c. 1588). España.

Se graduó de bachiller en artes en Alcalá. Estudió en la Universidad de Salamanca en 1525 y en su facultad de teología conoció a los más prestigiosos humanistas de su tiempo. En 1530 fue catedrático en Valladolid y en 1532 ejerció como profesor de latín de los hijos del Conde de Lemos. No se tienen noticias de su vida a partir de 1588.

Se dice que profesó la fe luterana. Sin embargo, Marcelino Menéndez y Pelayo lo negó en el libro IV de su *Historia de los heterodoxos españoles* argumentando que el *Crotalón* contiene duras invectivas contra los protestantes.

Su primera obra es la *Tragedia de Mirrha* (1536), novela dialogada que se inspira en los amores incestuosos entre Mirrha y su padre, el rey Cíniras, tratados por Ovidio en su *Metamorfosis*. Por entonces Villalón también escribió el *Scholástico*. Su obra más popular fue *Provechoso tratado de cambios y contrataciones de mercaderes y reprobación de usuras*, dedicado a los problemas morales de la actividad de los prestamistas desde una visión teológica y comercial. En 1558 publicó su *Gramática castellana*, más alejada del latín que la de Antonio de Nebrija.

Este libro, influido por los ideales eramistas, cuestiona con vehemencia los vicios de su época.

Prólogo del autor

De Cristoforo Gnofoso natural de la ínsula Eutrapelia, una de las Ínsulas Fortunadas. En el cual se contrahace aguda e ingeniosamente el sueño o gallo de Luciano famoso orador griego.
Posui ori meo custodiam: cum consisteret peccatum adversum me. P sal 18

Al lector curioso
Porque cualquiera persona en cuyas manos cayere este nuestro trabajo (si por ventura fuere digno de ser de alguno leído) tenga entendida la intención del autor, sepa que por ser enemigo de la ociosidad, por tener experiencia ser el ocio causa de toda malicia, queriéndose ocupar en algo que fuese digno del tiempo que en ello se pudiese consumir, pensó escribir cosa que en apacible estilo pudiese aprovechar. Y así imaginó cómo, debajo de una corteza apacible y de algún sabor, diese a entender la malicia en que los hombres emplean el día de hoy su vivir. Porque en ningún tiempo se pueden más a la verdad que en el presente verificar aquellas palabras que escribió Moysen en el Genesi: «Que toda carne mortal tiene corrompida y errada la carrera y regla de su vivir». Todos tuercen la ley de su obligación. Y porque tengo entendido el común gusto de los hombres, que les aplace más leer cosas del donaire: coplas, chanzonetas y sonetos de placer, antes que oír cosas graves, principalmente si son hechas en reprehensión, porque a ninguno aplace que en sus flaquezas le digan la verdad, por tanto, procuré darles manera de doctrinal abscondida y solapada debajo de facicias, fábulas, novelas y donaires, en los cuales, tomando sabor para leer, vengan a aprovecharse de aquello que quiere mi intención. Este estilo y orden tuvieron en sus obras muchos sabios antiguos enderezados en este mismo fin. Como Ysopo y Catón, Aulo Gelio, Juan Bocacio, Juan Pogio florentín; y otros muchos que sería largo contar, hasta Aristóteles, Plutarco, Platón. Y Cristo enseñó con parábolas y ejemplos al pueblo y a sus discípulos la doctrina celestial. El título de la obra es Crotalón: que es vocablo griego; que en castellano quiere decir: juego de sonajas, o terreñuelas, conforme a la intención del autor.

Contrahace el estilo e invención de Luciano, famoso orador griego, en el su Gallo: donde hablando un gallo con un su amo capatero llamado Micilo reprehendió los vicios de su tiempo. Y en otros muchos libros y diálogos que escribió. También finge el autor ser sueño imitando al mismo Luciano que al mismo diálogo del Gallo llama Sueño. Y hácelo el autor porque en esta su obra pretende escribir de diversidad de cosas y sin orden, lo cual es propio de sueño, porque cada vez que despierta tornándose a dormir sueña cosas diversas de las que antes soñó. Y es de notar que por no ser tradución a la letra ni al sentido le llama contrahecho, porque solamente se imita el estilo.

Llama a los libros o diversidad de diálogos canto, porque es lenguaje de gallo cantar. O porque son todos hechos al canto del gallo en el postrero sueño a la mañana, donde el estómago hace la verdadera digestión, y entonces los vapores que suben al cerebro causan los sueños y aquéllos son los que quedan después. En las transformaciones de que en diversos estados de hombres y brutos se escriben en el proceso del libro, imita el autor al heroico poeta Ovidio en su libro del Metamorfosis, donde el poeta finge muchas transformaciones de bestias, piedras y árboles en que son convertidos los malos en pago de sus vicios y perverso vivir.

En el primero canto el autor propone de lo que ha de tratar en la presente obra, narrando el primer nacimiento del gallo, y el suceso de su vida.

En el segundo canto el autor imita a Plutarco en un diálogo que hizo entre Ulises y un griego llamado Grilo, el cual había Circe convertido en puerco y no quiso ser vuelto a la naturaleza de hombre, teniendo por más felice el estado y naturaleza de puerco. En esto el autor quiere dar a entender que cuando los hombres están encenagados en los vicios, y principalmente en el de la carne, son muy peores que brutos. Y aún hay, le imita en el libro que hizo llamado Pseudomantis, en el cual describe maravillosamente grandes tacañerías, embaimientos y engaños de un falso religioso llamado Alejandro, el cual en Macedonia, hay muchas fieras que sin comparación los exceden en el uso de la virtud.

En el tercero y cuarto cantos el autor trata una misma materia, porque en ellos imita a Luciano en todos sus diálogos; en los cuales siempre muerde a los filósofos y nombres religiosos de su tiempo.

Y en el cuarto canto, expresamente, le imita en el libro que hizo llamado Pseudomantis, en el cual describe maravillosamente grandes tacañerías, embaimientos y engaños de un falso religioso llamado Alejandro, el cual en Macedonia, Tracia, Bitinia y parte de la Asia fingió ser profeta de Esculapio, fingiendo dar respuestas ambiguas e industriosas para adquirir con el vulgo crédito y moneda.

En el quinto, sexto y séptimo cantos el autor, debajo de una graciosa historia, imita la parábola que Cristo dijo por San Lucas en el capítulo quinze del hijo pródigo. Allí se verá en agraciado estilo un vicioso mancebo en poder de malas mujeres, vueltas las espaldas a su honra, a los hombres y a Dios, disipar todos los dotes del alma que son los tesoros que de su padre Dios heredó. Y veráse también los hechizos, engaños y encantamientos de que las malas mujeres usan por gozar de sus lacivos deleites por satisfacer a sola su sensualidad.

En el octavo canto, por haber el autor hablado en los cantos precedentes de los religiosos, prosigue hablando de algunos intereses que en daño de sus conciencias tienen mujeres que en título de religión están en los monasterios dedicadas al culto divino, monjas. Y en la fábula de las ranas imita a Homero en su Bratacomiomaquia.

En el nono y décimo cantos el autor, imitando a Luciano en el diálogo llamado Toxaris en el cual trata de la amistad, el autor trata de dos amigos fidelísimos, que en casos muy arduos aprobaron bien su intención; y en Roberto y Beatriz imita el autor la fuerza que hizo la mujer de Putifar a Joseph.

En el onceno canto el autor, imitando a Luciano en el libro que intituló De luctu, habla de la superfluidad y vanidad que entre los cristianos se acostumbra hacer en la muerte, entierro y sepultura, y descríbese el entierro del marqués del Gasto, capitán general del Emperador en la Italia, cosa muy de notar.

En el duodécimo canto el autor, imitando a Luciano en el diálogo que intituló Icaromenipo, finge subir al cielo y describe lo que allá vio acerca del asiento de Dios, y orden y bienaventuranza de los ángeles y santos y de otras muchas cosas que agudamente se tratan del estado celestial.

En el decimotercio canto, prosiguiendo el autor la subida del cielo, finge haber visto en los aires la pena que se da a los ingratos, y hablando maravillosamente de la ingratitud cuenta un admirable acontecimiento digno de ser oído en la materia.

En el decimocuarto canto el autor concluye la subida del cielo, y propone tratar la bajada del infierno declarando lo que acerca dél tuvieron los gentiles, y escribieron sus historiadores y poetas.

En el decimoquinto y decimosexto cantos imitando el autor a Luciano, en el libro que intituló Necromancia, finge descender al infierno, donde describe las estancias, lugares y penas de los condenados.

En el decimosexto canto el autor en Rosicler, hija del rey de Siria, describe la ferocidad con que una mujer acomete cualquiera cosa que le venga al pensamiento si es lisiada de un lascivo interés, y concluye con el descendimiento del infierno imitando a Luciano en los libros que de Varios diálogos intituló.

En el decimoséptimo canto el autor sueña haberse hallado en una misa nueva, en la cual describe grandes acontecimientos que comúnmente en semejantes lugares suelen pasar entre sacerdotes.

En el decimo octavo canto el autor sueña un acontecimiento gracioso, por el cual muestra los grandes daños que se siguen por faltar la verdad del mundo dentre los hombres.

En el decimo nono canto el autor trata del trabajo y miseria que hay en el palacio y reprehende a aquellos que pudiendo ser señores viviendo de algún oficio se privan de su libertad.

En el vigésimo y último canto el autor describe la muerte del gallo.

Síguese el Crótalon de Christoforo Gnofoso, en el cual se contrahace el sueño o gallo de Luciano, famoso orador griego.

Argumento del primer canto del gallo

En el primer canto que se sigue el autor propone lo que ha de tratar en la presente obra, narrando el primer nacimiento del gallo y el suceso de su vida.

DIÁLOGO - INTERLOCUTORES

Micilo capatero pobre y un Gallo suyo

¡O líbreme Dios de gallo tan maldito y tan vocinglero! Dios te sea adverso en tu deseado mantenimiento, pues con tu ronco e importuno vocear me quitas y estorbas mi sabroso y bienaventurado sueño, holganza tan apacible de todas las cosas. Ayer en todo el día no levanté cabeza trabajando con el alesna y cerda, y aún sin dificultad es pasada la media noche y ya me desasosiegas en mi dormir. Calla; si no en verdad que te dé con esta horma en la cabeza, que más provecho me harás en la olla cuando amanezca, que haces ahí voceando.

Gallo: Maravíllome de tu ingratitud, Micilo, pues a mí que tanto provecho te hago en despertarte por ser ya hora conveniente al trabajo, con tanta cólera me maldices y blasfemas. No era eso lo que ayer decías renegando de la pobreza, sino que querías trabajar de noche y de día por haber alguna riqueza.

Micilo: ¡O Dios inmortal! ¿Qué es esto que oyo? ¿El gallo habla? ¿Qué mal agüero o monstruoso prodigio es éste?

Gallo: ¿Y deso te escandalizas, y con tanta turbación te maravillas, o Micilo?

Micilo: Pues, cómo ¿y no me tengo de maravillar de un tan prodigioso acontecimiento? ¿Qué tengo de pensar sino que algún demonio habla en ti? Por lo cual me conviene que te corte la cabeza, porque acaso en algún tiempo no me hagas otra más peligrosa ilusión. ¿Huyes? ¿Por qué no esperas?

Gallo: Ten paciencia, Micilo, y oye lo que te diré, que te quiero mostrar cuán poca razón tienes de escandalizarte, y aun confío que después no te pesará oírme.

Micilo: Agora siendo gallo, dime: ¿tú quién eres?

Gallo: ¿Nunca oíste decir de aquel gran filósofo Pitágoras, y de su famosa opinión que tenía?

Micilo: Pocos capateros has visto te entender con filósofos. A mí a lo menos poco me vaga para entender con ellos.

Gallo: Pues mira que éste fue el hombre más sabio que hubo en su tiempo, y éste afirmó y tuvo por cierto que las almas después de criadas por Dios pasaban de cuerpos en cuerpos. Probaba con gran eficacia de argumentos que, en cualquiera tiempo que un animal muere, está aparejado otro cuerpo en el vientre de alguna hembra en disposición, de recibir alma, y que a éste se pasa el alma del que agora murió. De manera que puede ser que una misma alma, habiendo sido criada de largo tiempo, haya venido en infinitos cuerpos, y que agora quinientos años hubiese sido rey, y después un miserables aguadero; y así en un tiempo un hombre sabio, y en otro un necio, y en otro rana, y en otro asno, caballo o puercos; ¿Nunca tú oíste decir esto?

Micilo: Por cierto, yo nunca oí cuentos ni músicas más agraciadas que aquellas que hacen entre sí cuando en mucha priesa se encuentran las hormas y charambiles con el tranchete.

Gallo: Así parece ser eso. Porque la poca experiencia que tienes de las cosas te es ocasión que agora te escandalizes de ver cosa tan común a los que leen.

Micilo: Por cierto que me espantas de oír lo que dices.

Gallo: Pues dime agora: ¿De dónde piensas que les viene a muchos brutos animales hacer cosas tan agudas y tan ingeniosas que aun muy enseñados hombres no bastaran hacerlas? ¿Qué has oído decir del elefante, del tigre, lebrel y raposa? ¿Qué has visto hacer a una mona? ¿Qué se podría decir de aquí a mañana? Ni habrá quien tanto te diga como yo si el tiempo nos diese a ello lugar, y tú tuvieses de oírlo gana y algún agradecimiento. Porque te hago saber que ha más de mil años que soy criado en el mundo, y después acá he vivido en infinitas diferencias de cuerpos, en cada uno de los cuales me han acontecido tanta diversidad de cuentos, que antes nos faltaría tiempo que me faltase a mí decir, y a ti que holgases de oír.

Micilo: ¡O mi buen gallo, qué bienaventurado me sería el señorío que tengo sobre ti, si me quisieses tanto agradar que con tu dulce y sabrosa lengua me comunicases alguna parte de los tus fortunosos acontecimientos! Yo te prometo que en pago y galardón de este inestimable servicio y placer te dé en amaneciendo la ración doblada, aunque sepa quitarlo de mi mantenimiento.

Gallo: Pues por ser tuyo te soy obligado agradar, y agora más por ver el premio relucir.

Micilo: Pues, aguarda, encenderé candela y ponerme he a trabajar. Agora comienza, que oyente tienes el más obediente y atento que nunca a maestro oyó.

Gallo: ¡O dioses y diosas, favoreced mi flaca y deleznable memoria!

Micilo: ¿Qué dices? ¿Eres hereje o gentil? ¿Cómo llamas a los dioses y diosas?

Gallo: Pues ¡cómo!, ¿y agora sabes que todos los gallos somos franceses como el nombre nos lo dice, y que los franceses hacemos deso poco caudal? Principalmente después que hizo liga con los turcos nuestro rey, trájolos allí, y medio profesamos su ley por la conversación. Pero de aquí adelante yo te prometo de hablar contigo en toda religión.

Micilo: Agora pues comienza, yo te ruego, y has de contar desde el primero día de tu ser.

Gallo: Así lo haré; tenme atención, yo te diré cosas tantas y tan admirables que con ningún tiempo se puedan medir, y si no fuese por tu mucha cordura no las podrías creer. Decirte he muchos acontecimientos de grande admiración. Verás los hombres convertidos en bestias, y las bestias convertidas en hombres y con gran facilidad. Oirás cautelas, astucias, industrias, agudezas, engaños, mentiras y tráfagos en que a la contina emplean los hombres su natural. Verás, en conclusión, como en un espejo lo que los hombres son de su natural inclinación, por donde juzgarás la gran liberalidad y misericordia de Dios.

Micilo: Mira, gallo, bien que pues yo me confío de ti, no pienses agora con arrogancias y soberbia de elocuentes palabras burlar de mí contándome tan grandes mentiras que no se puedan creer, porque puesto caso que todo me lo hagas con tu elocuencia muy claro y aparente, aventuras ganar poco interés mintiendo a un hombre tan bajo como yo, y hacer injuria a ese filósofo Pitágoras que dices que en otro tiempo fueste y al respeto que todo hombre se debe a sí. Porque el virtuoso en el cometimiento de la poquedad no ha de tener tanto temor a los que la verán, como a la vergüenza que debe haber de sí.

Gallo: No me maravillo, Micilo, que temas hoy de te confiar de mí, que te diré verdad por haber visto una tan gran cosa y tan no usada ni oída de ti como ver un gallo hablar. Pero mira bien que te obliga mucho, sobre todo lo que has dicho, a me creer, considerar que pues yo hablé, y para ti, que no es pequeña muestra de deidad, a la cual repugna el mentir. Y ya cuando no me quisieres considerar más de gallo confía de mí, que terné respecto al premio y galardón que me has prometido dar en mi comer, porque no quiero que me acontezca contigo hoy lo que aconteció a aquel ambicioso músico Evangelista en esta ciudad. Lo cual por te hacer perder el temor quiero que oyas aquí. Tú sabrás que aconteció en Castilla una gran pestilencia, que en un año entero y más fue perseguido todo el reino de gran mortandad. De manera que en ningún pueblo que fuese de algunos vecinos se sufría vivir, porque no se entendía sino en enterrar muertos desde que amanecía hasta en gran pieza de la noche que se recogían los hombres a descansar. Era la enfermedad un género de postema nacida en las ingles, sobacos o garganta, a la cual llamaban landre. De la cual, en siendo heridos, sucedía una terrible calentura, y dentro de veinte y cuatro horas hería la postema en el corazón y era cierta la muerte. Convenía huir de conversación y compañía, porque era mal contagioso, que luego se pegaba si había ayuntamiento de gentes; y así huían los ricos que podían de los grandes pueblos a las pequeñas aldeas que menos gente y congregación hubiese. Y después se defendía la entrada de los que viniesen de fuera con temor que trayendo consigo el mal corrompiese y contaminase el pueblo. Y así acontecía que el que no salía temprano de la ciudad juntamente con sus alhajas y hacienda, si acaso saliese algo tarde cuando ya estaba encendida la pestilencia, andaba vagando por los campos porque no le querían acoger en parte alguna, por lo cual sucedía morir por allí por mala provisión de hambre y miseria corridos y desconsolados. Y lo que más era de llorar, que puestos en la necesidad los padres, huían dellos los hijos con la mayor crueldad del mundo, y por el semejante huían dellos los padres por escapar cada cual con la vida. Y sucedía que por huir los sacerdotes el peligro de la pestilencia, no había quien confesase ni administrase los sacramentos, de manera que todos morían sin ellos; y en el entierro, o quedaban sin sepultura, o se echaban veinte personas en una. Era, en suma, la más trabajada y miserable vida e infeliz que ninguna lengua ni pluma puede escribir ni encarejer. Teníase por conveniente medio, do quiera que los hombres estaban ejercitarse en cosas de alegría y placer: en huertas, ríos, fuentes, florestas, jardines, prados, juegos, bailes y todo género de regocijo, huyendo a la contina con todas sus fuerzas de cualquiera ocasión que los pudiese dar tristeza y pesar. Agora quiero te decir una cosa notable que en esta nuestra ciudad pasó, y es que se tomó por ocupación y ejercicio salutífero, y muy conveniente para evitar la tristeza y ocasión del mal, hacer en todas las calles pasos, o lo que los antiguos llamaron palestras o estadios; y porque mejor me entiendas digo que se hacían en todas las calles unos palenques que las cerraban con un seto de madera entretejida arboleda de flores, rosas y yerbas muy graciosas, quedando sola una pequeña puerta por la cual al principio de la calle pudiesen entrar, y otra puerta al fin por donde pudiesen salir; y allí dentro se hacía un entoldado tálamo o teatro para que se sentasen los jueces; y en cada calle había un juego particular dentro de aquellos palenques o palestras. En una calle había lucha, en otra esgrima, en otra danza y baile; en otra se jugaban birlos, saltar, correr, tirar barra; y a todos estos juegos y ejercicios había ricas joyas que se daban al que mejor se ejercitase por premio; y así todos venían aquí a llevar el palio, o premio, ricamente vestidos o disfrazados que agraciaban mucho a los miradores y adornaban la fiesta y regocijo. En una calle estaba hecho un palenque de mucho más rico, hermoso y apacible aparato que en todas las otras. Estaba hecho un seto con muchos géneros y diferencias de árboles, flores y frutas, naranjas, camuesos, ciruelas, guindas, claveles, azucenas, alelíes, rosas, violetas, maravillas y jazmines y todas las frutas colgaban de los ramos. Había a una parte del palenque un teatro ricamente entoldado, y en él había un estrado. Debajo de un dosel de brocado estaban sentados Apolo y Orfeo, príncipes de la música de bien contrahechos disfraces. Tenía el uno dellos en la mano una vihuela, que decían haber sido aquella que hubieron los insulanos de Lesbos que iba por el mar haciendo con las olas muy triste música por la muerte de su señor Orfeo, cuando le despedazaron las mujeres griegas, y cortada la cabeza, juntamente con la vihuela, la echaron en el Negro Ponto, y las aguas del mar la llevaron hasta Lesbos, y los insulanos la pusieron en Delfos en el templo de Apolo, y de allí la trajeron los desta ciudad para esta fiesta y desafío. Así decían estos jueces que la darían por premio y galardón al que mejor cantase y tañiese en una vihuela, por ser la más estimada joya que en el mundo entre los músicos se podía haber. En aquel tiempo estaba en esta nuestra ciudad un hombre muy ambicioso que se llamaba Evangelista, el cual, aunque era mancebo de edad de treinta años, y de buena disposición y rostro, pero era muy mayor la presunción que de sí tenía de pasar en todo a todos. Éste, después que hubo andado todos los palenques y palestras, y que en ninguno pudo haber victoria, ni en lucha, ni esgrima, ni en otro alguno de aquellos ejercicios, acordó de se vestir lo más rico que pudo, ayudándose de ropas y joyas muy preciadas suyas y de sus amigos, y cargando de collares y cadenas su cuello y hombros, y de muchos y muy estimados anillos sus dedos; y procuró haber una vihuela con gran suma de dinero, la cual llevaba las clavijas de oro, y todo el mástil y tapa labrada de un tarace de piedras finas de inestimable valor, y eran las maderas del cedro del monte Líbano, y del ébano fino de la ínsula Méroe, juntamente con las costillas y cercos. Tenía por la tapa, junto a la puente y lazo, pintados a Apolo y Orfeo con sus vihuelas en las manos de muy admirable oficial que la labró. Era la vihuela de tanto valor que no había precio en que se pudiese estimar. Éste, como entró en el teatro, fue de todos muy mirado por el rico aparato y atavío que traía. Estaba todo el teatro lleno de tapetes y estancias llenas de damas y caballeros que habían venido a ver definir aquella preciosa joya en aquella fiesta posponiendo su salud y su vida. Y como le mandaron los jueces que comenzase a tañer esperando dél que llevaría la ventaja al mismo Apolo que resucitase. En fin, ¡él comenzó a tañer de tal manera que a juicio razonable que no fuese piedra, parecería no saber tocar las cuerdas más que un asno! Y cuando vino a cantar todos se movieron a escarnio y risa visto que la canción era muy fría y cantada sin algún arte, gracia y donaire de la música. Pues como los jueces le oyeron cantar y tañer tan sin arte y orden esperando dél el extremo de la música, hiriéndole con un palo y con mucho baldón fue traído por el teatro diciéndole un pregonero en alta voz grandes vituperios, y fue mandado por los jueces estar vilísimamente sentado en el suelo con mucha inominia a vista de todos hasta que fue sentenciado el juicio. Y luego entró un mancebo de razonable disposición y edad, natural de una pequeña y baja aldea desta nuestra ciudad, pobre, mal vestido y peor ataviado en cabello y apuesto. Éste traía en la mano una vihuela grosera y mal dolada de pino y de otro palo común, sin polideza ni afeite alguno. Tan grosero en su representación que a todos los que estaban en el teatro movió a risa y escarnio juzgando que éste también pagaría con Evangelista su atrevimiento y temeridad. Y puesto ante los jueces les demandó en alta voz le oyesen, y después de haber oído a aquellos dos tan señalados músicos en la vihuela Torres, Naruáez y Macotera, tan nombrados en España que admirablemente habían hecho su deber y obligación, mandaron los jueces que tañese este pobre varón, que dijo haber por nombre Tespín. El cual como comenzó a tañer hacía hablar las cuerdas con tanta excelencia y melodía que llevaba los hombres bobos, dormidos tras sí; y a una vuelta de consonancia los despertaba como con una vara. Tenía de voz un tenor admirable, el cual cuando comenzó a cantar no había hombre que no saliese de sí, porque era la voz de admirable fuerza, majestad y dulzor. Cantaba en una ingeniosa composición de metro castellano las batallas y victoria del rey Católico Fernando sobre el reino y ciudad de Granada, y aquellos razonamientos y aviso que pasó con aquel antiguo moro Abenámar, descripción de alijares, alcázar y mezquita. Los jueces dieron por Tespín la sentencia y victoria, y le dieron la joya del premio y triunfo, y luego volviéndose el pregonero a Evangelista, que estaba miserablemente sentado en tierra, le dijo en alta voz: «Ves aquí, o soberbio y ambicioso Evangelista, qué te han aprovechado tus anillos, vihuela dorada y ricos atavíos, pues por causa dellos han advertido todos los miradores más a tu temeridad, locura, ambición y necedad, cuando por sola la apariencia de tus riquezas pensaste ganar el premio, no sabiendo en la verdad cantar ni tañer. Pues mentiste a ti, y a todos pensaste engañar, serás infame para siempre jamás por ejemplo del mentir, llevando el premio el pobre Tespín como músico de verdad sin apariencia ni ficción». Esto te he contado, Micilo, porque me dijiste que con aparato de palabras no pensase decirte grandes mentiras. Yo digo que te prometo de no ser como este músico Evangelista, que quiso ganar el premio y joya con solo el aparato y apariencia de su hermosura y riqueza, con temor que después no solamente me quites el comer que me prometes por galardón, pero aún me des de palos. Y aún por más te asegurar te hago juramento solemne al gran poder de Dios, y...

Micilo: Calla, calla gallo, óyeme. Dime, ¿y no me prometiste al principio que hablarías conmigo en toda religión?

Gallo: ¿Pues en qué falto de la promesa?

Micilo: En que con tanta fuerza y vehemencia juras a Dios.

Gallo: ¿Pues no puedo jurar?

Micilo: Unos clérigos santos que andan en esta villa nos dicen que no.

Gallo: Déjate desos santones. Opinión fue de unos herejes llamados manicheos, condenada por concilio, que decían que en ninguna manera era lícito jurar. Pero a mí paréceme que es lícito imitar a Dios, pues Él juró por sí mismo cuando quiso hacer cierta la promesa a Abraán, donde dice San Pablo que no había otro mayor por quien jurase Dios que lo jurara como juró por sí; y en la Sagrada Escritura, a cada paso, se hallan juramentos de profetas y santos que juran «vive Dios». Y el mismo San Pablo le jura con toda su santidad, que dijo escribiendo a los gálatas: si por la gracia somos hijos de Dios, luego juro a Dios que somos herederos. Y hacía bien, porque ninguno jura sino por el que más ama, y por el que conoce ser mayor. Así dice el refrán: «quien bien le jura, bien le cree». Pero dejado esto, yo le prometo contar cosas verdaderas y de admiración con que sobrellevando el trabajo te deleite y dé placer. Pues venido al principio de mi ser tú sabrás que como te he dicho yo fue aquel gran filósofo Pitágoras samio hijo de Menesarra, hombre rico y de gran negocio en la mercadería.

Micilo: Espera, gallo, que ya me acuerdo, que yo he oído decir dese sabio y santo filósofo que enseñó muchas buenas cosas a los de su tiempo. Agora, pues, dime gallo, ¿por qué vía dejando de ser aquel filósofo veniste a ser gallo, un ave de tan poca estima y valor?

Gallo: Primero que viniese a ser gallo fue transformado en otras diversidades de animales y gentes, entre las cuales he sido rana, y hombre bajo popular y rey.

Micilo: ¿Y qué rey fueste?

Gallo: Yo fue Sardanapalo, rey de los medos, mucho antes que fuese Pitágoras.

Micilo: Agora me parece, gallo, que me comienzas a encantar o, por mejor decir, a engañar, porque comienzas por una cosa tan repugnante y tan lejos de verosimilitud para poderla creer. Porque según yo he oído y me acuerdo, ese filósofo Pitágoras fue el más virtuoso hombre que hubo en su tiempo. El cual por aprender los secretos de la tierra y del cielo se fue a Egipto con aquellos sabios que allí había en el templo que entonces decían sacerdotes de Júpiter Amón, que vivían en las Syrtes, y de allí se vino a visitar los magos a Babilonia, que era otro género de sabios, y al fin se volvió a la Italia, donde llegado a la ciudad de Crotón halló que reinaba mucho allí la lujuria, y el deleite, y el suntuoso comer y beber, de lo cual los apartó con su buena doctrina y ejemplo. Éste hizo admirables leyes de templanza, modestia y castidad, en las cuales mandó que ninguno comiese carne, por apartarlos de la lujuria; y desta manera bastó refrenarlos de los vicios. Y también mandaba a sus discípulos que por cinco años no hablasen, porque conocía el buen sabio cuántos males vengan en el mundo por el hablar demasiado. ¡Cuán contrarias fueron estas dos cosas a las costumbres y vida de Sardanapalo rey de los medos, del cual he oído cosas tan contrarias, que me hacen creer que finges por burlar de mí! Porque he oído decir que fue el mayor glotón y lujurioso que hubo en sus tiempos, tanto que señalaba premios a los inventores de guisados y comeres, y a los que de nuevo le enseñasen maneras de lujuriar, y así este infeliz sucio mandó poner en su sepultura estas palabras: «Aquí yace Sardanapalo, rey de medos, hijo de Anazindaro. Come hombre, bebe y juega, y conociendo que eres mortal, satifaz tu ánimo de los deleites presentes, porque después no hay de qué puedas con alegría gozar. Que así hice yo, y solo me queda que comí y harté este mi apetito de lujuria y deleite, y en fin todo se queda acá, y yo resulto convertido en polvo». Mira pues, o gallo, qué manifiesta contrariedad hay entre estos dos por donde veo yo que me estimes en poco, pues tan claramente propones cosa tan lejos de verosimilitud. O parece que descuidado en tu fingir manifiestes la vanidad de tu ficción.

Gallo: ¡O cuán pertinaz estás, Micilo, en tu incredulidad! Ya no sé con qué juramentos o palabras te asegure para que me quieras oír. Cuánto más te admirarías si te dijese, que fue yo también en un tiempo aquel emperador romano Heliogábalo, un tan disoluto glotón y vicioso en su comer.

Micilo: ¡O válame Dios! Si es verdad lo que me contó este día pasado este nuestro vecino Demofón, que dijo que lo había leído en un libro que dijo llamarse Selva de varia lección. Por cierto si verdad es, y no lo finge aquel autor, argumento me es muy claro de lo que presumo de ti, porque en el vicio de comer y beber y lujuriar excede aún a Sardanapalo sin comparación.

Gallo: De pocas cosas te comienzas a admirar, o Micilo, y de cosas fáciles de entender te comienzas a alterar, y mueves dudas y objeciones que causan repugnancia y perplejidad en tu entendimiento. Lo cual todo nace de la poca experiencia que tienes de las cosas; y principalmente procede en ti esa tu confusión de no ser ocupado hasta aquí en la especulación de la filosofía, donde se aprende y sabe la naturaleza de las cosas. Donde si tú te hubieras ejercitado supieras la raíz porque aborrecí el deleite y lujuria siendo Pitágoras, y le seguí y amé con tanto estudio siendo Heliogábalo, o Sardanapalo. No te fatigues agora por saber el principio de naturaleza por donde proceda esta variedad de inclinación, porque ni hace a tu propósito, ni te hace menester, ni nos debemos agora en esto ocupar. Solamente por te dar manera de sabor y gracia en el trabajar pretendo que sepas cómo todo lo fue, y lo que en cada estado pasé, y conocerás cómo de sabios y necios, ricos, pobres, reyes y filósofos, el mejor estado y más seguro de los vaivenes de fortuna tienes tú, y que entre todos los hombres tú eres el más feliz.

Micilo: ¿Qué yo te parezco el más bienaventurado hombre de los que has visto, o gallo? Por cierto, yo pienso que burlas, pues no veo en mí por qué. Pero quiero dejar de estorbar el discurso de tu admirable narración con mis perplejos argumentos, y bástame gozar del deleite que espero recibir de tu gracioso cuento para el paso de mi miserable vida sola y trabajada, que si como tú dices, otro más mísero y trabajado hay que yo en el mundo respecto del cual yo me puedo decir bienaventurado, yo concluyo que en el mundo no hay que desear. Agora, pues, el tiempo se nos va, comiénzame a contar desde que fueste Pitágoras lo que pasaste en cada estado y naturaleza, porque necesariamente en tanta diversidad de formas y variedad de tiempos te debieron de acontecer, y visto cosas y cuentos dignos de oír. Agora dejadas otras cosas muchas aparte, yo te ruego que me digas cómo te sucedió la muerte siendo Heliogábalo, y en qué estado y forma sucediste después. Y de ahí me contarás tu vida hasta la que agora posees de gallo que lo deseo en particular oír.

Gallo: Tú sabrás, como ya dices que oíste a Demofón, que como yo fuese tan vicioso y de tan lujuriosa inclinación, siguió la muerte al mi muy más continuo uso de vivir. Porque de todos fue aborrecido por mi sucio comer y lujuriar, y así un día acabando en todo deleite de comer y beber espléndidamente, me retraí a una privada a purgar mi vientre que con grande instancia me aquejó la gran replección de irle a vaciar. En el cual lugar entraron dos mis más privados familiares, y por estar ya enhastiados de mis vicios y vida sucia, con mano armada me comenzaron a herir hasta que me mataron, y después aún se me hubo de dar mi conveniente sepultura por cumplido galardón, que me echaron el cuerpo en aquella privada donde estuve abscondido mucho tiempo que no me hallaron, hasta que fue a salir al Tibre entre las inmundicias y suciedades que vienen por el común conducto de la ciudad. Y así sabrás que, dejando mi cuerpo caído allí, salida mi ánima se fue a lanzar en el vientre de una fiera y muy valiente puerca que en los montes de Armenia estaba preñada de seis lechones, y yo vine a salir en el primero que parió.

Micilo: ¡O válame Dios! ¿Yo sueño lo que oyo? ¿Que de hombre veniste a ser puerco, tan sucio y tan bruto animal? No puedo disimular admiración cuando veo que tiene naturaleza formadas criaturas como tú que en experiencia y conocimiento lleva ventaja a mi inhabilidad tan sin comparación. Ya me voy desengañando de mi ceguedad, y voy conociendo de tu mucho saber lo poco que soy. Y así de hoy más me quiero someter a tu disciplina, como veo que tiene tanta muestra de deidad.

Gallo: ¿Y éste tienes, Micilo, por caso de admiración? Pues menos podrías creer que habrá alguno que juntamente sea hombre y puerco, y aun pluguiese a Dios no fuese peor y más vil, que aún la naturaleza del puerco no es la peor.

Micilo: ¡Pues cómo! ¿y puede haber algún animal más torpe y sucio que él?

Gallo: Pregúntaselo a Grilo, noble varón griego, el cual volviendo de la guerra de Troya pasando por la isla de Candia le convirtió la maga Circe en puerco, y después por ruego de Ulises le quisiera volver hombre, y tanta ventaja halló Grilo en la naturaleza de puerco, y tanta mejora y bondad que escogió quedarse así, y menospreció volverse a su natural patria.

Micilo: Por cierto cosas me cuentas que aun a los hombres de mucha experiencia causasen admiración, cuanto más a un pobre capatero como yo.

Gallo: Pues porque no me tengas por mentiroso, y que quiero ganar opinión contigo contándote fábulas, sabrás que esta historia autorizó Plutarco, el historiador griego de más autoridad.

Micilo: Pues, ¡válame Dios!, ¿qué bondad halló ese Grilo en la naturaleza de puerco, por la cual a nuestra naturaleza de hombre la prefirió?

Gallo: La que yo hallé.

Micilo: Eso deseo mucho saber de ti.

Gallo: A lo menos una cosa trabajaré mostrarte como aquel que de ambas naturalezas por experiencia sabrá decir: que comparada la vida e inclinación de muchos hombres al común vivir de un puerco, es más perfecto con gran ventaja en su natural, principalmente cuando de vicios tiene el hombre ocupada la razón. Y agora, pues es venido el día, abre la tienda, y yo me pasearé con mis gallinas por la casa y corral en el entretanto que nos aparejas el manjar que hemos de comer. Y en el canto que se sigue verás claramente la prueba de mi intención.

Micilo: Sea así.

Fin del primero canto del gallo

Argumento del segundo canto del gallo
En el segundo canto que se sigue el autor imita a Plutarco en un diálogo que hizo entre Ulises y un griego llamado Grilo, el cual había Circe convertido en puerco. En esto el autor quiere dar a entender que cuando los hombres están encenegados en los vicios y principalmente de la carne son muy peores que brutos, y aún hay muchas fieras que sin comparación los exceden en el uso de la virtud.

Gallo: Ya parece, Micilo, que es hora conveniente para comenzar a vivir, dando gracias a Dios que ha tenido por bien de pasar la noche sin nuestro peligro, y traernos al día para que con nuestra buena industria nos podamos todos mantener.
Micilo: Bendito sea Dios que así lo ha permitido. Pero dime, gallo, ¿es ésta tu primera canción? Porque holgaría de dormir un poco más hasta que cantes segunda vez.
Gallo: No te engañes, Micilo, que ya canté a la media noche como acostumbramos; y como estabas sepultado en la profundidad y dulzura del primer sueño, no te bastaron despertar mis voces, puesto caso que trabajé por cantar lo más templado y bien comedido que pude por no te desordenar en tu suave dormir. Por la fortaleza deste primer sueño creo yo que llamaron los antiguos al dormir imagen de la muerte, y por su dulzura le dijeron los poetas apacible holganza de los dioses. Agora ya será casi de día, que no hay dos horas de la noche por pasar. Despierta, que yo quiero proseguir en mi obligación.

Micilo: Pues dices ser esa hora yo me quiero levantar al trabajo, porque proveyendo a nuestro remedio y hambre, oírte me será solaz. Agora di tú.
Gallo: En el canto pasado quedé de te mostrar la bondad y sosiego de la vida de las fieras, y aun la ventaja que en su natural hacen a los hombres. Esto mostraré ser verdad en tanta manera que podría ser, que si alguna dellas diesen libertad de quedar en su ser, o venir a ser hombre como vos, escogería quedar fiera, puerco, lobo o león antes que venir a ser hombre, por ser entre todos los animales la especie más trabajada e infeliz. Mostrarte he el orden y concierto de su vivir, tanto que te convenzas afirmar ser en

ellas verdadero uso de razón; por lo cual las fieras sean dignas de ser en más tenidas, elegidas y estimadas que los hombres.

Micilo: Parece, gallo, que con tu elocuencia y manera de decir me quieres encantar, pues te profieres a me mostrar una cosa tan lejos de verdadera y natural razón. Temo me que en eso te atreves a mí presumiendo que fácilmente, como a pobre capatero, cualquiera cosa me podrás persuadir. Agora, pues, desengáñate de hoy más que confiado de mi naturaleza yo me profiero a te lo defender. Di, que me placerá mucho oír tus sofísticos argumentos.

Gallo: Por cierto, yo espero que no te parezcan sofísticos, sino muy en demostración. Principalmente que no me podrás negar que yo mejor que cuantos hay en el mundo lo sabré mostrar, pues de ambas naturalezas, de fiera y hombre, tengo hecha experiencia. Pues agora paréceme a mí que el principio de mi prueba se debe tomar de las virtudes, justicia, fortaleza, prudencia, continencia y castidad, de las cuales vista la perfección con que las usan y tratan las fieras conocerás claramente no ser manera de decir lo que he propuesto, mas que es muy averiguada verdad. Y cuanto a lo primero quiero que me digas: si hubiese dos tierras, la una de las cuales sin ser arada, cavada ni sembrada, ni labrada, por sola su bondad y generosidad de buena naturaleza llevase todas las frutas, flores y mieses muy en abundancia, dime, ¿no loarías más a esta tal tierra, y la estimarías y antepornías a otra, la cual por ser montuosa y para solo pasto de cabras aun siendo arada, muy rompida, cavada y labrada con dificultad diese fruto poco y miserable?

Micilo: Por cierto, aunque toda tierra que da fruto, aunque trabajadamente es de estimar, de mucho más valor es aquella que sin ser cultivada, o aquella que con menos trabajo, nos comunica su fruto.

Gallo: Pues de aquí se puede sacar y colegir como de sentencia de prudente y cuerdo, que hay cosas que se han de loar y aprobar por ser buenas, y otras por muy mejores se han de abrazar, amar y elegir. Pues así de esta manera verdaderamente y con necesidad me concederás que, aunque el ánima del hombre sea de gran valor, el ánima de la fiera sea de mucho más; pues sin ser rompida, labrada, arada ni cavada, quiero decir sin ser enseñada en otras escuelas ni maestros que de su misma naturaleza, es más hábil, presta y aparejada aproducir en abundancia el fruto de la virtud.

Micilo: Pues dime agora tú, gallo, ¿de cuál virtud se pudo nunca adornar el alma del bruto, porque parece que contradice a la naturaleza de la misma virtud?

Gallo: ¿Y eso me preguntas? Pues yo te probaré que la usan mejor que el más sabio varón. Y porque lo veas vengamos primero a la virtud de fortaleza de la cual vosotros, y principalmente los españoles entre todas las naciones, os gloriáis y honráis. ¡Cuán ufanos y por cuán gloriosos os tenéis cuando os oís nombrar atrevidos saqueadores de ciudades, violadores de templos, destruidores de hermosos y suntuosos edificios, disipadores y abrasadores de fértiles campos y mieses! Con los cuales ejercicios de engaños y cautelas habéis adquirido falso título y renombre entre los de vuestro tiempo de animosos y esforzados, y con semejantes obras os habéis usurpado el nombre de virtud. Pero no son así las contiendas de las fieras, porque si han de pelear entre sí o con vosotros, muy sin engaños y cautelas lo hacen; abierta y claramente las verás pelear con sola confianza de su esfuerzo. Principalmente porque sus batallas no están sujetas a leyes que obliguen a pena al que desampare el campo en la pelea. Pero como por sola su naturaleza temen ser vencidos, trabajan cuanto pueden hasta venjer a su enemigo, aunque no obligan el cuerpo ni sus ánimos a sujeción ni vasallaje siendo vencidas. Y así la vencida siendo herida, caída en el suelo es tan grande su esfuerzo que recoge el ánimo en una pequeña parte de su cuerpo y hasta que es del todo muerta resiste a su matador. No hay entre ellas los ruegos que le otorgue la vida, no suplicaciones, lágrimas ni peticiones de misericordia; ni el rendirse al vencedor confesándole la victoria, como vosotros hacéis cuando os tiene el enemigo a su pies amenacándoos degollar. Nunca tú viste que un león vencido sirva a otro león vencedor, ni un caballo a otro, ni entre ellos hay temor de quedar con renombre de cobardes. Cualesquiera fieras que por engaños o cautelas fueron alguna vez presas en lazos por los cazadores, si de edad razonable son, antes se dejarán de hambre y de sed morir que ser otra vez presas y cautivas si en algún tiempo pudieran gozar de la libertad. Aunque algunas veces acontece que siendo algunas presas siendo pequeñas se vienen a amansar con regalos y apacibles tratamientos, y así acontece dárseles por largos tiempos en servidumbre a los hombres. Pero si son presas en su vejez o edad razonable antes morirán que sujetárseles.

De lo cual todo claramente se muestra ser las fieras naturalmente nacidas para ser fuertes y usar de fortaleza, y que los hombres usan contra verdad de título de fuertes que con ellos tienen usurpado diciendo que les venga de su naturaleza; y aun esto fácilmente se verá si consideramos un principio de filosofía que es universalmente verdadero, y es: que lo que conviene por naturaleza a una especie conviene a todos los individuos y particulares igual e indiferentemente, como acontece que conviene a los hombres por su naturaleza la risa, por la cual cualquiera hombre en particular conviene reírse. Dime agora, Micilo, antes que pase adelante, si hay aquí alguna cosa que me puedas negar.

Micilo: No. Porque veo por experiencia que no hay hombre en el mundo que no se ría y pueda reír, y solo el hombre propiamente se ríe. Pero yo no sé a qué propósito lo dices.

Gallo: Dígolo porque pues esto es verdad y vemos que igualmente en las fieras en fortaleza y esfuerzo no difieren machos y hembras, pues igualmente son fuertes para se defender de sus enemigos, y para sufrir los trabajos necesarios por defender sus hijos, o por buscar su mantenimiento, que claramente parece convenirles de su naturaleza. Porque así hallarás de la hembra tigre, que si acaso fue a buscar de comer para sus hijos que los tenía pequeños y en el entretanto que se ausentó de la cueva vinieron los cazadores y se los llevaron, diez y doce leguas sigue a su robador y hallado hace con él tan cruda guerra que veinte hombres no se le igualaran en esfuerzo. Ni tampoco para esto aguardan favorecerse de sus maridos, ni con lágrimas se les quejan contándoles su cuita como hacen vuestras hembras. Ya creo que habrás oído de la puerca de Calidonia cuántos trabajos y fatigas dio al fuerte Teseo con sus fuertes peleas. ¿Qué diré de aquel esfinge de Fenicia y de la raposa telmesia?, ¿qué de aquella famosa serpiente que con tanto esfuerzo peleó con Apolo? También creo que tú habrás visto muchas leonas y osas mucho más fuertes que los machos en su naturaleza. Y no se han como vuestras mujeres las cuales cuando vosotros estáis en lo más peligroso de la guerra están ellas muy descuidadas de vuestro peligro sentadas al fuego, o en el regalo de sus camas y deleites. Como aquella reina Clitenestra, que mientras su marido Agamenón estaba en la guerra de Troya gozaba ella de los besos y abrazos de su adúltero Egisto. De manera que de lo que tengo dicho parece ser verdad no ser natural la fortaleza a los hombres, porque si así fuese igualmente convernía el esfuerzo a las hembras de vuestra especie, y se hallaría como en los machos como acontece en las fieras. Así que podemos decir, que los hombres no de su voluntad, mas forzados de vuestras leyes y de vuestros príncipes y mayores venís a ejercitaros en esfuerzo, porque no osáis ir contra su mandado temiendo grandes penas. Y estando los hombres en el peligro más fragoso del mar, el que primero en la tempestad se mueve no es para tomar el más pesado remo y trabajar doblado, pero cada cual procura ir primero por escoger el más ligero y dejar para los de la postre la mayor carga, y aún del todo la rehusarían sino fuese por miedo del castigo, o peligro en que se ven. Y así este tal no se puede decir esforzado, ni éste se puede gloriar ser doctado desta virtud, porque aquel que se defiende de su enemigo con miedo de recibir la muerte, éste tal no se debe decir magnánimo ni esforzado pero cobarde y temeroso. Desta manera acontece en vosotros llamar fortaleza lo que bien mirado con prudencia es verdadera cobardía. Y sí vosotros os halláis ser más esforzados que las fieras, ¿por qué vuestros poetas e historiadores cuando escriben y decantan vuestras hazañas y hechos en la guerra os comparan con los leones, tigres y onzas, y por gran cosa dicen que igualastes en esfuerzo con ellos? Y por el contrario, nunca en las batallas de las fieras fueron en su ánimo comparadas con algún hombre. Pero así como acontece que comparamos los ligeros con los vientos, y a los hermosos con los ángeles, queriendo hacer semejantes los nuestros con las cosas que exceden sin alguna medida ni tasa, así parece que desta manera comparáis los hombres en vuestras historias en fortaleza con las fieras como a cosas que os exceden sin comparación. Y la causa desto es: porque como la fortaleza sea una virtud que consiste en el buen gobierno de las pasiones y ímpetus del ánimo, el cual más sincero y perfecto se halla en las peleas que entre sí tienen las fieras, porque los hombres turbada la razón con la ira y la soberbia los ciega y desbarata tanto la cólera que ninguna cosa hacen con libertad que merezca nombre de virtud. Aun con todo esto quiero decir que no tenéis por qué os quejar de naturaleza porque no os diese uñas, colmillos, conchas y otras armas naturales que dio a las fieras para su defensa, pues que un entendimiento de que os armó para defenderos de vuestros enemigos le embotáis y entorpecéis por vuestra culpa y negligencia.

Micilo: O gallo, ¡cuán admirable maestro me has sido hoy de retórica!, pues con tanta abundancia de palabras has persuadido tu propósito aun en cosa tan seca y estéril. Forzado me has a creer que hayas sido en algún tiempo uno de los famosos filósofos que hubo en las escuelas de Atenas.

Gallo: Pues mira, Micilo, que por pensar yo que querías redargüirme lo que tengo dicho con algunos argumentos, o con algún género de contradicción, no pasaba adelante en mi decir. Y ya que veo que te vas convenciendo, quiero que pasemos a otra virtud, y luego quiero que tratemos de la castidad, en la cual te mostraré que las fieras exceden a los hombres sin alguna comparación. Mucho se precian vuestras mujeres tener de su parte por ejemplo de castidad una Penélope, una Lucrecia, Porcia, doña María de Toledo, y doña Isabel reina de Castilla, porque decís que éstas menospreciaban sus vidas por no violar la virtud de su castidad. Pues yo te mostraré muchas fieras castas mil veces más que todas esas vuestras; y no quiero que comencemos por la castidad de la corneja, ni crotón, admirables fieras en este caso, que después de sus maridos muertos guardan la viudez no cualquiera tiempo, pero nueve edades de hombres sin ofender su castidad, por lo cual necesariamente me debes conceder ser estas fieras nueve veces más castas que las vuestras mujeres que por ejemplo tenéis; pero porque tienes entendido de mí, Micilo, que soy retórico, quiero que procedamos en el discurso desta virtud según las leyes de retórica, porque por ellas espero vencerte con más facilidad. Y así, primero veamos la definición desta virtud continencia, y después descenderemos a sus inferiores especies. Suelen decir los filósofos que la virtud de continencia en una buena y cierta disposición y regla de los deleites, por la cual se desechan y huyen los malos, vedados y superfluos, y se favorecen y allegan los necesarios y naturales en sus convenientes tiempos. Cuanto a lo primero vosotros los hombres todos los sentidos corporales corrompéis y depraváis con vuestros malos usos y costumbres e inclinaciones, enderecándolos siempre a vuestro vicioso deleite y lujuria. Con los ojos todas las cosas que veis enderezáis para vuestra lascivia y codicia, lo cual nosotras las fieras no hacemos así, porque cuando yo era hombre me holgaba y regocijaba con gran deleite viendo el oro, joyas y piedras preciosas, a tanto que me andaba bobo y desvanecido un día tras un rey o príncipe si anduviese vestido y adornado de jaeces y atavíos de seda, oro, púrpura y hermosos colores. Pero agora, como lo hacen las otras fieras, no estimo en más todo eso que al lodo y a otras comunes piedras que hay por las pedregosas y ásperas sierras y montañas. Y así cuando yo era puerco estimaba mucho más sin comparación hallar algún blando y húmido cieno, o picina en que me refrescase revolcándome. Pues si venimos al sentido del oler, si consideramos aquellos olores suaves de gomas, especias y pastillas de que andáis siempre oliendo, regalando y afeminando vuestras personas, en tanta manera que ningún varón de vosotros viene a gozar de su propia mujer si primero no se unta con unciones delicadas y adoríferas, con las cuales procuráis incitar y despertar en vosotros a Venus. Y esto aún sería sufridero en vuestras hembras por daros deleite usar de aquellos olores, lavatorios, afeites y unturas, pero lo que peor es que usáis vosotros los varones para incitaros a lujuria. Pero nosotras las fieras no lo usamos así, sino el lobo con la loba, y el león con la leona, y así todos los machos con sus hembras en su género y especie, gozan de sus abrazos y accesos

solamente con los olores naturales y propios que a sus cuerpos dio su naturaleza sin admistión de otro alguno de fuera. Cuando más hay, y con que ellas más se deleitan es al olor que producen de sí los olorosos prados cuando en el tiempo de su brama, que es cuando usan sus bodas, están verdes y floridos y hermosos. Y así ninguna hembra de las nuestras tiene necesidad para sus ayuntamientos de afeites ni unturas para engañar y traer al macho de su especie. Ni los machos tienen necesidad de las persuadir con palabras, requiebros, cautelas ni ofrecimientos. Pero todos ellos en su propio tiempo sin engaños ni intereses hacen sus ayuntamientos atraídos por naturaleza, con las disposiciones y concurso del tiempo, con los cuales son incitados y llamados a aquello. Y así este tiempo siendo pasado, y hechas sus preñeces, todos se aseguran y mortiguan en su incentivo deleite, y hasta la vuelta de aquel mismo tiempo ninguna hembra codicia ni consiente al macho, ni el macho la acomete. Ningún otro interés se pretende en las fieras sino el engendrar y todo lo guiamos y ordenamos como nuestra naturaleza lo dispone. Y añade a esto que entre las fieras en ningún tiempo se codicia ni solicita ni acomete hembra a hembra, ni macho con macho en acceso carnal.

Pero vosotros los hombres no así, porque no os perdonáis unos a otros: pero mujer con mujer, y hombre con hombre, contra las leyes de vuestra naturaleza, os juntáis, y en vuestros carnales accesos os toman vuestros jueces cada día. Ni por esto teméis la pena, cuanto quiera que sea cruel, por satisfacer y cumplir vuestro deleite y lujuria. En tanta manera es esto aborrecido de las fieras, que si un gallo acometiese acceso con otro gallo, aunque le faltase gallina, con los picos y uñas le haríamos en breve pedazos. Parece, Micilo, que te vas convenciendo y haciéndote de mi sentencia, pues tanto callas sin me contradecir.

Micilo: Es tan eficaz, gallo, tu persuasión, que como una cadena me llevas tras ti sin poder resistir.

Gallo: Dejemos de contar cuántos varones han tenido sus ayuntamientos con cabras, ovejas y perras; y las mujeres que han efectuado su lujuria con gimios, asnos, cabrones y perros, de los cuales accesos se han engendrado centauros, esfinges, minotauros y otros admirables monstruos de prodigioso agüero. Pero las fieras nunca usaron así, como lo muestra por ejemplo la continencia de aquel famoso Mendesio, cabrón egipcio, que siendo encerrado por muchas damas hermosas para que holgase con ellas, ofreciéndosele desnudas delante, las menospreció, y cuando se pudo soltar se fue huyendo a la montaña a tener sus placeres con las cabras sus semejantes. Pues cuanto ves que son más inferiores en la castidad los hombres que las fieras, así lo mismo se podrá decir en todas las otras especies y diferencias desta virtud de continencia. Pues en lo que toca al apetito de comer es así, que los hombres todas las cosas que comen y beben es por deleite y complacencia de la suavidad. Pero las fieras todo cuanto gustan y comen es por necesidad y fin de se mantener. Y así los hombres se engendran en sus comidas infinitos géneros y especies de enfermedades, porque llenos vuestros cuerpos de excesivos comeres, es necesario que a la contina haya diversidad de humores y ventosidades y que, por el consiguiente, se sigan las indisposiciones. A las fieras dio naturaleza a cada una su comida y manjar propio conveniente para su apetito: a los unos la yerba, a los otros raíces y frutas; y algunos hay que comen carne, como son lobos y leones. Pero los unos no estorban ni usurpan el manjar ni comida de los otros, porque el león deja la yerba a la oveja y el ciervo deja su manjar al león. Pero el hombre no perdona nada constreñido de su apetito, gula, tragazón y deleite. Todo lo gusta, come, traga y engulle, pareciéndole que solo a él hizo naturaleza para tragar y disipar todos los otros animales y cosas criadas. Cuanto a lo primero, come las carnes sin tener dellas necesidad alguna que a ello le constriña, teniendo tantas buenas plantas, frutas, raíces y yerbas muy frescas, salutíferas y olorosas. Y así no hay animal en el mundo que a las manos pueda haber que los hombres no coman. Por lo cual les es necesario que para haber de hartar su gula tengan pelea y contienda con todos los animales del mundo, y que todos se publiquen por sus enemigos. Y así, para satisfacer su vientre tragón, a la contina tienen guerra con las aves del cielo y con las fieras de la tierra y con todos los pescados del mar, y a todos buscan cómo con industrias y artes los puedan cazar y prender; y han venido a tanto extremo, que por se preciar no perdonar ninguna criatura de su gusto acostumbran ya a comer las venenosas serpientes, culebras, anguilas, lampreas, que son de una misma especie; sapos, ranas, que son de un mismo natural; y han hallado para tragarlo todo unas maneras de guisados con ajos, especias, clavo, pimienta y aceite en ollas y cazuelas, en las cuales hechos ciertos compuestos y mezclas se engañan los desventurados pensando que les han quitado con aquellos cocimientos sus naturales ponçoñas y veneno, quedándoles aún tan gran parte que los basta dar la muerte mucho antes que lo requiere su natural. ¿Pues qué si decimos de los animales y cosas que de su vescosidad y podridumbre produce la tierra: hongos, turmas, setas, caracoles, galápagos, arañas, tortugas, ratones y topos? Y para guisar y aparejar esto, ¿cuántos maestros, libros, industrias y artes de cocina usan y tienen tan lejos del pensamiento de las fieras? Y después con todo esto quéjanse los desventurados de su naturaleza, diciendo que les dio cortas las vidas, y que los lleva temprano la muerte. Y dicen que los médicos no entienden la enfermedad, ni saben aplicar la medicina, ¡bobos, necios! ¿Qué culpa tiene su naturaleza si ellos mismos se corrompen y matan con tanta multitud de venenosas comidas y manjares? Naturaleza todas las cosas desea y procura conservar hasta el periodo y tiempo que al común les tiene puesto la vida, y para esto les tiene enseñados ciertos remedios y medecinas por si acaso por alguna ocasión, heridos de algún contrario, viniesen a enfermar. Pero es tanta la golosina, gula y desorden en su comer y mantenimiento de los hombres, que ya ni hay medicina que los cure, ni médico que curarlos sepa ni pueda, porque ya las artes naturales todas faltan para este tiempo: porque bastan más corromper y quebrar de sus vidas con sus comidas que puede remediar y soldar la filosofía y arte de naturaleza. Pero las fieras no hacen así, porque si al perro dio naturaleza que viva doce años y trescientos a la corneja, y así de todas las otras fieras si los hombres no las matan, naturaleza las conserva, de manera que todas mueran por pura vejez, porque a cada una tiene enseñada su propia medicina, y cada una se es a sí misma médica. ¿Quién enseñó a los puercos cuando enferman irse luego a los charcos a comer los cangrejos con que luego son sanos?, ¿quién enseñó al galápago cuando le ha mordido la víbora pacer el orégano y sacudir luego de sí la ponzoña?, ¿quién enseñó a las cabras montesas siendo heridas del cazador comer de la yerba llamada dítamo, y saltarle luego del cuerpo la saeta?, ¿y al ciervo en siendo herido ir huyendo a buscar las fuentes de las aguas porque en bañándose son sanos del veneno?, y a los perros fatigados del dolor de la cabeza, ¿quién los enseñó a ir al prado y pacer yerba porque luego son sanos con ella? Naturaleza es la maestra de todo esto para conservarlos, en tanta manera que no pueden morir, sino por sola vejez, si la guerra que les da vuestra gula insaciable cesase. ¿Pues qué si hablásemos de las bebidas, los vinos de extrañas provincias adobados con cocimientos de diversidades de especias, después de aquellas curiosas y artificiales bebidas de aloja y cerveza? Y sola la fiera mantenida en todo regalo y deleite sana y buena con el agua clara que naturaleza le da y le cría en las fuentes perenales de la concavidad de la tierra. Pues aquellas agudezas, industrias y vivezas que saben y usan las fieras, ¿qué dirás dellas? El perro al mandado de su señor salta y baila, y entra cien veces por un aro redondo que para ganar dineros le tiene empuesto y enseñado el pobre peregrino. Los papagayos hablan vuestra misma lengua, tordos y cuervos. Los caballos se ponen y bailan en los teatros y plazas públicas. ¿Parécete que todo esto no es más argumento de uso de razón que de flaqueza que haya en su naturaleza? Por cierto, no se puede decir otra cosa sino que todos estos dotes les venga del valor de su natural, en el cual con tanta ventaja os exceden las fieras a los hombres. A lo cual todo, si no lo quisieres llamar uso de razón, buen juicio, virtud de buen ingenio y prudencia (vista aquella facilidad con que son enseñadas en las mismas artes y agudezas que vosotros, en tanta manera que en las fieras parezca verdaderamente que nos acordamos de lo que por nuestra naturaleza sabemos cuando nos lo enseñan, lo que vosotros no aprendéis sin grande y muy contino trabajo de vosotros mismos, y de vuestros maestros), pues si a esta ventaja no la quisieres llamar uso de razón, con tal que la conozcas haberla en las fieras, llámala como más te placiere. Yo a lo menos téngola tan conocida después que en cuerpos de fieras entré, que me maravillo de la ceguedad en que muchos de vuestros filósofos están, los cuales con infinita diversidad de argumentos persuaden entre vosotros a que creáis y tengáis por averiguado que las fieras sean muy más inferiores en su naturaleza que los hombres, diciendo y afirmando que ellos solamente usan de razón, y que por el consiguiente a ellos solos convenga el ejercicio de la virtud. Y así por esta causa llaman a las fieras brutos. Añaden a esto afirmando que solos los hombres usen de la verdadera libertad, siendo por experiencia tan claro el contrario, como vemos que las fieras a ningunas leyes tengan sujeción ni miramiento más de a las de su naturaleza, porque por su buena inclinación no tuvieron de más leyes necesidad. Pero vosotros los hombres, por causa de vuestra soberbia y ambición, os sujeto vuestra naturaleza a tanta diversidad de leyes, no solamente de Dios y de vuestros príncipes y mayores, pero habéis os sujetado al juicio y sentencia de vuestros vecinos, amigos y parientes, en tanta manera que sin su parecer no osáis comer, ni beber, vestir, calcar, hablar ni comunicar. Finalmente, en todas vuestras obras sois tan sujetos al parecer ajeno, tan atentos a aquella tirana palabra y manera de decir «qué dirán», que no puedo sino juzgar los hombres por el más miserable animal y más infeliz y descontento de todos los que en el mundo son criados. Agora tú, Micilo, si algo desto que yo tengo alegado te parece contrario a la verdad arguye y propón, que yo te responderé si acaso no me faltase a mí el uso de la razón con que solía yo en otros tiempos con evidente eficacia disputar.

Micilo: ¡O gallo! ¡Cuán admirado me tiene esa tu elocuencia, con la cual tan eficazmente te has esforzado a me persuadir esa tu opinión! ¿Qué puedo decir?, que nunca gallo cantó como tú hoy. En tanta manera me tienes contento que no creo que hay hoy en el mundo hombre más rico que yo, pues tan gran joya como a ti poseo. Pero una dificultad y duda tengo en el alma, que resulta de lo que has persuadido hasta aquí, lo cual deseo entender: ¿cómo ánima de fiera bruta pueda ver y gozar de Dios?

Gallo: ¿Y agora sabes que las bestias se puedan salvar? Así lo dice el rey David: «Homines et jumenta salvabis Domine». Dime, ¿qué más bruta bestia puede ser que el hombre encenegado en un vicio de la carne, o avaricia, o soberbia, o ira, o en otro cualquiera pecado? Pues así teniendo David a los tales por viles brutos bestias ruega por ellos a Dios diciendo en su psalmo o canción: Señor «yo, os suplico que salvéis hombres y bestias». Y por tal bestia se tenía David con ser Rey cuando se hallaba pecador, que decía: «Ut iumentum factus sum apud te». Yo señor soy bestia en vuestro acatamiento. Y así quiero que entiendas que en todos mis cantos pretendo mostrarte cómo el vicio son los hombres convertidos en brutos y en peores que fieras.

Micilo: Díme agora, yo te ruego, gallo, ¿dónde aprendiste esta tu admirable manera de decir?, porque solamente me acuerdo haber oído cuando yo era niño, que fueste un paje muy querido de Mars, y que te tenía para que cuando iba a dormir algunas noches con Venus, mujer de Vulcano, le velases la puerta que ninguno le viese, y le despertases venida la mañana porque el Sol no le viese siendo salido, porque no avisase a Vulcano. Y decían que el Sol te echó una mañana un gran sueño, de manera que los tomó juntos y trajo allí a Vulcano, el cual los tomó como estaban en una red y los presentó a Júpiter que los castigase de adulterio; y Mars enojado de tu descuido te convirtió en gallo y agora de puro miedo, pensando que aún estás velando el adulterio de tu amo, cantas ordinariamente antes que venga el día y salga el Sol.

Gallo: Todo eso es fábula y fingimiento de poetas para ocupar sus versos, que también me han hecho asesor de Mercurio, y los antiguos me dedicaron a Esculapio. Pero la verdad es que yo fue aquel filósofo Pitágoras, que fue uno de los más facundos que la Grecia celebró, y principalmente es de tener por averiguado, que la mayor elocuencia se adquiere de la mucha experiencia de las cosas, la cual he tenido yo entre todos los que en el mundo son de mi edad.

Micilo: Pues fueste Pitágoras ruégote me digas algo de filósofos, de su vida y costumbres, porque de aquí adelante teniendo tan buen preceptor como a ti, me pueda preciar de filósofo, y filosofe entre los de mi ciudad y pueblo. Y muéstrame cómo tengo de usar de aquella presunción, arrogancia, y obstentación, desdén y sobrecejo con que los filósofos tratan a los otros que tienen en la república estado de comunidad.

Gallo: De todo te diré, de sus vidas y costumbres. Pero porque se me ofrecen otras cosas que decir más a la memoria, querría eso dejarlo para después. Pero por no te desgraciar quiero te obedecer. Y así te quiero decir de un poco de tiempo que fue clérigo, la cual es profesión de clérigo cristiano, donde conjeturarás lo que en una y otra filosofía son los hombres el día de hoy. Y pues es venida la mañana abre la tienda, y en el canto que se sigue te diré lo demás.

Fin del segundo canto del gallo de Luciano

Argumento del tercero canto del gallo

En el tercero canto que se sigue el autor imita a Luciano en todos sus diálogos, en los cuales siempre reprehende a los filósofos y religiosos de su tiempo.

Micilo: Esme tan sabrosa tu música, o gallo, que durmiendo te sueño, e imagino que a oírte me llamas. Y así soñando tu canción tan suave muchas veces despierto con deseo que mi sueño fuese verdad o que siendo sueño nunca yo despertase. Por lo cual agora aún no has tocado los primeros puntos de tu entonación cuando ya me tienes sin pereza muy despierto con codicia de oírte. Por tanto, prosigue en tu graciosa canción.

Gallo: Necesitado me tienes, o Micilo, a te complacer, pues tanto te aplace mi decir. Y así yo procuraré con todas mis fuerzas a obedecer tu mandado. Y pues me pediste te dijese algo del estado de los filósofos, dejemos los antiguos gentiles, que saber agora dellos no hará a tu propósito, ni a mi intención. Pero pues en los cristianos han profesado y sucedido en su lugar los eclesiásticos, por ser la más incumbrada filosofía la evangélica, por tanto quiero hablar deste propósito, y decirte de un poco de tiempo que yo fue un clérigo muy rico.

Micilo: ¿Y en qué manera era esa riqueza?

Gallo: Serví a un obispo desde mi niñez, y porque nunca me dio blanca en todo el tiempo que le serví, hízome clérigo harto sin pensarlo yo, porque yo nunca estudié, ni lo deseé ser.

Micilo: Tal clérigo serías tú después.

Gallo: La vida que después tuve te lo mostrará. En fin, procuróme pagar el obispo mi amo con media docena de beneficios curados que me dio.

Micilo: Por cierto, esa no era paga sino agravio y carga. Pues, dime ¿podíaslos tú todos tener y servir?

Gallo: No, que descargábame yo, porque luego hallaba quien me los tomaba frutos por pensión.

Micilo: Por Dios, que era ese buen disimular. Para mí yo creo que si tú ordeñas la leche y tresquilas la lana, quiero decir que si tú gozas los esquilmos del ganado tú te quedas el mismo pastor, o me has de confesar que los hurtas al que los ha de haber.

Gallo: ¡Por Dios, gran teólogo eres! No querría yo capatero tan argutivo como tú, a la fe. Pues sábete que pasa eso comúnmente el día de hoy. Y así yo me llevé de seis beneficios curados los frutos por pensión cada año que montaban más de 300.000 maravedises. Con esto siempre después que mi amo murió viví en Valladolid, un pueblo tan suntuoso en Castilla donde a la contina reside la corte real. Y también concurren allí de todas diferencias de gentes, tierras y naciones por residir allí la Chancillería, audiencia principal del reino. Traía a la contina muy bien tratada mi persona con gran aparato de mula y mozos. Y con este fausto tenía cabida y conversación con todos los perlados y señores, y por me entretener con todos, con unos fingía negocios, y con otros procuraba tenerlos verdaderos, propios o agenos. En fin, con todos procuraba tener que dar y tomar, y así en esta manera de vida pasé más de treinta años, los mejores de mi edad sobre otros treinta que en servicio del obispo pasé.

Micilo: Por cierto no me parece esa vida, sino morir.

Gallo: En este tiempo yo gocé de muchas fiestas, de muchas galas e invenciones. Era de tanta dama querido, requerido y tenido cuanto nunca galán cortesano lo fue. Porque demás de ser yo muy aventajado y plático en la cortesanía tenía más, que era muy liberal.

Micilo: Por cierto, bien gastabas los dineros de la iglesia, que dicen los predicadores que son hacienda de los pobres.

Gallo: Pues dicen la verdad, que porque la hacienda de la iglesia es de los clérigos se dice ser de los pobres, porque ellos no tienen ni han de tener otra heredad, porque ellos sucedieron al tribu de Leví, a los cuales no dio Dios otra posesión.

Micilo: Por cierto, gallo, mejor argumentas tú que yo, y aún ésa me parece grandísima razón para que los señores seglares no debían llevar los diezmos de la iglesia, pues ellos tienen sus mayorazgos y rentas de qué se mantener.

Gallo: Y aún otra mayor razón hay para eso, y es: que los diezmos fueron dados a los sacerdotes porque rueguen a Dios por el pueblo, y porque administran los sacramentos. Y así, pues, los seglares no son hábiles para los administrar, queda por averiguado que no pueden llevar los diezmos. Y que así de todos los que llevaren serán obligados a restitución.

Micilo: ¡O válame Dios!, qué práticos estáis en lo que toca a la defensa destos vuestros bienes y rentas temporales, cómo mostráis estar llenos de vuestra canina codicia. ¡Si la mitad de la cuenta hiciésedes de las almas que tenéis a vuestro cargo!

Gallo: Pues siempre es esa vuestra opinión, que los seglares no querríades que ningún clérigo tuviese nada, ni aún con qué se mantener.

Micilo: ¿Pues qué malo sería? Antes me parece que les sería muy mejor, porque más libremente podrían entender en las cosas espirituales para que fueron ordenados, si no se ocupasen en las temporales. Y aun yo os prometo que si el pueblo os viese que hacíades lo que debíades a vuestro estado, que no solo no os llevasen la parte de los diezmos que decís que os llevan, pero que os darían mucho más. Y aun si bien miramos el Papa, cardenales, obispos, curas y todos los demás eclesiásticos, ¿cómo hallas que tienen tierras, ciudades y villas y rentas sino desta manera? Porque los emperadores y reyes y príncipes pasados vista su bondad les daban cuanto querían para se mantener. Y pues así lo tienen y poseen, ya que los que agora son se lo quitasen, ¿por qué lo han de defender con pleitos y mano armada como lo hacen? Que están llenos los consejos reales, audiencias y chancillerías de frailes y clérigos, de comendadores y religiosos. Que ya no hay en estos públicos y generales juicios otros pleitos en que entender sino de eclesiásticos. Veamos, si a Jesucristo en cuyo lugar están le quitaran la capa estando en el mundo, ¿defendiérala en juicio o con mano armada?

Gallo: No, pues aun la vida no defendió, que antes la ofreció de su voluntad por los hombres.

Micilo: Pues por eso reniego yo de los clérigos y eclesiásticos, porque todos quieren que los guarden sus previllegios y exenciones; ser tenidos, honrados y estimados de todos, diciendo que están en lugar de Jesucristo para lo que les toca de su propia estima y opinión, y en el hacer los clérigos lo que son obligados, que es en el recogimiento de sus personas y buena fama y santa ocupación; y en el menosprecio de las temporales haciendas y posesiones no difieren de los más crueles soldados que en los ejércitos hay.

Gallo: ¡Válame Dios!, cuán indignado estás contra los eclesiásticos que los comparas con soldados muchos de los cuales son malos y perversos y desuellazaras.

Micilo: Por cierto, aún no estoy en dos dedos de deciros que aun sois peores, porque sois mucho más perniciosos a toda la república cristiana con vuestro mal ejemplo.

Gallo: ¿Por qué?

Micilo: Porque aquéllos no han hecho profesión de ministros de Dios como vosotros, ni les damos a ellos de comer por tales como a vosotros, ni hay nadie que los quiera ni deba imitar como a vosotros, y por tanto con sus vidas no hacen tanto daño como vosotros hacéis. Pues decidme: ¿tenéis agora por cosa nueva, que todo cuanto los eclesiásticos poseéis os lo dieron por amor de Dios?

Gallo: Así es verdad.

Micilo: Pues claro está que todos los verdaderos cristianos con tal condición poseemos estos bienes temporales que estemos aparejados para dejarlos cada vez que viéremos cumplir a la gloria y honra de Jesucristo y a su iglesia y al bien de su cristiandad.

Gallo: Tú tienes razón.

Micilo: Pues, ¿cuánto más de veras lo debría de hacer el pontífice, el cardenal, el obispo y así todos los frailes y en común toda la clericía, pues se lo dieron en limosna, y lo profesan de particular profesión? ¿Que a ninguno dijo Cristo: «si te demandaren en juicio la capa, da capa y sayo»? Que si preguntamos al clérigo que si dijo Cristo a él que no contendiese en juicio sobre estas cosas temporales diría que no lo dijo sino al fraile, y el fraile dice que lo dijo a los obispos y perlados que representan los apóstoles, y éstos dirán que no lo dijo sino al Papa que representa en la iglesia su misma divina persona, y el Pontífice dice que no sabe qué os decís. Que a todos veo andar arrastrados y desasosegados de audiencia en audiencia, de juicio en juicio. ¿Qué ley sufre que un guardián de San Francisco o un prior de Santo Domingo, o de San Jerónimo traiga seis y diez años pleito en una chancillería sobre sacar una viña o una miserable casa que dicen convenirles por un su fraile conventual?

Gallo: Ese tal pleito no le trae el prior ni el guardián, sino la casa.

Micilo: No me digas, gallo, esas niñerías. Pues, ¿quién paga al procurador y al letrado y escribano, y al que lo solicita? Y aun como cosa a ellos natural el pleitear tienen todos estos oficiales perpetuamente asalariados.

O decidme, ¿qué llaman en el monasterio la casa?, ¿las paredes, piedras y tejados? Dejadme que esas cosas no son para entre niños, y lo que peor es y cosa muy de risa, que de cada día buscáis nuevos jueces. Agora decís que el rey no es vuestro juez, agora le queréis que os juzgue, y os sometéis a su tribunal. No hay ley que os ligue ni rey que os sujete: porque sois gente sin rey y sin ley. ¡Que todo género de animal hasta las ranas tienen rey y le demandaron a Dios, y que vosotros los eclesiásticos queréis vivir libres y exentos! Y así es necesario que cuanto más libres sois seáis más perversos, y ya cuando os sujetáis a alguno decís que ha de ser al Pontífice solo, y a éste queréis por juez porque está muy lejos y muy ocupado, y cometiendo la causa vos eligeréis juez que no os haya de matar.

Gallo: Tú dices la verdad. Pero, ¿qué quieres que se haga en tales tiempos como éstos en que estamos, que si alguno el día de hoy es sufrido, manso y bueno todos se le atreven? Cada uno piensa de tomarle la capa, y aun algunas veces es cebar la malicia ajena. Quiero decir: que es dar ocasión con tanta mansedumbre a que cada uno se atreva a tomarle lo suyo, y aunque sea eso virtud evangélica, pero no sé si la podría siempre ejecutar el hombre con prudencia evangélica, aunque más fuese obligado a ella.

Micilo: Mira, gallo, si fuese un hombre que tiene casa, hijos y mujer y estado que mantener, si le tomasen lo suyo, lo que con justo título posee, no creo que sería prudencia evangélica dejarlo perder. Pero tengo que éste tal ligítimamente lo puede cobrar y, si puede, por medios lícitos de justicia, defenderlo. Pero un fraile, o perlado, y cualquiera sacerdote que es solo, y no debe tener, ni tiene cuidado de más que de su persona, yo bien creo que sería obligado a ejercitar esta virtud evangélica.

Gallo: Por Dios, si los clérigos por ahí hubiesen de ir no habría hombre del mundo que no mofase dellos, y todo el vulgo y pueblo los tuviese por escarnio y risa.

Micilo: Por cierto, más obligados son todos los eclesiásticos, Pontífice, perlados, frailes y clérigos a Dios, que no a los hombres, y más a los sabios que a los necios. Gentil cosa es que el Pontífice, perlados, frailes y eclesiásticos dejen de hacer lo que deben al servicio de Dios y bien de sus conciencias, y buen ejemplo de sus personas, y mejora de su república, por lo que el vulgo vano podría juzgar. Hagan ellos lo que deben y juzguen los necios lo que quisieren. Así juzgaban de David porque bailaba delante del arca del Testamento; así juzgaban de Jesucristo porque moría en la Cruz; así juzgaban a los apóstoles porque predicaban a Cristo; así juzgan agora a los que muy de veras quieren ser cristianos menospreciando la vanidad del mundo, y siguiendo el verdadero camino de la verdad. Y, ¿quién hay que pueda escusar los falsos juicios el vulgo? Antes aquello se debe de tener por muy bueno lo que el vulgo condena por malo y, por el contrario: ¿queréislo ver?: a la malicia llaman industria; a la avaricia y ambición grandeza de ánimo; y al maldiciente hombre de buena conversación; al engañador, ingenioso; al disimulador y mentiroso y trafagador llaman gentil cortesano; al buen trampista llaman curial; y, por el contrario, al bueno y verdadero llaman simple; y al que con humildad cristiana menosprecia esta vanidad del mundo y quiere seguir a Jesucristo dicen que se torna loco; y al que reparte sus bienes con el que lo ha menester por amor de Dios dicen que es pródigo; el que no anda en tráfagos y engaños para adquirir honra y hacienda dicen que no es para nada; el que menosprecia las injurias por amor de Jesucristo dicen que es un apocado y que de cobarde y hombre de poco ánimo lo hace. Y finalmente convirtiendo las virtudes en vicios, y los vicios en virtudes, a los ruines alaban y tienen por bienaventurados, y a los buenos y virtuosos vituperan llamándolos pobres y desastrados. Y con todo esto no tienen mala vergüenza de usurpar el nombre de cristianos no teniendo señal de serlo. Pues, ¿parécete, gallo, que porque el vulgo (que es la muchedumbre destos desvariados que hacen lo semejante) juzguen mal de que los eclesiásticos menosprecien los bienes temporales y recojan sus espíritus en la imitación de su maestro Cristo dejen de hacer lo que deben? Por cierto, miserable y desventurado estado es ese que dices que tuviste, ¡o gallo! Pero dejado agora eso, que después volverás a tu propósito, dime yo te ruego, pues todo lo sabes, ¿quién fue yo antes que fuese Micilo si tuve esas conversiones que tú?

Gallo: Eso quiero yo para que me puedas pagar el mal que has dicho de mí.

Micilo: ¿Qué dices entre dientes? ¿Por qué no me hablas alto?

Gallo: Decía que mucho holgaré de te complacer en lo que me demandas, porque yo mejor que otro alguno te sabré dello dar razón. Y así has de creer que todos pasamos en cuerpos como has oído de mí. Y así te digo que tú eras antes una hormiga de la India que te mantenías de oro que acarreabas del centro de la tierra.

Micilo: Pues desventurado de mí, ¿quién me hizo tan grande agravio que me quitase aquella vida tan bienaventurada en la cual me mantenía de oro, y me trajo a esta vida y estado infeliz, que en esta pobreza de hambre me quiero finar?

Gallo: Tu avaricia grande e insaciable que a la contina tuviste te hizo que de aquel estado vinieses a esta miseria, donde con hambre pagas tu pecado. Porque antes habías sido aquel avaro mercader ricacho, Menesarco, deste pueblo.

Micilo: ¿Qué Menesarco dices?, ¿es aquel mercader a quien llevaron la mujer?

Gallo: Vergüenza tenía de te lo decir. Ese mismo fueste.

Micilo: Yo he oído contar este acontecimiento de diversas maneras a mis vecinos, y por ser el caso mío deseo agora saber la verdad; por tanto, ruégote mucho que me la cuentes.

Gallo: Pues me la demandas yo te la quiero decir, que mejor que otro la sé. Y ante todas cosas sabrás que tu culpa fue porque con todas tus fuerzas tomaste por interés saber si tu mujer te ponía el cuerno. Lo cual no deben hacer los hombres, querer saber ni escudriñar en este caso más de aquello que buenamente se los ofreciere a saber.

Micilo: Pues en verdad que en este caso aún menos debrían los hombres saber de lo que a las veces se les trasluce y saben.

Gallo: Pues sabrás que en este pueblo fue un hombre sacerdote rico y de gran renta, que por no le infamar no diré su nombre. El cual, como suele acontecer en los semejantes siendo ricos y regalados, aunque ya casi a la vejez, como no tuviese mujer propia, compró una doncella que supo que vendía una mala madre, en la cual hubo una muy hermosa y graciosa hija. A la cual amó como a sí mismo, como es propia pasión de clérigos, y crióla en todo regalo mientras niña. Y cuando la vio en edad razonable procuró de la trasegar porque no supiese a la madre. Y así la puso en compañía de religiosas y castas matronas que la impusiesen en buenas costumbres, porque pareciese a las virtuosas y no tuviese los resabios de la madre que vendió por precio la virginidad, que era la más valerosa joya que tuvo naturaleza. Enseñóla a cantar y tañer diversas diferencias de instrumentos de música, en lo cual fue tan aventajada que cada vez que su angelical voz ejercitaba acompañada con un suave instrumento convertía los hombres en piedra, o encantados los sacaba fuera de sí, como leemos de la vihuela de Orfeo que a su sonido hacía bailar las piedras de los muros de Troya. En conclusión, la doncella se hizo de tan gran belleza, gracia y hermosura, en tanta manera que no había mancebo en nuestra ciudad por de alto linaje que fuese que no la desease y requisiese haber por mujer. Y tus hados lo queriendo, buscando su padre un hombre que en virtud y riquezas se le igualase te la ofreció a ti. Y tú, aunque te pareció hermosa doncella digna de ser deseada de todo el mundo, como no fuese menor tu codicia de haber riquezas que de haber hermosura, por añadirte el buen clérigo la dote a tu voluntad, la aceptaste. Y luego como fueron hechas las bodas, como suele acontecer en los semejantes casamientos que se hacen más por interés mundano que por Dios, Satanás procuró revolverte por castigar tu avarienta intención. Y así te puso un gran pensamiento de decir que tu mujer no te guardaba la fe prometida en el matrimonio. Porque después de ser por su hermosura tan deseada de todos, por fuerza te parecía que debía seguir la naturaleza y condición de su madre. Después que pasados algunos días que se murió tu suegro, con cuya muerte se augmentó tu posesión, aunque no tu contento, porque de cada día crecían más tus celos y sospecha de la castidad de tu Ginebra, la cual con su canto, gracia y donaire humillaba el cielo; ¡o cuántas veces por tu sosiego quisieras más ser casado con una negra de Guinea que no con la linda Ginebra! Y principalmente porque sucedió que Satanás despertó la soñolienta afición que estaba adormida en uno de aquellos mancebos, generoso e hijo dalgo de quien fue servida Ginebra antes que casase. El cual con gran continuación tornó a la requerir y pasear la calle solicitándole la casa y criados. Pero a ella poco la movió, porque ciertamente te amaba a ti, y también porque ella conocía el amor que la tenías y el cuidado en la guardar. Pues como tú vinieses acaso a tener noticia de la intención del mancebo, porque tu demasiada sospecha y celos te lo descubrió, procuraste buscar algún medio por donde fueses cierto de su fidelidad. Y así tu diligencia y solicitud te trajo a las manos de una ingeniosa y aguda mujer, gran sabia en las artes mágicas e invocación de demonios, la cual por tus dones se comovió a tus ruegos, y se ofreció a te decir la verdad de lo que en Ginebra hubiese. Y así, comenzando por sus artes y conjuros, halló solamente que a ti solo tu Ginebra tenía fe. Pero tú, ciego de tu pasión, porfiabas que amaba más a Licinio (que así se llamaba el mancebo). Y la maga, aun por más te asegurar usó contigo de una admirable prueba; y fue que ella tenía una copa que hubo del demonio por la fuerza de sus encantamentos, la cual había sido hecha por mano de aquella gran maga Morganda, la cual copa tenía tal hado: que estando llena de vino si bebía hombre al cual su mujer le era errada se le vertía el vino por los pechos y no bebía gota. Y si su mujer le era casta bebía hasta hartar sin perder gota. De la cual tú bebiste hasta el cabo sin que gota se te derramase. Pero aun no te satisfaciendo desta prueba le demandaste que te mudase en la figura y persona del mancebo Licinio, que la querías acometer con prueba que te certificase más su bondad por tu seguro; y así fingiendo en tu casa que habías de caminar cierta jornada de quince días de ausencia, la maga te mudó en forma y persona de Licinio, y ella tomó la figura de un su paje. Y tomando en tu seno muy graciosas y ricas joyas que hubiste de un platero, te fueste para Ginebra a tu casa, la cual, aunque estaba ocupada en sus labores rodeada de sus doncellas, por ser salteada de tu adúltero deseo fue turbada toda su color y agraciado rostro. Y así con el posible desdeño y aspereza procuró por aquella vez apartarte de sí dándote muestras de desesperación. Pero continuando algunas veces que para ello hallaste oportunidad te oyó con alguna paciencia. Y vista tu importunidad y las joyas que le ofrecías, las cuales bastan a quebrantar las diamantinas peñas, bastaron en ella ablandar hasta mostrar algún placer en te oír. Y de allí, con la continuación de tus dádivas y ruegos fue convencida a te favorecer por del todo no te desesperar. Y así un día que llorabas ante ella por mitigar tu pasión, comovida de piedad, te dijo: «Yo efetuaría tu voluntad y demanda, Licinio, si fuese yo cierta que no lo supiese nadie». Fue en ti aquella palabra un rayo del cielo del cual sentiste tu alma traspasada. Y súbitamente corrió por tus huesos, venas y niervos un yelo mortal que dejó en tu garganta helada la voz, que por gran pieza no podiste hablar. Y quitando a la hora la maga el velo del encanto de tu rostro y figura por tu importunidad, como vio tu Ginebra que tú eras Menesarco su marido, fue toda turbada de vergüenza, y quisiera antes ser mil veces muerta que haber caído en tan grande afrenta. Y así mirándote el rostro muy vergoncosa, solamente suspiraba y sollozcaba conociendo su culpa. Y tú, cortado de tu demasiada diligencia, solamente le pudiste responder diciendo: «De manera, mi Ginebra, que venderías por precio mi honra si hallases comprador». Desde aquel punto todo el amor que te tenía le convirtió en venenoso aborrecimiento; con el cual no se pudiendo sufrir, ni fiándose de ti, en viniendo la noche, tomando cuantas joyas tenía, lo más secreto que pudo se salió de tu casa y se fue a buscar al verdadero Licinio cuya figura le habías representado tú, con el cual hizo verdaderos amores y liga contra ti por se satisfacer y vengar de tu necedad. Y así se fueron juntos gozándose por las tierras que más seguras les fueron, y a ti dejaron hasta hoy pagado y cargado de tus sospechas y celos. El cual viniste a tan grande extremo de afrenta y congoja que en breve tiempo te vino la muerte y fueste convertido en hormiga, y después en Micilo venido en tu pobreza y miseria, hecho castigo para ti y ejemplo para otros.

Micilo: Por cierto, eso fue en mí bien empleado, y así creo que de puro temor que tiene desde entonces mi alma no me sufrido casarme. Agora prosigue, yo te ruego, gallo, en tu transformación.

Gallo: Pues hemos comenzado a hablar de los filósofos deste tiempo, luego tras éste de quien hemos tratado hasta aquí, te quiero mostrar de otro género de hombres en este estado, del cual yo por transformación participé, en cuyo pecho y vida verás un admirable modo de vivir sin orden, sin principio, sin medio y sin fin. Sin cuenta pasan su vida, su comer, su beber, su hablar y su dormir. Sin dueño, sin señor, sin rey. Así nacen, así mueren, que en ningún tiempo piensan que hay otra cosa más que nacer y morir. Ni tienen cuenta con cielo, ni con tierra, con Dios, ni con Satanás. En conclusión, es gente de quien se pueden decir justamente aquellas palabras del poeta Homero: «Que son inútil carga de la tierra». Éstos son los falsos filósofos que los antiguos pintaban con el libro en la mano al revés. Y pues parece que es venido el día, en el canto que sigue se proseguirá.

Fin del tercero canto del gallo

Argumento del cuarto canto del gallo
En el cuarto canto que se sigue el autor imita a Luciano en el libro que hizo llamado Pseudomantis. En el cual describe maravillosamente las tacañerías y embaimientos y engaños de un falso religioso llamado Alejandro, que en muchas partes del mundo fingió ser profeta, dando respuestas ambiguas e industriosas para adquerir con el vulgo crédito y moneda.

Gallo: En este canto te quiero, Micilo, mostrar los engaños y perdición de los hombres holgazanes, que vueltas las espaldas a Dios y a su vergüenza y conciencia, a banderas desplegadas se van tras los vicios, cebados de un miserable precio y premio con título apocado de limosna, por solo gozar debajo de aquellos sus viles hábitos y costumbres de una sucia y apocada libertad. Oirás un género vil de encantamento fingido, porque no bastan los ingenios bajos y viles destas desventuradas gentes mendigas a saber el verdadero encantamento, ni cosa que tenga título verdadero de saber, no más de porque su vilísima naturaleza no es para comprehender cosa que tenga título de ciencia, estudio y especulación. Son amancebados con el vicio y ociosidad; y así, puesto caso que no es de aprobar el arte mágica y encantar, digo que por su vileza se hacen indignos de la saber. Y usando de la fingida es vista su ruin intención, que no dejan de saber la verdadera por virtud. Y así sabrás, Micilo, que después de lo pasado vine a ser hijo de un pobre labrador que vivía en una montaña, vasallo de un señor muy codicioso, que los fatigaba ordinariamente con infinitos pedidos de pechos, alcabalas, y censos y otras muchas imposiciones, que la una alcanzaba a la contina al otro. En tanta manera que solo el hidalgo se podía en aquella tierra mantener, que el labrador pechero era necesario morir de hambre.

Micilo: ¿Pues por qué no se iba tu padre a vivir a otra tierra?

Gallo: Son tan acobardados para en eso los labradores, que nunca se atreven a hacer mudanza de la tierra donde nacen, porque una legua de sus lugares les parece que son las Indias, e imaginan que hay allá gentes que comen los hombres vivos. Y, por tanto, muere cada uno en el pajar donde nació, aunque sea de hambre. Y deste padre nacimos dos hijos varones, de los cuales yo fue el mayor, llamado por nombre Alejandro. Y como vimos tanta miseria como pasaban con el señor los labradores, pensábamos que si tomábamos oficios que por entonces nos libertasen, se olvidaría nuestra vileza, y nuestros hijos serían tenidos y estimados por hidalgos y vivirían en libertad. Y así yo elegí ser sacerdote, que es gente sin ley, y mi hermano fue herrero, que en aquella tierra son los herreros exentos de los pedidos, pechos y velas del lugar donde sirven la ferrería. Y así yo demandé licencia a mi padre para aprender a leer, y aun se le hizo de mal porque le servía de guardar unos patos, y ojear los pájaros que no comiesen la simiente de un linar. En conclusión, mi padre me encomendó por criado y monacino de un capellán que servía un beneficio tres leguas de allí. ¡O Dios omnipotente, quién te dijera las bajezas y poquedades deste hombre! Por cierto, si yo no hubiera prometido de solo decirte de mí y no de otros, yo te dijera cosas de gran donaire. Pero quiérote hacer saber que ninguno dellos sabe más leer que deletrear y lo que escriben haslo de sacar por discreción. En ninguna cosa estos capellanes muestran ser aventajados, sino en comer y beber, en lo cual no guardan tiempo, medida ni razón. Con éste estuve dos años que no me enseñó sino a mal hacer, y mal decir, y mal pensar y mal perseverar. A leer me enseñó lo que él sabía, que era harto poco, y a escribir una letra que no parecía sino que era arado el papel con pies de escarabajos. Ya yo era buen mozo de quince años, y entendía que para yo no ser tan asno como mi amo que debía de saber algún latín. Y así me fue a Zamora a estudiar alguna gramática, donde llegado me presenté ante el bachiller y le dije mi necesidad, y él me preguntó si traía libro, y yo le mostré un arte de gramática que había hurtado a mi amo, que fue de los de Pastrana, que había más de mil años que se imprimió. Y él me mostró en él los nominativos que había de estudiar.

Micilo: ¿De qué te mantenías?

Gallo: Dábame el bachiller los domingos una cédula suya para un cura, o capellán de una aldea comarcana, el cual me daba el cetre del agua bendita los domingos, y andaba por todas las casas a la hora del comer echando a todos agua, y en cada casa me daban un pedazo de pan, con los cuales mendrugos me mantenía en el estudio toda la semana. Aquí estuve dos años, en los cuales aprendí declinaciones y conjugaciones: género, pretéritos y supinos. Y porque semejantes hombres como yo luego nos enhastianos de saber cosas buenas, y porque nuestra intención no es saber más, sino tener alguna noticia de las cosas y mostrar que hemos entendido en ello cuando al tomar de las órdenes nos quisieren examinar (porque si nuestra intención fuese saber algo perseveraríamos en el estudio, pero en ordenándonos comenzamos a olvidar y démonos tan buena priesa que si llegamos a las órdenes necios, dentro de un mes somos confirmados asnos); y así me salí de Camora, donde estudiaba harto de mi espacio, y por estar ya enseñado a mendigar con el cetre sabíame como miel el pedir, y por tanto no me pude del todo despegar dello. Y así acordé de irme por el mundo en compañía de otros perdidos como yo, que luego nos hallamos unos a otros. Y en esta compañía fue gran tiempo zarlo, o espinel, y alcancé en esta arte de la zarlería todo lo que se pudo alcanzar.

Micilo: Nunca esa arte a mi noticia llegó, declárate me más.

Gallo: Pues quiero descubrírtelo todo de raíz. Tú sabrás que yo tenía la persona de estatura crecida y andaba vestido en diversas provincias de diversos atavíos, porque ninguno pudiese con mala intención aferrar en mí. Pero más a la contina traía una vestidura de buriel algo leonado oscuro, honesta, larga y un manteo encima, puesto a los pechos un botón. Traía la barba larga y espesa de grande autoridad. Otras veces mudando las tierras mudaba el vestido, y con la misma barba usaba de un hábito que en muchas provincias llaman beguino: con una saya y un escapulario de religioso que hacía vida en la soledad de la montaña, una cayada y un rosario largo, de unas cuentas muy gruesas en la mano, que cada vez que la una cuenta caía sobre la otra lo oían todos cuantos en un gran templo estuviesen. Publiqué adivinar lo que estaba por venir, hallar los perdidos, reconciliar enamorados, descubrir los ladrones, manifestar los tesoros, dar remedio fácil a los enfermos y aun resucitar los muertos. Y como de mí los hombres tenían noticia, venían luego postrados con mucha humildad a me adorar y besar los pies y a ofrecerme todas sus haciendas, llamándome todos profeta, dicípulo y siervo de Dios, y luego les ponía en las manos unos versos que en una tabla yo traía escritos con letras de oro sobre un barniz negro, que decían de esta manera: «Muneribus decorare meum vatem atque ministrum precipio: nec opum mihi cura, at maxima vatis». Estos versos decía yo habérmelos enviado Dios con un ángel del cielo, porque por su mandado fuese yo de todos honrado y agradecido como ministro y siervo de su divina majestad. Hallé por el reino de Portogal y Castilla infinitos hombres y mujeres los cuales, aunque fuesen muy ricos y de los más principales de su república, pero eran tan tímidos supersticiosos que no alcaban los ojos del suelo sin escrupulizar. Eran tan fáciles en el crédito que con un palo arrebujado en unos trapos o un pergamino con unos plomos o sellos colgando, en las manos de un hombre desnudo y descalco, luego se arrojaban y humillaban al suelo, y venían adorando y ofreciéndose a Dios sin se levantar de allí hasta que el prestigioso cuestor los levantase con su propia mano; y así éstos como me vían con aquella mi santidad vulpina, fácilmente se me rendían sin poder resistir. Venían a consultar en sus cosas conmigo, todo lo que debían o querían hacer, y yo les decía que lo consultaría con Dios, y que yo les respondería su divina determinación, y así a sus preguntas procuraba yo responder con gran miramiento porque no fuese tomado en palabras por falso y perdiese el crédito. Siempre daba las respuestas dudosas, o con diversos entendimientos, sin nunca responder absolutamente a su intención. Como a uno que me preguntó qué preceptor daría a un hijo suyo que le quería poner al estudio de las letras. Respondí que le diese por preceptores al Antonio de Nebrija y a Santo Tomás, dando a entender que le hiciese estudiar aquellos dos autores, el uno en la gramática y el otro en la teología; y sucedió morirse el mochacho dentro de ocho días, y como sus amigos burlasen del padre porque daba crédito a mis desvaríos y juicios, llamándolos falsos, respondió que muy bien me había yo dicho, porque sabiendo yo que se había de morir, di a entender que había de tener por preceptores aquéllos allá. Y a otro que había de hacer un camino y temíase de unos enemigos que tenía, que me preguntó si le estaba bien ir aquel camino, respondí que más seguro se estaba en su casa si le podía escusar; y caminó burlando de mi juicio, y sucedió que salieron sus enemigos e hiriéronle mal. Después, como aquel juicio se publicó, me valió muchos dineros a mí, porque desde allí adelante no habían de hacer cosa que no la viniesen comigo a consultar pagándomelo bien. En fin, en esta manera di muchos y diversos juicios que te quisiera agora contar, sino fuera porque me queda mucho por decir. decíame yo ser Juan de voto a Dios.

Micilo: ¿Qué hombre es ése?

Gallo: Este fingen los zarlos supersticiosos vagabundos que era un capatero que estaba en la calle de amargura en Jerusalén, y que al tiempo que pasaban a Cristo preso por aquella calle, salió dando golpes con una horma sobre el tablero diciendo: «Vaya, vaya el hijo de María», y que Cristo le había respondido: «Yo iré y tú quedarás para siempre jamás para dar testimonio de mí»; y para en fe desto mostraba yo una horma señalada en el brazo, que yo hacía con cierto artificio muy fácilmente, que parecía estar naturalmente empremida allí; y a la contina traía un compañero del mismo oficio y perdición que fuese más viejo que yo, porque descubriéndonos el uno al otro lo que en secreto y confesión con las gentes tratábamos, pareciendo un día el uno y otro día el otro, les mostrábamos tener especie de divinación y espíritu de profecía, lo cual siempre nosotros queríamos dar a entender. Y hacíamos se lo fácilmente creer por variarnos cada día en la representación, y decíales yo que en viéndome viejo me iba a bañar al río Jordán y luego volvía de edad de treinta y tres años que era la edad en que Cristo murió. Otras veces decía que era un peregrino de Jerusalén, hombre de Dios, enviado por él para declarar y absolver los muchos pecados que hay secretos en el mundo, que por vergüenza los hombres no los osan descubrir ni confesar a ningún confesor.

Micilo: ¿Pues para qué era eso?

Gallo: Porque luego en habiéndoles hecho creer que yo era cualquiera destos dos, fácilmente los podía avenir a cualquiera cosa que los quisiese sacar. Luego, como los tenía en este estado, comenzaba la zarlería cantándoles el espinela, que es un género de divinanza, a manera de decir la buenaventura. Es una agudeza y desenvoltura de hablar, con la cual los que estamos pláticos en ello sacamos fácilmente cualesquier género de escollos (que son los pecados) que nunca por abominables se confesaron a sacerdote. En comenzando, yo a escantar con esta arte luego ellos se descubren.

Micilo: Yo querría saber qué género de pecados son los que se descubren a ti por esta arte, y no al sacerdote.

Gallo: Hallaba mujeres que tuvieron acceso con sus padres, hijos y con muy cercanos parientes; y unas mujeres con otras con instrumentos hechos para efectuar este vicio; y otras maneras que es vergüenza de las decir; y hallaba hombres que se me confesaban haber cometido grandes incestos, y con brutos animales, que por no inficionar el aire no te los quiero contar. Son estos pecados tan abominables que de pura vergüenza y miedo hombres ni mujeres no los osan fiar ni descubrir a sus curas ni confesores; y así acontece muchas destas gentes necias morir sin nunca los confesar.

Micilo: Pues de presumir es que muchos destos hombres y mujeres, pensando bastar confesarlos a ti, se quedaron sin nunca a sacerdote los confesar.

Gallo: Pues ése es un daño que trae consigo esta perversa manera de vivir, el cual no es daño cualquiera, sino de gran caudal.

Micilo: Querría saber de ti qué virtud, o fuerza, tiene esa arte que se los hacéis vosotros confesar, y qué palabras les decís.

Gallo: Fuerza de virtud no es, pero antes industria de Satanás. La manera de palabras era: que luego les decía yo que por haber aquella persona nacido en un día de una gran fiesta en cinco puntos de Mercurio y otros cinco de Mars, por esta causa su ventura estaba en dos puntos de gran peligro, y que el un punto era vivo, y el otro era muerto; y que este punto vivo convenía que se cortase, porque era un gran pecado que nunca confesó, por el cual corría gran peligro en la vida. En tanta manera que si no fuera porque Dios le quiso guardar por los ruegos del bienaventurado San Pedro, que era mucho su abogado ante Dios, que muchas veces le ha cometido el demonio en grandes afrentas donde le quiso haber traído a la muerte; y que agora era enviado por Dios este su peregrino de Jerusalén y santo profeta; que soy uno de los doce peregrinos que residen a la acontina en el santo sepulcro de Jerusalén en lugar de los doce apóstoles de Cristo, y que yo soy su abogado San Pedro, que conviene que él me le haya de descubrir y confesar para que yo se le absuelva, y aun le pagare por él, y asegurarle que no penará ni peligrará por aquel pecado más. Y así él luego me descubre su pecado por grave e inorme que sea; y postrado por el suelo llorando me pide misericordia y remedio y le mande cuanto yo quisiere que haga para ser absuelto, que en todo me obedecerá, y aun me dará cuanto yo le pidiere y él tuviere para su necesidad; y así cuando yo veo a la tal persona tan obediente y rendida dígola: «Pues mira, hermana, que este pecado se ha de absolver con tres signos y tres cruces y tres psalmos y tres misas solenes, las cuales se han de decir en el templo del Santo Sepulcro de Jerusalén, y que son misas de mucha costa y trabajo, porque las han de decir tres cardenales y revestirse con ellos al altar tres obispos, y hanlas de oficiar tres patriarcas vestidos de pontifical, y han de arder allí tres lirios a cada misa, que pese cada uno seis libras de cera». Y luego dice el tal penitente: «Pues vos mi padre y santo señor vais allá hacedlas decir, y yo al presente daré los dineros y limosna que pudiere y volviendo vos por aquí lo acabaré de pagar». Y yo respondo que a mí me conviene forzado estar en Jerusalén la Semana Santa, y que en llegando se las haré decir, y así luego el penitente me da 10 ducados, o 6, o 4 o algunos que dan 20 y más, o menos, como cada cual tiene, y yo la doy una señal por la cual quedo de volver a la visitar dentro de un año o dos, sin pensarla más ver. Y otras veces, para autorizar esta mi mala arte, dígoles que yo le daré parte del gran trabajo que tengo de recibir en el camino que hemos de hacer los escolares peregrinos de Jerusalén cuando todos juntos vamos la Santa Pascua de Resurrección por el óleo y crisma a la torre de Babilonia, como lo tenemos por costumbre y promesa traerlo nosotros doce para la iglesia de Dios; lo cual se trae en doce caballos yendo nosotros a pie, que van luego los siete y quedan los cinco aguardando, y aquellos siete que van llevan siete ropas ricas y siete armas, con las cuales peleamos con siete gigantes que guardan el santo crisma y olio de noche y de día, y como son más fuertes que nosotros dannos grandes palos y bofetadas, hasta que vienen del cielo siete doncellas en siete nubes y en su favor siete estrellas; las cuales peleando con los gigantes los vencen y así las damos las siete ropas, y nos cargan los caballos del santo crisma y olio y nos venimos con ello a Jerusalén para que en la Santa Pascua de Resurrección se distribuya por toda la cristiandad; y así por la misericordia de Dios nuestro señor, por esta tu limosna te haré parcionera deste trabajo que en este viaje tengo de llevar por la Iglesia de Dios; y demás desto porque quedes más purgada deste pecado me bañaré por ti en la fuente y río Jordán una vez. Y con este fingimiento y embaimiento, ficiones y engaños, las hacía tan obedientes a mi mandado, que después de haberme dado su hacienda si quería tenía acceso con ella a medida de mi voluntad, y ellas se preciaban haber tenido acceso con el profeta dicípulo de Dios, hombre santo, siervo de Jesucristo, peregrino de Jerusalén. Y se tenían por muy dichosos los maridos por haber querido yo así bendecir a su mujer; y ellas se piensan quedar benditas para siempre jamás con semejantes bendiciones. En estas maldades querría yo mucho que el mundo estuviese avisado, y que no diese lugar ninguno a se dejar engañar de semejantes hombres malos, pues todo esto es manifiesta mentira y ficción. Y sé yo que al presente andan muchos por el mundo, los cuales tienen engañada la mayor parte de los cristianos, y se debría procurar que los jueces los buscasen, y hallados los castigasen en las vidas, porque es una especie de superstición y hurto, el más nefando que entre infieles nunca se usó, ni se sufrió. Y porque veas cuánta es la desvergüenza y poquedad de los semejantes hombres, te quiero contar un paso que pasé, porque entiendas que los tales ninguna bellaquería ni poquedad dejan de acometer y ejecutar. Sabrás que un día íbamos tres compañeros del oficio del zarlo y espinela, que andábamos buscando nuestra ventura por el mundo, y como llegamos acaso en una ciudad a la hora del comer, nos entramos en un bodegón, donde comimos y bebimos muy a pasto todos tres, y acordamos que se saliese el uno a buscar cierto menester, y como se tardase algo fuele el otro a buscar; y así me dejaron solo a mí por gran pieza de tiempo, y díjome la bodegonera: «Hermano, pagad, ¿qué aguardáis?». Respondí yo: «Aguardo aquellos compañeros que fueron a buscar cierta cosa para nuestra necesidad», y ella me dijo: «Pagad que por demás los esperáis, por necios los ternía si ellos volviesen acá». Y yo le pregunté cuánta costa estaba hecha, para pagarla; y ella contando a su voluntad y sin contradicción dijo que 4 reales habíamos comido y bebido, y luego me levanté de la mesa viniéndome para la puerta de la casa mostrando buscar la bolsa para la pagar, y díjela: «Señora, echadme en una copa una vez de vino, que todo junto lo pagaré». Y diciendo esto nos fuimos llegando a un cuero de vino que sobre una mesa tenía junto a una puerta, y la buena dueña, aunque no era menos curial en semejantes maldades que yo, descuidóse, y desató luego el cuero echando la cuerda sobre el hombro por tener con la una mano el piezgo y con la otra la medida, y comenzando ella a medir le tomé yo la cuerda del hombro y fueme lo más solapadamente que yo pude por la calle adelante, y aunque ella me llamaba no le respondía, ni ella por no dejar el cuero desatado me vio más hasta hoy. Cansado ya desta miserable y trabajada vida fueme a ordenar para clérigo.

    Micilo: ¿Con qué letras te ibas al examen?

Gallo: Con seis conejos y otras tantas perdices que llevé al provisor, y así marcando un Evangelio que me dio a leer, y declinando al revés un nominativo me pasó, y al escribano que le dijo que no me debía de ordenar respondió: «Andad que es pobre y no tiene de qué vivir».

Micilo: Por cierto, todo va así. Que yo conozco clérigos tan necios y tan desventurados que no les fiaría la taberna del lugar. No saben sino coger la pitanza y andar, y si les preguntáis: «¿Dónde vais tan apriesa?». Responde él con el mismo desasosiego: «A decir misa, que no hay más por un miserable estipendio, que si no fuese por él no la diría».

Gallo: La cosa que más lastimado me tiene el corazón en las cosas de la cristiandad es ésta: el poco acatamiento que tienen estos capellanes en el decir misa. Que de todas las naciones del mundo no hay ninguna que más bienes haya recibido de su Dios que los cristianos, que de los otros no son dioses, no los pueden dar nada. Y con tantas mercedes como los ha hecho, que aun a sí mismo se les dio, y no hay nación en el mundo que menos acatamiento tenga a su Dios que los cristianos, y por eso les da Dios enfermedades, pestelencias, hambres, guerras, herejes, que en un rincón de la cristiandad hay todos estos males y justamente los merecen, que como ellos tratan a Dios así los trata a ellos a osadas, que uno que para tabernero no es suficiente se hace sacerdote por ganar de comer; y también tienen desto gran culpa los seglares, por el trato que anda de misas y baratos malos; que si esto no hubiese, no se ordenaría tanto perdido y ocioso como se ordenan con confianza desto. Escriben los historiadores por gran cosa, que un Papa ordenó tres sacerdotes y cinco diáconos, y ocho subdiáconos; y agora no hay obispo de anillo que cada año no haya ordenado quinientos desos idiotas y mal comedidos asnos. Por eso determinó la Iglesia que los sacerdotes no se pudiesen ordenar sino de cuatro témporas: porque entonces ayunase el pueblo aquellos días, y rogasen a Dios que les diese buenos sacerdotes, y por ir en ello tanta parte del bien de la república. Pues, ¿y crees tú que se hace esto alguna vez? Yo confío que nunca le pasa por pensamiento mirar en esto a hombre de toda la cristiandad, ni aun creo que nunca tú oíste esto hasta agora.

Micilo: No por cierto.

Gallo: Pues sábete que es la verdad. Habéis de rogar a Dios que os dé buenos sacerdotes, porque algunos sacerdotes no os los dio Dios, sino el demonio, la simonía y avaricia. Como a mí, que en la verdad yo me ordené por avaricia de tener de comer, y simoniacamente me dieron las órdenes por seis conejos y seis perdices, y permítelo Dios, Quia qualis populus talis est sacerdos. Quiere Dios daros ruines sacerdotes por los pecados del pueblo, porque cual es el pueblo tales son los sacerdotes.

Micilo: Por cierto que, en cuanto dices, has dicho verdad, y que me he holgado mucho en oírte. Volvamos, pues, a donde dejaste, porque quiero saber tú qué tal sacerdote hiciste.

Gallo: Por cierto dese mismo jaez, y aún peor, que todos los otros de que hemos hablado. Luego como fue sacerdote el primer año mostré gran santidad, y certifícote que yo mudé muy poquito de mi vida pasada, pero mostraba gran religión. Y así viví dos años aquí en esta villa, y como me viesen la bondad que yo representaba, que siempre andaba en compañía de una trulla de clérigos santos que ha habido de pocos tiempos en ella, andando a la contina visitando los hospitales y casas pobres, en compañía de unas mujercillas andariegas y vagarosas, callejeras que no sufren estar un momento en sus casas quedas, éstas con todo desasosiego trataban en la misma santidad.

Micilo: Mayor santidad tuvieran estando en sus casas en oración y recogimiento.

Gallo: Destas teníamos nuestras ciertas granjerías como camisas, pañizuelos de narizes, y la ropa blanca lavada cada semana, y algunas ollas y otros guisadillos y regalados y algunos bizcochos y rosquillas. Y como vían todos la bondad que representaba hablóme un letrado rico si quería enseñarle unos niños pequeños que tenía, sus hijos.

Micilo: Por cierto, a cuerdo lobo encomendaba los corderos ¡Hideputa y qué Sócrates, Pitágoras o Platón! ¿Y qué les enseñabas?

Gallo: Llevábalos y traíalos del estudio, de casa del bachiller de la gramática.

Micilo: Eso no era sino enseñarles el camino por donde habían de ir y venir. De manera que mozo de ciego te pudieran llamar.

Gallo: Así es. Acompañaba también a su mujer a cualquiera parte que quería salir, llevábala de la mano, y aun algunas veces la rascaba en la palma. Aquí estuve dos años en esta casa y de aquí me fue a mi tierra a servir un curazgo.

Micilo: Pues, ¿por qué te saliste de este pueblo?

Gallo: Porque hubo cierta sospecha en casa que me fue forzado salir de allí.

Micilo: ¿Pues de qué fue esa sospecha?

Gallo: Allégate acá y decírtelo he a la oreja.

Micilo: En ese caso poco se puede fiar de todos vosotros.

Gallo: De aquí me vine a vivir a una muy buena aldea de buena comarca y de hombres muy ricos. Ofrecíanme cada domingo mucho pan y vino, y cuando moría algún feligrés toda la hacienda le comíamos con mucho placer en entierro y honras: teníamos aquellos días muy grandes papilorrios, que así se llaman entre los clérigos aquellas comidas que se dan en los mortuorios.

Micilo: ¡O desdichados de hijos del difunto si alguno quedaba, que bien heredado le dejábades comiéndoselo todo!

Gallo: Gánenlo.

Micilo: Pues, y vosotros, ¿por qué no lo ganábades también?

Gallo: Pues, yo, ¿a qué lo había de ganar? Aquél era mi oficio.

Micilo: Holgar.

Gallo: Pues, y agora sabes: quod sacerdotium dicit ocium? Toda nuestra vida era holgar y holgar en toda ociosidad, sin tener ninguna buena ocupación. Porque después que un capellán de aquéllos ha dicho misa con aquel descuido que cualquier oficial entiende en su oficio, y cumplido en el papilorrio, no había más que ir a cazar. Por Dios que estoy bien con la costumbre que tienen los sacerdotes de Grecia, que todos trabajan en particulares oficios, con los cuales bien ocupados ganan de comer para sí y para sus hijos.

Micilo: ¿Pues cómo y casados son?

Gallo: Eso es lo mejor que ellos tienen, porque allí van mejor dispuestos al altar que los de acá.

Micilo: Pues, ¿por qué no te ocupabas tú en leer algún libro?

Gallo: Porque cuando el hombre no es buen lector no le es sabrosa la lectura. Y después desto no podía acabar comigo a ocuparme así.

Micilo: Pues, ¿cómo te habías en el rezar?

Gallo: Como leía mal, hacíaseme gran trabajo rezar maitines cada día, principalmente a la mañana, que tardaba tres horas en los rezar. Y yo quería decir misa en amaneciendo, porque a la contina me levantaba con gran sed, y así por comer temprano decía misa rezando solo prima.

Micilo: Pues, ¿por qué no rezabas maitines antes que te acostases?

Gallo: Porque siempre me acostaba las noches con mala disposición y me caía dormido sobre la mesa, y así por gobernarme mal en mi comer y beber me dio un dolor de costado del cual en tres días me acabé, y luego mi alma fue lanzada en un corpezuelo de un burro que estaba por nacer. Salí del vientre de mi madre saltando y respingando, el más contento y ufano que nunca se vio animal.

Micilo: ¿Y asno fueste? Poco trabajó naturaleza en te mudar. ¡O desventurado de ti!, ¿y en cúyo poder?

Gallo: Por cierto, desventurado fue, que bien pagué lo que holgué en el sacerdocio. Quisieron los mis tristes hados que cayese en manos de un bestial recuero andaluz que nunca hacía sino beodo renegar. ¡O Dios inmortal, qué carga comienzo agora! Aquí se me dio el triste pago de mi merecer; porque luego que fue de edad para carga serví con la recua de cebadero o fatero de seis buenos machos que mi amo traía. Y llevando a la contina casi tanta carga como cada uno de ellos, cada vez que se sentía cansado subía en mí tan grande como yo, y quería siempre fuese delante de todos, por lo cual me daba tantos palos que no podía más llevar. Nunca le parecía al desventurado que yo merecía el comer, y así siempre entresacaba de todos los machos una pobre ración con que me hacía perder el deseo. Y aun de paja no me quería hartar. Pero usaba yo de una cautela por me mantener: que luego, en la noche, como llegábamos a la posada me entraba en la caballeriza y echábame luego en el suelo, fingiendo querer descansar, y como yo a la contina andaba con ruin albarda y peor jáquima fácilmente rompía mis miserables ataduras, y como echaban de comer a mis compañeros procuraba remediarme entre ellos, y aun algunos dellos me daban muy fuertes coces defendiendo su pasto, otros había que teniendo piedad de mí me dejaban comer. Pero, ¡ay de mí! si aquel traidor de mi amo entraba en aquella sazón, hacíamelo a palos gormar. A la contina caminábamos en compañía de otros tragineros, porque ellos se acostumbraban así por se ayudar en necesidad y peligros que cada día se les ofrecen, para cargar y descargar. Y así una vez íbamos por un camino sobre haber llovido tres días a reo, y llegamos a un allozar donde estaba un grande atolladero por causa de unos grandes llamares de agua que en todo tiempo había allí, y el bellaco de mi amo por poder pasar mejor subió sobre mí, y como yo no sabía el paso e iba delante de todos atollé y caí. ¡O desventurado de asno!, viérasme cubierto de lodo y agua que no podía sacar brazo ni pie, y mi amo apeado en medio del barro palos y palos en mí. Por cierto, mil veces me quisiera allí ahogar, y aun te digo de verdad que otras tantas veces me quise matar si no fuera por no caer en el pecado de desesperación.

Micilo: Pues deso, ¿qué se te daba a ti?

Gallo: Tuviera más que pagar. Porque has de tener por cierto que los trabajos que yo padecía en un estado o naturaleza, era en penitencia de pecados que cometía en otra. Pues sobre todo esto verás otra cosa peor: que guiando tras mí un mulo de aquellos que llevaba una gran carga de aceite, atolló junto a mí, y tanto tuvieron que entender en su remedio que me dejaban a mí ahogar; y el bellaco de mi amo no hacía sino renegar de Dios. En fin, entraron él y sus compañeros en medio del barro, y rompiendo los lazos y sobre carga y aun un cuero de seis arrobas que no se pudo remediar, y así arrastrando sacaron el mulo afuera. Y después volvieron por mí y a palos tirando por las orejas y cola me hubieron de sacar. Nunca me pareció que era yo inmortal sino allí, y pesábame mucho porque en todas las especies de animales en que viví me duraba aquélla tanto siendo la peor, y lloraba porque cuando yo fue clérigo, rana, o puerco no me perpetué, y vine a vivir tanto en un tan ruin natural. Después salidos a tierra todos los duelos habían de caer sobre mí, porque como el macho era bestia de valor, como le sintieron algo fatigado, fue de voto de todos que me cargasen un rato el otro cuero que llevaba el mulo y que le regalasen a él, poniendo entre sí que llegando a la primera venta le tornarían a cargar; y yo como vi ser tal su determinación, y que no podía apelar porque para ellos mismos no me aprovechara suplicación, por tanto callé y sufrí y mal que me pesó le llevé hasta que anocheció. Aquí es de llorar, que si por malos de mis pecados me detenía algo al pasar de un lodo, o de una aspereza, o por piedras, o por cualquiera otra ocasión, cogía aquel bellaco una vara que llevaba de doce palmos y vareándome tan cruelmente por barriga y ancas y por todo lo que la carga descubría que en todo mi cuerpo no dejaba lugar con salud. Por cierto, yo llegué tal aquella noche al mesón que rogué con gran afecto a Dios que me acabase el vivir. En llegando que me descargaron me arrojé al suelo en la caballeriza, que ni tenía gana de comer, ni aun era yo tan bien pensado que me sobrase la cebada, pero basta que yo llegué tal que no sabía parte de mí. Tenía quebrantadas las piernas del cansancio, y herido todo el cuerpo magullado a palos; y como me hallé tan miserable aborrecíme en tanta manera que estuve por desesperar. Y estando así tan desbaratado con mi pasión acordé (que no debiera) de probar a me libertar, y huyendo irme a mis venturas, pensando que a acertar a libertarme ganaba descanso para toda mi vida, y que a salirme mal no podía ser más que caer en manos de otro vil, o en manos de mi amo que me tornase a apalear, o en poder de un lobo que me comiese. Y ninguna destas cosas tenía por peor; y así como me determiné habiendo cenado los recueros y aparejado sus camas en que se acostar, y sobre su cansancio y vino comenzaron a dormir, y como tuve gran cuidado de ver todo lo que pasaba, lo más seguro que pude salí por la puerta del mesón; y como me vi en libertad, ¡o Dios soberano, quién podrá encarecer el gozo en que se vio mi alma! Luego me fue al más correr la calle que más a mano tomé hasta salir del lugar; y por el camino que acerté comienzo con tanta furia a correr que no había caballo que en ligereza se me pudiese comparar, que con cuanto cansado venía con el cuero de aceite cuando al mesón llegué, me pareció cuando de la posada salí que en todo deleite había estado aquel mes. Y cuando yo pensé que me había alongado de mi amo cuatro leguas por la gran furia con que en dos horas corrí, y como la noche hacía oscura por el nublo que tenía el cielo, echéme con gran seguro en un prado a descansar, y plugo a mis tristes hados que en el mesón se ofreció ocasión como me hallaron menos en la caballeriza; y como mi amo fue avisado me procuró luego seguir, porque aún no faltó quien me vio cuando yo salí del lugar, y el camino que llevé. Y como caminó a toda furia cuando amaneció se halló junto a mí. ¡O válame Dios!, cuando yo le vi, quisiera tener un arma, o cualquier otro medio con que me matar. Plugiera a Dios que luego me matará allí. Y como me vio dijo: «¡Ah, don traidor!, ¿pensastes os me ir? Agora me lo pagaréis». Y diciendo esto diome tantos de palos que no pensé más vivir, y puedes creer que digo la verdad que en alguna manera me alegré pensando que me acababa ya, esperando que con la muerte me sucedería mejor. Pero no me merecía yo tanto bien; y así me salió al revés, porque cuando vio que me había bien castigado subió en mí y corriendo como en una posta me tornó al lugar con la posible furia, donde llegamos antes que los compañeros pudiesen aparejar. Y así, sin perder ellos punto de jornada, perdí yo la cena y almuerzo y descanso, porque luego en llegando cargando a todos y a mí nos hicieron caminar.

Micilo: Por cierto mal te trataba ese hombre. Mala gente debe de ser recueros.

Gallo: Por Dios, mala cuanto se puede encarecer. Es el género de hombres más vil que en un mundo Dios crió: la hez, escoria y deshecho de todos cuantos son. No tienen cuenta sino con beber, y cuanto hurtan, ganan y trapazan no es sino para vino, y vino y más vino. No parece su cuerpo sino una cuba manantial. Es gente que por su boca nunca profesó ley, porque sino es lo que el padrino respondió por ellos al bautismo nunca de la ley de Cristo hombre dellos se acordó, ni otro sacramento recibió. Porque toda su vida no entiende sino andar con la recua; nunca paran Cuaresma en su feligresía para se confesar, y si vienen después de Cuaresma a su pueblo y su cura les dice que se confiesen, muestranle unas cédulas de confesión fingidas y falsas, hechas para cumplir. Con esto no les verás hacer cosa por donde entiendas de qué ley son, porque sus dos más principales obras son beber y renegar: que Cuaresma ni cuatro témporas, ni vísperas de Santos, ni viernes, no hacen diferencia en el comer. Antes mofan de los que en aquellos días hacen alguna especificación. No quiero hablar desta ruin gente más, porque aun mi lengua, aunque de gallo, tiene asco y empacho de hablar de hombre tan perverso y tan vil, que si en sus bajezas me quisiese detener, tiempo faltaría para decir. Pero, pues tengo intención de te contar de hombres más altos, de los que tiene el vulgo por nobles y los celebra con solenidad, no me quiero detener en hombres tan sueces, porque me parece que del tiempo que en los tales se gastase se debría restitución. En fin, quiero concluir con la miserable vida que me dio, que ella fue tal que en ninguna manera la pude sufrir; y así viniendo un día de Córdoba para Salamanca con un cargo de aceite, y yo traía también mi parte, y no la menor, yo venía tan aborrido y tan desesperado que propuse en mi determinación de tomar la muerte, ofrecida la oportunidad; y así, una mañana bajando un portezuelo que dicen de la Corchuela, decendiendo sobre el río Tajo a pasar la puente del Cardenal, viniendo por la ladera de la sierra, parecese el río de Tajo abajo que va por entre unas peñas con mucho ruido y braveza, que a todos cuantos por allí pasan pone espanto. Luego como vi aquella ocasión pensé arrojarme de allí al río y acabar aquella vida de tanto trabajo, hambre y miseria contina; y así a una vuelta que la sierra da en que descubre el río un gran pedazo, por razón de haber comido con la fuerza que por allí lleva una gran parte de la montaña, está un despeñadero muy grande, que el que de allí cayere no puede parar hasta el río. Sucedió que yendo yo pensando en esto dio mi amo un palo a un mulo que venía tras mí, y herido el mulo, con algún pavor trabajó por pasar ante mí, y con la furia y fuerza que llevaba encontró con mi flaqueza y fácilmente me hizo rodar a mí y a mis cueros de aceite. De tal manera que dando de peña en peña hecho pedazos, llegué al río sin sentir el dolor que padecen con la demasiada agua los que se ahogan; y así acabé la más miserable vida y más penosa que en el mundo jamás se padeció. Con protestación que hice mil veces de ser bueno por no venir a otro tan gran mal.

Micilo: Deseo tenía de verte salir de tan cruel penitencia, y heme holgado mucho en haberte oído hasta aquí. Ya parece que es venido el día, y aun parece que ha más de media hora que salió el Sol, y porque no perdamos la coyuntura de nuestro ganar de comer, calla y abriré la tienda, que mucho a mi sabor has cantado hoy; y a la noche yo velaré el rato que se me ha pasado desta mañana sin trabajar, y oírte he hasta que te quieras dormir. Agora despierta tus gallinas y veníos a comer.

Gallo: Mira Micilo, no te engañes en eso comigo, porque yo antes despertaré a la media noche y quedaré sin dormir más, que no velaré a la prima noche. Pero yo haré una cosa por te complacer: que recogeré un hora antes que anochezca mis gallinas, y habré dormido un sueño bueno cuando tú acabes de cenar, y despertándome tú yo velaré todo lo que querrás, y al sabor de la historia que yo cantaré trabajarás tú hasta que quieras dormir.

Micilo: Muy bien dices, hágase así. Quisiera que me dijeras cómo te hubiste cuando eras cura con tus feligreses.

Gallo: Eso te diré yo de muy buena voluntad, y cantarte he otras muchas cosas muy graciosas, que confío holgarás de oír. Porque en el canto que se sigue te contaré de un mancebo de ánimo generoso, ciego y obstinado en los deseos y apetito de la carne; encantado y hechizado con el veleño y embaimiento de una maga mala mujer. Ciego de la razón, disipando el tesoro del buen natural que de su padre Dios heredó, hasta que por su divina misericordia me quiso alumbrar para salir de tan gran confusión y bestialidad.

Micilo: Pues agora calla, que llaman a la puerta, que deben de venir a comprar.

Fin del cuarto canto del gallo

Argumento del quinto canto del gallo
En el quinto canto que se sigue el autor, debajo de una graciosa historia, imita la parábola que Cristo dijo por San Lucas en el capítulo quince. Verse ha en agraciado estilo un vicioso mancebo en poder de malas mujeres, vueltas las espaldas a su honra, a los hombres y a Dios, disipar todos los doctes del alma, que son los tesoros que de su padre Dios heredó. Y veráse también los hechizos, engaños y encantamientos de que las malas mujeres usan por gozar de sus lascivos deleites por satisfacer a sola su sensualidad.

Micilo: Por cierto, pesado tienen los gallos el primer sueño, pues con haberse entrado este gallo acostar dos horas antes que anocheciese, y haber ya más de dos horas que anocheció, no ha mostrado despertar.

Gallo: No pienses, Micilo, que aunque no canto que duermo, porque yo despierto estoy aguardando a que vengas de la cena al trabajo.

Micilo: Pues, ¿por qué no cantas, que ya hubiera yo venido?

Gallo: No canto porque, aunque nosotros los gallos somos músicos de nación, tenemos esta ventaja a los músicos de allá: que nosotros tenemos tanto seso y cordura en nuestro canto que con el buen orden de nuestra música gobernáis vuestras obras como con muy cierto y regalado reloj. Pero vuestros músicos cantan sin tiempo, orden y sazón, porque han de carecer de seso para bien cantar. Cantamos a la medianoche, y ésta no la es; y cantamos al alba por dar loores a Dios nuestro Hacedor y criador.

Micilo: Pues ante todas las cosas te ruego me digas: cuando fueste capellán de aquel curazgo (que cura te podemos llamar), ¿cómo te sabías haber con tus ovejas? ¿Cómo sabías repastar tus feligreses? ¿Cómo te habías en su gobierno y confesión? Porque no sé quién tiene mayor culpa, el cura propio por encomendar su ganado a un hombre tan sin letras como tú, o tú en lo aceptar.

Gallo: ¿Qué quieres que te diga a eso sino lo que se puede presumir de mí? En fin, yo lo hacía como todos los otros pastores mercenarios, que no tenemos ojo ni cuenta sino el propio interés y salario, obladas y pitangas de muertos, y cuanto a las conciencias y pecados, cuanto quiera que fuesen graves no les decía más sino: «No lo hagáis otra vez». Y esto, aunque cien veces me viniesen lo mismo a confesar; y aun esto era cuanto a los pecados claros, y que ninguna dificultad tenían. Pero en otros pecados que requerían algún consejo, estudio y miramiento disimulaba con ellos, porque no sabía yo más en el juicio de aquellas causas que sabía cuando rodé por la montaña sobre Tajo. En fin, en todo me había como aquel mercenario que dice Cristo en el Evangelio, que cuando ve venir el lobo a su ganado huye y lo desampara. Así en cualesquiera necesidades y afrentas que al feligrés se le ofrecen me tocaba poco a mí, y menos me daba por ello.

Micilo: Dime, si en una Cuaresma sabías que algún feligrés estaba en algún pecado mortal, de alguna enemistad o en amistad viciosa con alguna mujer, ¿qué hacías?, ¿no trabajabas por hacer a los unos amigos, y a los otros buscar medios honestos y secretos cómo los apartar del pecado?

Gallo: Esos cuidados ninguna pena me daban. Propios eran del propio pastor; viniese a verlos y proveerlos. Comíase él en cada un año 300 ducados que valía el beneficio paseándose por la corte, ¿y había yo de llevar toda la carga por 2.000 maravedís? No me parece cosa justa.

Micilo: ¡Ay de las almas que lo padecían! Ya me parece que te habías obligado con aquella condición, que el cura su culpa pagará.

Gallo: Dejemos ya esto. Y quiero te contar un acontecimiento que pasé en un tiempo, en el cual, juntamente siéndote gracioso, verás y conocerás la vanidad desta vida, y el pago que dan sus vicios y deleites. Y también verás el estado en que está el mundo, y los engaños y lacivia de las perversas y malas mujeres, y el fin y daño que sacan los que a sus sucias conversaciones se dan. Y viniendo al caso sabrás que en un tiempo yo fue un muy apuesto y agraciado mancebo cortesano y de buena conversación, de natural crianza y contina residencia en la corte de nuestro rey, hijo de un valeroso señor de estado y casa real; y por no me dar más a conocer basta, que porque hace al proceso de mi historia te llego a decir, que entre otros previllegios y gajes que estaban anejos a nuestra casa, era una compañía de lanzas de las que están en las guardas del reino, que llaman hombres de armas de guarnición. Pues pasa así que en el año del señor de 1522, cuando los franceses entraron en el reino de Navarra con gran poder, por tener ausente a nuestro príncipe, rey y señor, se juntaron todos los grandes y señores de Castilla, guiando por gobernador y capitán general el condestable Don Yñigo de Velasco para ir en la defensa y amparo y restitución de aquel reino, porque se habían ya lanzado los fraceses hasta Logroño; y así por ser ya mi padre viejo e indispuesto me cometió y dio el poder de su capitanía con cédula y licencia del rey; y así cuando por los señores gobernadores fue mandado mover, mandé a mi sota capitán y alférez que caminasen con su estandarte, siendo todos muy bien proveídos y bastecidos por nuestra reseña y alarde. Y porque yo tenía cierto negocio en Logroño en que me convenía detener, le mandé que guiasen, y por mi carta se presentasen al señor capitán general, y yo quedé allí; y después, cuando tuve acabado el negocio, partí con un escudero mío que a la contina le llevaba para mi compañía y servicio en un rocín. Y luego como comenzamos a caminar por Navarra fue avisado que las mujeres en aquella tierra eran grandes hechizeras encantadoras, y que tenían pacto y comunicación con el demonio para el efecto de su arte y encantamiento, y así me avisaban que me guardase y viviese recatado, porque eran poderosas en pervertir los hombres y aun en convertirlos en bestias y piedras si querían; y aunque en la verdad en alguna manera me escandalizase, holgué en ser avisado, porque la mocedad, como es regocijada, recibe pasatiempo con semejantes cosas; y también porque yo de mi cogeta fue aficionado a semejantes acontecimientos. Por tanto, iba deseoso de encontrarme con alguna que me encantase, y aun iba de voluntad y pensamiento de trocar por alguna parte de aquella arte el favor del príncipe y su capitanía; y caminando una montaña, yendo revolviendo esas cosas en mi pensamiento, al bajar de una montaña me apeé por estender las piernas, y también porque descansase algo mi caballo, que comenzaba ya algo el Sol a calentar; y así como fue apeado tirándole de las orejas y estregándole el rostro di la rienda a mi escudero Palomades que así se llamaba, y mandéle que caminase ante mí. Y en esto volví la cabeza atrás y veo venir tras mí un hombre en una bestia, el cual en su hábito y trato luego que llegó me pareció ser de la tierra; por lo cual y por holgar yo mucho de la conversación le aguardé, y así llegando a mí me saludó, y por el semejante se apeó para bajar, y luego comencé a le preguntar por su tierra y lugar, como en el camino suele acontecer, y él me dijo que era de una aldea pequeña que estaba una legua de allí; y yo trabajaba meterle en conversación presumiendo dél algún encogimiento, porque como aquella tierra estuviese al presente en guerras, tratan con nosotros con algún recato no se nos osando confiar. Pero en la verdad aquel hombre no mostró mucha cobardía, mas antes demasiada liberalidad, tanto que de sus hablas y razones fácilmente juzgarás ser otra cosa que hombre, porque así con su habla me embelleñó que casi no supe de mí; y así del rey y de la reina y de la guerra del los franceses y castellanos venimos a hablar de la costumbre y bondad de la gente de la tierra, y él ciertamente vino a hablar en ello de buena voluntad. Comenzómela a loar de fértil y viciosa, abundante de todo lo necesario, y yo dije: «Hombre honrado yo tengo entendido desta tierra todo el cumplimiento entre todas las provincias del mundo, y que la gente es de buena habilidad e ingenio, y las mujeres veo también que son hermosas y de apuesta y agraciada representación». Y así él me replicó: «Por cierto, señor, así es como sentís; y entre todas las otras cosas quiero que sepáis que las mujeres, demás de su hermosura, son de admirable habilidad, en tanta manera que en saber exceden a cuantas en el mundo son». Entonces yo le repliqué deseando saber de su ciencia, importunándole me dijese algo en particular de su saber; y él me respondió en tanta abundancia que toda mi atención llevaba puesta en lo que él decía. Diciendo: «Señor mandan el Sol y obedece, a las estrellas fuerzan en su curso, y a la Luna quitan y ponen su luz conforme a su voluntad. Añublan los aires, y hacen si quieren que se huellen y pasen como la tierra. Al fuego hacen que enfríe, y al agua que queme. Hácense mozas y en un punto viejas, palo, piedra, y bestia. Si les contenta un hombre en su mano está gozar dél a su voluntad; y para tenerlos más aparejados a este efecto los convierten en diversos animales entorpeciéndoles los sentidos y su buena naturaleza. Han podido tanto su arte que ellas mandan y los hombres obedecen, o les cuesta la vida, porque quieren usar de mucha libertad yendo de día y de noche por caminos, valles y sierras a hacer sus encantos, y a coger sus yerbas y piedras, y hacer sus tratos y conciertos». Llevábame con esto tan traspuesto en sí que ningún acuerdo tenía de mí cuando llegamos al lugar, y cabalgando en nuestras bestias nos lanzamos por el pueblo, y queriendo yo pasar adelante me forzó, con grande importunidad y buena crianza, que quisiese apearme en su posada porque servía a una dueña valerosa que acostumbra recibir semejantes caballeros en su casa de buena voluntad; y como fuese llegada la hora del comer holgué de me apear. Saliónos a recibir una dueña de alta y buena disposición, la cual, aunque representaba alguna edad, tenía aire y desenvoltura de moza, y en viéndome se vino para mí con una voz y habla halagüeña, y muy de presto dispuso toda la casa y aparato con tanto servicio como si fuera casa de un príncipe o poderoso señor; y cuando miré por mi guía no la vi, porque entrando en casa se me desapareció; y según parece todo lo que pasó antes y después no puedo creer sino que aquella mujer tenía aquel demonio por familiar en hábito y figura de hombre, porque según mostró en su habla, trato y conversación no creo otra cosa, sino que le tenía para enviarle a caza de hombres cuando para su apetito y recreación le daba la voluntad, porque así me cazó a mí como agora oirás. Luego, como llegamos con mil regalos y ofrecimientos, dispuso la comida con grande aparato, con toda la diligencia y solicitud posible, en toda abundancia de frutas, flores y manjares de mucho gusto y sabor, y los vinos muy preciados en toda suavidad, servidos de diversas dueñas y doncellas, que casi parecían diferentes con cada manjar. Túvome la fiesta en mucho regocijo y pasatiempo en una sala baja que caía sobre un huerto de frutas y de flores muy suaves. Ya me parecía que por poco me quedara allí, sino fuera porque, así como en sueño, me acordé de mi viaje y compañía, y consideré que corría gran peligro mi honra si me descuidase; y así suspirando me levanté en pie proponiendo ir con la posible furia a cumplir con la guerra y luego volverme a gozar de aquel paraíso terrenal. Y así la maga por estar muy contenta de mi buena disposición me propuso a quedarme aquella noche allí, diciendo, que ella no quería, ni tenía cuanta prosperidad y aparato poseía sino para servir y hospedar semejantes caballeros. Principalmente por haber sido su marido un castellano de gran valor, al cual amó sobre todas las cosas desta vida, y así no podía faltar a los caballeros castellanos, por representarle cualquiera dellos aquellos sus primeros amores, que ella a la contina tenía ante sus ojos presente. Pero como aún yo no había perdido del todo mi juicio y uso de razón trabajé de agradecerle con palabras acompañadas de mucho cumplimiento y crianza la merced que me hacía, con protestación que acabada la guerra yo vernía con más libertad a la servir. No le pesó mucho a la maga mi defensa como esperaba antes de la mañana satisfacerse de mí mucho a su voluntad, y así me dijo: «Pues, señor, presupuesto que tenéis conocido el deseo que tengo de os servir, y confiando que cumpliréis la palabra que me dais, podréis hacer lo que querréis, y por más os servir os daré un criado mío que os guíe cuatro leguas de aquí, donde os vais a dormir con mucho solaz, porque tengo allí una muy valerosa sobrina que tiene un fuerte y hermoso castillo en una muy deleitosa floresta que estará cuatro leguas de aquí. Llegando esta noche allí, no perdiendo jornada para vuestro propósito, por ser mía la gula y por la gracia de mi sobrina que tiene la misma costumbre que yo en hospedar semejantes caballeros, os hospedará, y allí pasaréis esta noche mucho a vuestro contento y solaz». Yo le besé las manos por tan gran merced, la cual acepté, y luego salió el viejo que me trajo allí cabalgando en un rocín, y despidiéndome de la buena dueña comenzamos a caminar. Fuemos hablando en muchos loores de su señora, que nunca acababa de la engrandecer, pues díjome: «Señor, agora vais a este castillo donde veréis una doncella que en hermosura y valor excede a cuantas en el mundo hay». Y demandándole por su nombre, padres y calidad de estado me dijo él: «Eso haré yo, señor, de muy buena voluntad de os decir, porque después desta mi señora a quien yo agora sirvo no creo que hay en el mundo su igual, y a quien con mejor voluntad desee ni deba yo servir por su gran valor; y así os digo, señor, que esta doncella fue hija de un señor natural desta tierra, del mejor linaje que en ella hay, el cual se llamaba el gran varón; y por su hermosura y linaje fue demandada de muchos caballeros de alta guisa, así desta tierra como de Francia y Castilla, y a todos los menospreció proponiendo de no casar con otro sino con el hijo de su rey; y siendo tratadas entre ellos palabras de matrimonio respondió el rey de Navarra que tenía desposado su hijo con la segunda hija del rey de Francia, y que no podía faltarle la palabra. Por lo cual, sintiendo ella afrenta no haberle salido cierto su deseo, por ser dama de alta guisa propuso de nunca se casar hasta hoy; y así por haber en su linaje dueñas muy hadadas que la hadaron, es ella la más hadada y sabia mujer que en el mundo hay, en tanta manera que por ser tan sabia en las artes la llaman en esta tierra la doncella Saje, hija del gran varón». Y así hablando en esto fuemos a entrar en una muy hermosa y agraciada floresta de mucha y deleitable arboleda. Por la cual hablando en esta y otras muchas cosas caminamos al parecer dos leguas hasta que casi se acabó el día; y así casi media hora antes que se pusiese el Sol llegamos a un muy apacible valle donde parecía que se augmentaba más la floresta con muchos jazmines altos y muy graciosos naranjos que comunicaban en aquel tiempo su oloroso azahar, y otras flores de suave y apacible olor, en medio del cual valle se mostró un fuerte y hermoso castillo que mostraba ser el paraíso terrenal. Era edificado de muy altas y agraciadas torres de muy labrada cantería, era labrado de muy relumbrante mármol y de jaspes muy finos, y del alabastro y otras piedras de mucha estima, había musaico y mocárabes muy perfectos. Parecióme ser de dentro de exceso sin comparación más polido, pues de fuera había en él tanta excelencia; y así fue, que como llamamos a la puerta del castillo y por el portero fue conocida mi guía fueron abiertas las puertas con mucha liberalidad, y entramos a un ancho patio, del cual cada cuadro tenía seis colunas de forma jónica, de fino mármol, con sus arcos de la misma piedra, con unas medallas entre arco y arco que no les faltaba sino el alma para hablar. Eran las imágines de Píramo y Tisbe, de Filis y Demofón, de Cleopatra y Marco Antonio, y así todas las demás de los enamorados de la antigüedad. Y antes que pase adelante quiero que entiendas que esta doncella Saje de que aquí te contaré, no era otra sino la vieja maga que en el aldea al comer me hospedó. La cual, como le pareciese que no se aprovechara de mí en su casa tan a su placer como aquí, tenía por sus artes e industrias del demonio esta floresta y castillo, y todo el servicio y aparato que oirás, para holgar con quien quería noches y días como te contaré. Por el friso de los arcos del patio iba una gruesa cadena dorada que salía relevada en la cantería, y una letra que decía: «cuantos van en derredor, / son prisioneros de amor». Había por todo el torno ricas imágenes y piedras del Oriente, y había en los corredores altos gruesas colunas enteras de diamante, no sé si verdadero o falso, pero oso juzgar que no había más bella cosa en el mundo. Por lo alto de la casa había terrados de muy hermosos y agraciados edeficios, por los cuales andaban lindas y hermosas damas vestidas de verde y de otros amorosos colores, con guirnaldas en las cabezas, de rosas y flores, danzando a la suave música de arpas y dulzainas que les tañían sin parecer quién. Bien puede cualquiera que aquí entre afirmar que fuese aquí el paraíso o el lugar donde el amor fue nacido, porque aquí ni entra, ni admiten en esta compañía cosa que pueda entristecer, ni dar pasión. No se entiende aquí otra cosa sino juegos, placeres, comeres, danzar, bailar y motejar. Y otras veces juntas damas y caballeros cantar música muy ordenada, que juzgarás estar aquí los ángeles en continua conversación y festividad. Nunca allí entró cana, arruga, ni vejez, sino solamente juventud de doce a treinta años, que se sepa comunicar en todo deleite y placer. En esta casa siempre es abril y mayo, porque nunca en todo el año el suave y templado calor y fresco les falta; porque aquella diosa lo dispone con su arte a medida de su voluntad y necesidad. Acompáñanla aquí a la contina muy valerosas damas que ella tiene en su compañía de su linaje, y otras por amistad, las cuales atraen allí caballeros que vienen enseguida de su valor. Éstos hacen la corte más ufana y graciosa que nunca en casa de rey ni emperador tan adornada de cortesanía se vio. Porque solamente se ocupan en invenciones de trajes, justas, danzas y bailes; y otras a la sombra de muy apacibles árboles novelan, motejan, ríen con gran solaz: cual demanda cuestiones y preguntas de amores, hacer sonetos, coplas, villancicos, y otras agudezas en que a la contina reciben placer. Por lo alto y por los jardines, por cima de chopos, fresnos, laureles y arrayanes, vuelan calandrias, sirgueros, canarios y ruiseñores que, con su música, hacen suave melodía. Estando yo mirando toda esta hermosura, ya medio fuera de mí, se me pusieron delante dos damas más de divina que de humana representación, porque tales parecían en su hábito, modo y gesto, que todas venían vestidas como de casa real: traían muy ricos recarnados, joyas y piedras muy finas, rubíes, esmeraldas, diamantes, balajes, zafires, jacintos y de otras infinito número que no cuento. Éstas, puestas ante mí con humilde y agraciado semblante, habiéndoles yo hecho la cortesía que a tales damas se les debía, con muy cortés razonamiento me ofrecieron el hospedaje y servicio de aquella noche de parte de la señora del castillo, y yo habiendo aceptado la merced con hacimiento de gracias, me dijeron estar me aguardando arriba; y así, dejando el caballo a mi escudero, me guiaron por el escalera. Aún no habíamos acabado de subir cuando vimos a la bella Saje que venía por el corredor, la cual con aquella cortesía y semblante me recibió como si yo fuera el señor de todo el mundo, y así fue de toda aquella trihunfante y agraciada corte tan reverenciado y acatado como si yo fuera todo el poder que los había de mandar. Era aquel palacio tan adornado y excelente, y tan apuesta aquella juvenil compañía, que me parece que mi lengua la hace injuria en querértelo todo pintar, porque era ello todo de tanto aparato y perfección, y mi ingenio de tan poca elocuencia que es necesario que baje su hermosura y grandeza muy sin comparación. Muchos habría a quien yo contase esta historia que por su poca experiencia les parecería manera de fingir. Pero esfuércome a te la pintar a ti, Micilo, lo más en la verdad que puedo, porque tengo entendido de tu cordura que con tu buen crédito debajo destas toscas y cortas palabras entenderás lo mucho que quiero sinificar. Porque ciertamente era aquella corte y compañía la más rica, la más hermosa, agraciada y generosa que en el mundo nunca fue (ni lengua humana con muy alta y adornada elocuencia nunca podría encarecer, ni pluma escribir). Era toda de florida y bella edad, y sola entre todas venía aquella mi bella diosa relumbrando como el Sol entre todas las estrellas, de belleza extraña. Era su persona de miembros tan formados cuanto pudiera con la agudeza de su ingenio pintar aquel famoso Apeles con su pincel: los cabellos luengos, rubios y encrespados, trancados con un cordón de oro que venía a hacer una ingeniosa lacada sobre el lado derecho de donde colgaba un joyel de inestimable valor. Traía los carrillos muy colorados de rosas y jazmines, y la frente parecía ser de un liso marfil, ancha, espaciosa, llana y conveniente, que el Sol hacía eclipsar con su resplandor; debajo de dos arcos de cejas negras como el fino azabache le están bailando dos soles piadosos a alumbrar a los que los miran, que parecía estar amor jugando en ellos y de allí disparar tiros gentiles con que visiblemente va matando a cualquiera hombre que con ellos echa de ver; la nariz pequeña y afilada, en que naturaleza mostró su perfección; muéstrase debajo de dos pequeños valles la chica boca de coral muy fino, y dentro della al abrir y cerrar de un labrio angelical se muestran dos hilos de perlas orientales que trae por dientes; aquí se forman celestiales palabras que bastan ablandar corazones de diamante; aquí se forma un reír tan suave que a todos fuerza a obedecer. Tenía el cuello redondo, luengo y sacado, y el pecho ancho, lleno y blanco como la nieve, y a cada lado puesta en él una manzana cual siendo ella diosa pudiera poner en sí para mostrar su hermosura y perfección. Todo lo demás que secreto está como cuerdo puedes juzgar corresponder a lo que se muestra de fuera en la misma proporción. En fin, en edad de catorce años escogió la hermosura que naturaleza en una dama pudo dar. Pues visto lo mucho que te he dicho de su beldad no te maravillarás, Micilo, si te digo que de enamorado de su belleza me perdí, y encantado salí de mí, porque depositada en su mano mi libertad me rendí a lo que de mí quisiese hacer.

Micilo: Por cierto no me maravillo, gallo, si perdieses el juicio por tan extremada hermosura, pues a mí me tiene encantado en solo te lo oír.

Gallo: Pues andando así, como al lado me tomó, siguiéndonos toda aquella graciosa compañía, me iba ofreciendo con palabras de toda cortesanía a su sujeción, proponiendo nunca querer ni demandar libertad, teniendo por averiguado que todo el merecer del mundo no podía llegar a poseer joya de tan alto valor, y aun juzgaba por bienaventurado al que, residiendo en su presencia, se le diese sola su gracia sin más pedir. Hablando en muy graciosos requiebros, favoreciéndome con unos ofrecimientos muy comedidos, unas veces por mi persona, otras diciendo que por quién me enviaba allí, entramos a una gran sala adornada de muy suntuosa y extraña tapicería, donde al cabo della estaba un gran estrado, y en el medio dél un poco más alto, que mostraba alguna diferencia que se daba algo a sentir, estaba debajo de un rico dosel de brocado hecho el asiento de la bella Saje con muchos cojines, debajo del cual, junto consigo, me metió; y luego fue lleno todo el estrado de graciosas damas y caballeros, y comenzando mucha música de menestriles se comenzó un divino serao. Y después que todos aquellos galanes hubieron danzado con sus damas muy a su contento, y yo con la mía dancé, entraron en la sala muchos pajes con muy galanes libreas, con hachas en sus manos, que los guiaba un maestresala que nos llamó a la cena, y levantándose todos aquellos caballeros, tomando cada cual por la mano a su dama, fuemos guiados por una escalera que decendía sobre un vergel, donde estaba, hecho un paseo debajo de unos corredores altos que caían sobre la gran huerta, el cual paseo era de largo de doscientos pies. Eran todas las colunas de verdadero jaspe puestas por muy gentil y agraciado orden, todas cerradas de arriba abajo con muy entretejidos jazmines y rosales que daban en aquella pieza muy suave olor, con el que lanzaban de sí muchos claveles y albahacas y naranjos que estaban cerca de allí. Estaba una mesa puesta en el medio de aquella pieza que era de largo cien pies, puestos los manteles, sillas y aparato, y así como decendimos a lo bajo comenzó a sonar grandísimo número y diferencia de música: de trompetas, cheremias, sacabuches, dulzainas, flautas, cornetas y otras muchas diferencias de sonajas muy graciosas y apacibles que adornaban mucho la fiesta, y engrandecían la majestad y enchían los corazones de mucha alegría y placer. Así se sentaron todos aquellos caballeros y damas en la mesa, una dama con un caballero por su orden; y luego se comenzó la cena a servir, la cual era tan suntuosa y opulenta de viandas y aparato de oro, plata, riqueza y servicio, que no hay ingenio que la pueda describir en particular.

Micilo: Alguna parte della nos falta agora aquí.

Gallo: Fueron allí servidos en oro y plata todos los manjares que la tierra produce y los que el aire y el mar crían, y los que ha inquirido por el mundo la ambición y gula de los hombres sin que la hambre ni necesidad lo requiriese. Servían a las manos, en fuentes de cristal, agua rosada y azahar de ángeles, y el vino en perlas cavadas muy grandes, y no se contentaban allí beber vinos muy preciados de Castilla, pero traídos de Candía, de Grecia y Egipto. Eran las mesas de cedro cogido del Líbano, y del ciprés oloroso, asentadas sobre peanas de marfil. Los estrados y sillas en que estábamos sentados al comer eran labradas a manera de taraces de gemas y jaspes finos, los asientos y respaldares eran de brocado y de muy fino carmesí de Tiro.

Micilo: ¡O gallo, qué sabroso me es ese tu canto! No me parece sino que poseo al presente el oro de aquel rico Midas y Creso, y que estoy asentado a las epulentas mesas del emperador Heliogábalo. Querría que en cien años no se me acabase esta bienaventuranza en que agora estoy; mucho me entristece la miseria en que pienso venir cuando amanezca.

Gallo: Todos aquellos caballeros entendían con sus damas en mucho regocijo y palacio, en motejarse y en discantar donaires y motes y sonetos de amores, notándose unos a otros de algunos graciosos descuidos en las leyes del amor. La mi diosa puesta en mí su corazón me sacaba con favores y donaires a toda cortesanía: cada vez que me miraba, agora fuese derecho, agora al través, me encantaba y me convertía todo en sí sacándome de mi natural; sentíme tan preso de su gran valor que, no pudiendo disimular, le dije: «O señora, no más. Piedad, señora, que ya no sufre paciencia que no me dé a merced». Como fueron acabadas las viandas y alcadas las mesas, cada cual se apartó con su dama sobre tapetes y cojines de requemados de diverso color, donde en el entretanto que se llegaba la hora del dormir ordenaron un juego para su solaz, el cual era: que cada cual con su dama, muy secreto y a la oreja, se preguntase lo que más se le antoje, y la primera y más principal ley del juego es que infaliblemente se responda la verdad. Fue este juego gran ocasión y aparejo para que entre mí y mi diosa se declarase nuestro deseo y pena, porque yo le pregunté conjurándola con las leyes del juego me diga en quien tuviese puesta su fe, y ella muy de corazón me dijo que en mí; con la cual confesión se cerró el proceso, estando ella segura de mi voluntad y amor; y así concertamos que como yo fuese recogido en mi cámara, en el sosiego de la oscura noche, ella se iría para mí. Con esta promesa y fe se desbarató el juego de acuerdo de todos, y así parecieron muchos pajes delante con hachas que con su lumbre quitaban las tinieblas, y hacían de la noche día claro; y después que con confites, canelones, alcorzas y mazapanes y buen vino hicimos todos colación, hecha por todos una general reverencia, toda aquella graciosa y escelente corte mostrando quererme acompañar se despidió de mí; y hecho el debido cumplimiento a la mi bella dama, dándonos con los ojos a entender la palabra que quedaba entre nos, me guiaron las dos damas que me metieron en el castillo hasta una cámara de entoldo y aparato celestial, donde llegado aquellas dos diosas con un agraciado semblante se despidieron de mí. Dejáronme un escudero y un paje de guarda que me descalcó, y dejando una vela encendida en medio de la cámara se fueron, y yo me deposité en una cama dispuesta a todo deleite y placer, entre unos lienzos que parecía haberlos hilados arañas con todo primor. Olía la cámara a muy suaves pastillas, y la cama y ropa a agua de ángeles y azahar. Y quedando yo solo puse mis sentidos y oreja atento todo a si mi diosa venía; por muy poco sonido que oía me alteraba todo creyendo que ella fuese, y como me hallase engañado no hacía sino enviar suspiros que la despertasen, y luego de nuevo me recogía con nueva atención midiendo los pasos que de su aposento al mío podía haber. Consideraba cualquiera ocupación que la podía estorbar, levantábame de la cama muy pasito y abría la puerta, y miraba a todas partes si sentía algún meneo o bullicio, o vía alguna luz, y como no vía cosa alguna con gran desconsuelo me volvía acostar; deshacíame de celos sospechando por mi poco merecer, si burlándose de mí estaba en los brazos de otro amor. Y estando yo en esta congoja y fatiga estaba mi diosa aparejándose para venir con la quietud de la noche, no porque tiene necesidad de aguardar tiempo, pues con echar en todos un sueño profundo lo podía todo asegurar, pero por encarecerme a mí más el precio de su valor, y la estima que de su persona se debía tener, aguardaba haciéndoseme un poco ausente, estando siempre por su gran poder y saber ante mí; y cuando me vi más desesperado, siento que con un poco de rumor entre la puerta y las cortinas me comienza pasito a llamar, y yo como la oí, como suele acontecer si alguno ha peleado gran rato en un hondo piégalo con las malezas que le querían ahogar, y así afanando sale asiéndose a las espadañas y ramas de la orilla que no se atreve ni se confía dellas porque se le rompen en las manos, y con gran trabajo mete las uñas en la arena por salir, así como yo la oí a mi señora y mi diosa salto de la cama sin sufrimiento alguno, y recogiéndola en mis brazos me la comienzo a besar y abrazar. Ella venía desnuda en una delgada camisa, cubiertos sus delicados miembros con una ropa sutil de cendal, que como las rosas puestas en un vidrio toda se trasluzía. «Traía sus hermosos y dorados cabellos cogidos con un rico y gracioso garvin, y dejando la ropa de acuestas, que aun para ello no le daba mi sufrimiento lugar, nos fuemos en uno a la cama. No te quiero decir más, sino que la lucha de Hércules y Anteo te pareciera allí, tan firmes estábamos aferrados como puedes imaginar de nuestro amor, que ninguna yedra que a planta se abraza podía compararse a ambos a dos. Venida la madrugada la mi diosa se levantó, y lo más secreto que pudo se fue a su aposento, y luego con un su camarero me envió un vestido de requemado encarnado con unos golpes sobre un tafetán azul, tomados con unas cintas y clavos de oro del mismo color. Y cuando yo sentí el palacio estar de conversación me levanté y atavié, y salí a la gran sala donde hallé vestida a la mi diosa de la misma librea, que con amoroso donaire y semblante me recibió, a la cual siguiendo todos aquellos cortesanos por saber que la hacían mucho placer. Y así cada día mudábamos ambos dos y tres libreas de una misma divisa y color a una y otra usanza de diversidad de naciones y provincias. Y luego todos nos fuemos a ver muy lindos y poderosos estanques, riberas, bosques, jardines que había en la casa para entretenernos hasta que fue llegada la hora del comer; la cual, como fue llegada y el maestresala nos fue a llamar, volvimos a la gran sala, donde estaba todo aparejado con la misma suntuosidad que la noche pasada; y así comenzando la música comenzó el servicio del comer; fuemos servidos con la misma majestad y aparato que allí estaba en costumbre; y después como fue acabado el yantar y se levantaron las mesas quedamos todos hablando con diversas cosas, de damas, de amores, de fiestas, justas y torneos, de lo cual venimos a hablar de la corte del emperador Carlos nuestro rey y señor de Castilla, en la cual plática me quise yo mostrar adelantándome entre todos por engrandecer su estado y majestad, pues de más de ser yo su vasallo, por llevar sus gajes, era mi señor; lo cual todos aquellos caballeros y damas oyeron con atención y voluntad, y algunos que de su corte tenían noticia proseguían conmigo en la prueba de mi intento, y como mi diosa me conoció tan puesto en aquel propósito, sin darme lugar a muchas palabras me dijo: «Señor, porque de nuestra corte y hospedaje vayas contento, y porque ninguno deste paraíso sale desgraciado, quiero que sepas agora cómo en esta nuestra casa se honra y se estima ese bienaventurado príncipe por rey y señor, porque nuestra progenie y decendencia tenemos por derecha línea de los reyes de Castilla, y por tales nos trataron los reyes católicos don Fernando y doña Isabel, dignos de eternal memoria; y como fuese de tanto valor ese nieto suyo por los buenos hados que se juntaron en él, esta casa siempre le ha hecho gran veneración, y así una bisabuela mía, que fue en esta tierra la más sabia mujer que nunca en ella nació en las artes y buen hado, se empleó mucho en saber los sucesos deste valeroso y ínclito príncipe, y así edificó una sala muy rica en esta casa, y todo lo que con sus artes alcanzó lo hizo en una noche pintar allí, y porque en ninguna cosa aquella bisabuela mía mintió de cuanto allí hizo a sus familiares pintar conforme a lo que por este felicísimo príncipe pasará, te lo mostraré hecho por muy gran orden doscientos años ha: allí verás su buena fortuna y buen hado de que fue hadado, por las grandes batallas que en tiempos advenideros vencerá, y gentes belicosas que traerá a su sujeción». Y diciendo esto se levantó de donde estaba sentada, y con ella yo y toda aquella corte de damas y caballeros que por el semejante lo deseaban ver, y así nos fuimos todos donde nos guio, que como con una cadena nos llevaba tras sí. Y porque ya parece, Micilo, que es tarde y tienes gana de dormir, porque siento que es ya la media noche, quiero que por agora dejemos de cantar, y porque parece que nos desordenamos cantando a prima noche, nos volvamos a nuestra acostumbrada hora de nuestra canción, que es cuando el alba quiere romper, porque es más conforme a nuestro natural, y así para el canto que se sigue quedará lo demás.

Micilo: ¡O gallo, cuán fuera de mí me has tenido con esta tu sabrosa canción de comida y aparato suntuoso!, y nosotros no tenemos más de cada cuatro habas que comer hoy. Solamente quisiera tener el cargo de limpiar aquella plata y oro que allí se ensució, por gozar alguna parte del deleite que reciben estos ricos en lo tratar. Ruégote que no me dejes de contar lo que en fin te sucedió; y agora, vámonos a dormir.

Fin del quinto canto del gallo

Argumento del sexto canto del gallo

En el sexto canto que se sigue, el autor, prosiguiendo la parábola del hijo pródigo, describe por industria admirable de una pintura las victorias que el nuestro invictísimo emperador Carlos, quinto deste nombre, hubo en la prisión del rey de Francia en Pavía, y la que hubo en Túnez y en la batalla que dio a Lansgrave y a Juan, duque de Sajonia, y liga de herejes alemanes junto al río Albis en Alemania.

Gallo: Si duermes, Micilo, despierta.

Micilo: Di, gallo, que despierto estoy, y con voluntad de oírte.

Gallo: Deseo mucho hoy discantar aquella facunda historia que allí describió aquel pintor, porque era de tanta excelencia, de tanto espíritu y de tanta majestad, de tanta extrañeza el puesto y repuesto de todo cuanto allí pintó, que no hay lengua que pueda llegar allá. decían los antiguos que la escritura era la retórica sin lengua, y de aquella pintura dijeran que era la elocuencia hablada, porque tanta ventaja me parece que llevaba aquella pintura a lo que Demóstenes, Tulio, Esquines, y Tito Livio pudieran en aquel propósito orar, como lo verdadero y real lleva diferencia, y ventaja a la sombra y ficción. Verás allí los hombres vivos que no les faltaba sino el espíritu y lengua con qué hablar. Si con grande afecto hasta agora he hablado por te complacer, agora en lo que dijere pretendo mi interés que es: describiendo la suntuosidad de aquella casa y el gran saber de aquella maga discantar el valor y majestad de Carlos medio Dios, porque sepan hoy los hombres que el gallo sabe orar.

Micilo: Pues de mí confiado puedes estar, que te prestaré la debida atención.

Gallo: Pues como el movimiento de la mi bella Saje toda aquella corte divina se levantó en pie, tomando yo por la mano a mi diosa nos fuemos a salir a un corredor, y en un cuarto dél llegamos a unas grandes puertas que estaban cerradas, que mostraban ser del paraíso terrenal. Eran todas, aunque grandes, del ébano mareótico sin mezcla de otra madera, y tenía toda la clavazón de plata, y no porque no fuese allí tan fácil el oro de haber, sino porque no es el oro metal de tanta trabazón. Estaban por las puertas con grande artificio entretejidas conchas de aquel preciado galápago indio, y entresembradas muchas esmeraldas que variaban el color. Eran los umbrales y portada del mármol y marfil, jaspe y cornerina, y no solamente era destas preciosas piedras lo que parecía por los remates del edeficio, pero aun había tan grandes piezas que por su grandeza tenían fuerza bastante para que cargase en ellas parte del edeficio. La bella Saje sacó una llave de oro que mostró traerla siempre consigo, porque no era aquella sala de confiar, por ser el secreto y vigor de sus artes, encanto y memoria. Y como fueron las puertas abiertas hicieron un bravo ruido que a todos nos dio pavor, pero al ánimo que nos dio nuestra diosa todos con esfuerzo entramos. Era tan suntuoso aquel edeficio como el templo más rico que en mundo fue, porque excedía sin comparación al que describen los muy elocuentes historiadores de Diana de Éfeso y de Apolo en Delfos cuando quieren más encarecer su hermosura y suntuosidad. No pienso que diría mucho cuando dijese exceder a los siete edificios que por admirables los llamaron los antiguos los siete milagros del mundo: era el techo de artesones de oro macico, y de mocárabes cargados de riquezas; tenía las vigas metidas en grueso canto de oro, y el mármol, marfil, jaspe, oro y plata no tenía solamente la sobrehaz y cubierta del preciado metal y obra rica, pero la coluna era entera y macica, que con su groseca y fortaleza sustentaba el edeficio; y así había de pedazos de oro y plata grandes piezas de aquellas entalladuras y molduras; allí estaba la ágata, no solo para ser vista, pero para crecimiento de la obra; y la colorada sardo estaba allí que a todo daba hermosura y fortaleza; y todo el pavimento era enladrillado de cornerinas y turquesas y jacintos; iba cuatro palmos del suelo por la pared, por orla de la pintura, un musaico de piedras finas del Oriente, que desbarataban todo juicio con su resplandor: diamantes, esmeraldas, rubíes, zafires, topacios y carbuncos; y luego comenzaba la pintura, obra de gran majestad. Y así luego comenzó la mi bella Saje a mostramos toda aquella divinada historia, cada parte por sí, dándonosla a entenderlo, dijo: «Veis allí ante todas cosas cómo viendo el rey de Francia las alteraciones que en Castilla levantaron las Comunidades por la ausencia de su rey, pareciéndole que era tiempo conveniente en aquella disensión para tomar fácilmente el reino de Navarra, envió su ejército, el cual apoderado en la ciudad de Pamplona y en todas las villas y castillos della han corrido hasta Estella y puesto cerco sobre la ciudad de Logroño, la cual ciudad como valerosa se ha defendido con gran daño de franceses. Agora veis aquí cómo los gobernadores de Castilla, habiendo pacificado las disensiones del reino, habiendo nueva del estado en que al presente está el reino de Navarra, determinan todos juntos con su poder venir a remediar el daño hecho por franceses y restituir el reino a su rey de Castilla que al presente estaba en Flandes; lo cual todo que veis ha doscientos años que se pintó. Y quiérote agora, señor, mostrar lo que desta tu guerra a que ibas agora sucederá. Ves aquí cómo sintiendo los franceses venir los gobernadores de Castilla levantan el cerco de Logroño, y retíranse a la ciudad de Pamplona por hacerse fuertes allí. Ves aquí cómo el Condestable y todos los otros señores de Castilla, ordenadas sus batallas, los siguen en el alcance a la mayor furia y ardid que pueden; así ves aquí cómo los atajan el camino antes que entren en la ciudad, estando ya junto, donde el miércoles que verná, que serán quince deste mes, todos con ánimo y esfuerzo de valerosos príncipes los acometen diciendo: "España, España, Santiago". Y así veslos aquí rotos y muertos más de cinco mil franceses sin peligrar veinte personas de Castilla. Déjote de mostrar las bravezas que estos capitanes en particular hicieron aquí conforme a lo que se pintó, las cuales no hay lengua que las pueda encarecer». Entonces le demandé a mi diosa licencia para me hallar allí y ella me dijo: «No te hago, señor, pequeño servicio en te detener, porque yo he alcanzado por mi saber el peligro en que tu persona había de venir, y así proveyeron tus hados que yo te haya de salvar aquí. No quieras más buenaventura que poseerme a mí». Yo me le rendí por perpetuo vasallo y juré de nunca me revelar a su imperio. Y así luego prosiguió diciendo: «Veis aquí cómo en esta victoria quedó desembarazado de franceses todo el reino de Navarra, y los gobernadores se vuelven en Castilla dejando por virrey deste reino al conde de Miranda. El cual va luego sobre el castillo de Maya y le combate con gran ardid, y le entra y mata a cuantos dentro están. Veis aquí cómo siendo Carlos avisado por los de su reino la necesidad que tienen de su venida y presencia, despedidos muchos y muy arduos negocios que tenía en Alemania, se embarca para venir en España en 18 de julio del año de 1523 con gran pujanza de armada. Veis aquí cómo se viene por Inglaterra por visitar al rey y reina su tía, de los cuales será recibido con mucha alegría, y le hacen muchas y muy solenes fiestas; las cuales acabadas y despedido de aquellos cristianísimos reyes, se viene a España aportando a la villa de Laredo, donde es recibido con placer de los grandes del reino que le estarán allí aguardando. Veis aquí cómo viendo el rey Francisco de Francia no haber salido con la empresa de Navarra, y visto que el rey de Castilla Carlos está ya en su reino, determina en el año de 1524 emprender un acometimiento de mayor interés, y fue que acuerda con todo su poder y muy pujante ejército tomar el ducado de Milán; y teniendo gente de su valía dentro en la ciudad de Milán, su misma persona estando presente, puso cerco a la ciudad de Pavía, en que al presente está por teniente el nunca vencido capitán Antonio de Leiva con alguna gente española e italina que tiene para en su defensa. Veis aquí cómo teniendo el rey de Francia cercada esta ciudad acuden a su defensa todos los capitanes y compañías que el rey de Castilla tiene en aquella sazón por la Italia y Lombardía, y todos los príncipes y señores que están en su servicio y liga: viene aquí en defensa Carlo de Lanaya, o Charles de Limoy, que entonces estará por visorrey de Nápoles, y el marqués de Pescara, y el illustrísimo duque de Borbón, y el duque de Traeto, y don Fernando de Alarcón, y Pero Antonio conde de Policastro. Y aunque todos estos señores tienen aquí sus capitanes y compañías en alguna cantidad, no es tanto como la tercia parte de la que el rey de Francia tiene en su campo. Pues como el ejército del rey de Castilla está aquí seis meses en que alcanza todo el invierno, padeciendo gran trabajo, y como el rey de Francia no acomete ni hace cosa de que le puedan entender su determinación, determinan los españoles darle la batalla por acabar de partir esta porfía. Y veis aquí cómo habiendo el marqués de Pescara a los 19 de febrero del año de 1525 dado un asalto en el campo de los franceses por probar su cuidado y resistencia, en el cual con dos mil españoles acomete a diez mil, y sin perder diez hombres de los suyos les mata mil y doscientos, y les gana un bastión con ocho piezas de artillería, pues viendo esta flaqueza acuerda el virrey con todos aquellos señores dar la batalla al rey de Francia en el lugar donde está fortalecido, y así el viernes que son 24 días del mes de febrero, un hora antes del día, trayendo todos camisas sobre las armas que se conozcan en la batalla, dando alguna poca de gente con muchos atambores y trompetas al arma por la puerta del hospital de San Lázaro, donde están los fosos y bestiones de los franceses para estorbar que los imperiales entren en Pavía; y mientras éstos hacen este ruido, la otra gente rompe con ciertos ingenios e instrumentos por algunas partes el muro del parco, y dan aquí como veis en sus enemigos; de todo esto es avisado el rey de Francia por secreto que se hace, y así manda la noche antes que todos los mercaderes, y los que venden mantenimientos y otra gente inútil para la guerra salgan del real por dejar esenta la plaza, los cuales luego se ponen entre el campo y el Tesín sobre Pavía, donde el rey tiene hecho un puente para pasar las vituallas que vienen de Piamonte; de manera que cuando los imperiales ponen en efecto su empresa, ya el rey de Francia con todo su ejército está armado y puesto en orden de batalla, y no se rompe tan presto el muro que no se puedan muy bien conocer unos a otros en la batalla sin divisa; el marqués de Pescara toma consigo setecientos caballos ligeros y otros tantos arcabuceros españoles, y la agente de armas hecha dos partes lleva el virrey la avanguardia, y el duque de Borbón la batalla, y los otros caballos ligeros lleva el duque de Traeto. El marqués del Gasto lleva la infantería española; la infantería italiana y lancenequeneques se hace tres partes: la una es cabo el conde de Guiarna, y de la otra es cabo Jorge, caballero alemán, y del otro es cabo otro capitán de alemanes. Y veis aquí cómo en el punto que el muro del parco es derribado y los imperiales llegan a la plaza los suizaros se hacen en contra de los alemanes y juntos combaten muy hermosamente de las picas, y juega con tanto espanto el artillería, que todo el campo mete a temor y braveza, y así cada cual lleno de ira busca a su enemigo; y revolviéndose todas las escuadras y batallas de gente de armas y caballos ligeros, se enciende una cruel y sangrienta batalla; y luego del castillo y ciudad de Pavía, por esta puerta que se dice de Milán, salen en favor de España cuatro mil y quinientos infantes con sus piezas de artillería y doscientos hombres de armas, y trescientos caballos ligeros, los cuales todos dan en la gente italiana de los franceses, que está en esta parte aposentada, la cual fácilmente fue rota y desbaratada. Aquí llega un soberbio soldado, y sin catar reverencia al gran musiur de la Palisa le echa una pica por la boca, que encontrándole con la lengua se la echa juntamente con la vida por el colodrillo. Un arcabucero español asesta a musiur el almirante que da voces a sus soldados que pasen adelante, y hallando la pelota la boca abierta, sin hacer fealdad en dientes ni lengua le pasa a la otra parte, y cae muerto luego. Yendo musiur de Alveñi con el brazo alcado por herir con el espada a un príncipe español, llega al mismo tiempo un otro caballero de España y córtale el brazo por el hombro y juntamente cae el brazo y su poseedor sin la vida. Musiur Buysi, recogiéndose con una herida casi de muerte, le alcanzan otra que le acaba. El conde de Traeto arroja una lanza a musiur de la Tramuglia, que dándole por cima la vedica le cose con la brida y cae muerto él y su caballo. El duque de Borbón hiere de una hacha de armas sobre la cabeza a musiur el gran Escuir, que juntamente le echó los sesos y la vida fuera. Un caballero italiano, criado de la casa del marqués de Pescara, da una cuchillada sobre la celada a musiur de Cliete que le saltó de la cabeza, y acudiendo con otro golpe, antes que se guarde le abre hasta la nariz. Un soldado español, esgrimiendo con un montante, se encontró en la batalla con musiur de Boys, y derrocando de una estocada el caballo, en cayendo en el suelo, corta al señor la cabeza. Otro soldado de la misma nación, jugando con una pica, pasa de un bote por un lado al duque de Fusolca que le salió el hierro al otro, y luego da otro golpe al hermano del duque de Loren en los pechos que le derrueca del caballo, y la furia de otros caballos que pasan le maten hollándole. También este mismo hiere a musiur de Sciampaña, que venía en compañía destos dos príncipes, y le hace igual y compañero en la muerte. Veis aquí cómo el rey de Francia, viendo roto su campo, piensa salvarse por el puente del Tesín; y otra mucha parte de su ejército que ante él van huyendo con intención de se salvar por allí, los cuales todos son muertos a manos de los caballos ligeros borgoñones, y muchos ahogados en el río, porque los mercaderes y tenderos que el día antes hacen salir del real, como ven en rota el campo de Francia, se pasan el río y quiebran el puente por asegurar que los españoles no los sigan y roben, y así sucede, que yendo el rey de Francia al puente por se salvar, a cinco millas de donde la batalla se dio, le encuentran en su caballo cuatro arcabuceros españoles, los cuales sin conocerle se le ponen delante, y le dicen que se rinda, y no respondiendo el rey, mas queriendo pasar adelante, uno de los arcabuceros le da con el arcabuz un golpe en la cabeza del caballo de que el caballo cae en un foso, como aquí le veis caído; y a esta sazón llega un hombre de armas y dos caballos ligeros del marqués de Pescara, y como ven el caballero ricamente ataviado y el collar de San Miguel al cuello quieren que los arcabuceros partan con ellos la presa, amenacándoles que donde no la partieren que les matarán el prisionero. En esto llegó un criado de musiur de Borbón, y como conoce al rey de Francia va al virrey que viene allí cerca y avísale el estado en que está el rey, y llegado el virrey hace sacar al rey debajo del caballo, y demandándole si es el rey de Francia y a quién se rinde, responde, sabiendo que aquél es el virrey, que él es el rey de Francia y que se rinde al emperador. Y veis aquí cómo luego le desarman quedando en calcas y jubón, herido de dos pequeñas heridas, una en el rostro y otra en la mano, y así es llevado a Pavía y puesto en buena guarda y recado. Y el virrey luego despacha al comendador Peñalosa que lo haga saber en España al emperador, el cual es recibido con aquella alegría y placer que tal nueva y victoria merece. En compañía del rey de Francia son presos el que se dice ser rey de Navarra, y musiur el gran Maestre, y Memoransi, y el bastardo de Savoya, y el señor Galeazo Visconte, y el señor Federico de Bozoli, y musiur San Pole, y musiur de Brion, y el hermano del marqués de Saluzo, y musiur la Valle, y musiur Sciande, y musiur Ambreconte, y musiur Cavalero, y musiur la Mota, y el tesorero del rey, y musiur del Escut, y otros muchos caballeros, príncipes y grandes de Francia que veis aquí juntos rendidos a prisión, cuyos nombres sería largo contaros».

Y luego acabado de nos mostrar en aquella pintura esta victoria y buenaventura del nuestro felicísimo Carlos príncipe y rey de España, nos pasó a otro cuartel, donde no con menos primor y perfección del arte estaba pintada la imperial coronación y trihunfo cesáreo que hizo en Bolonia en el año de 1529 años, siendo pontífice el papa Clemente VII, y también el viaje que hace luego allí en Alemaña por resistir al turco que viene con gran poder hasta Viena por destruir la cristiandad: «y veis aquí todo su campo y batallas puestas apunto, y cómo le hace retirar».

Y como nos hubo mostrado en todo primor de la pintura todas estas grandezas nos pasó a otro paño de la pared, y nos mostró la tercera victoria igual a las pasadas que hubo en el reino de Túnez diez años después, que fue en el año de 1535; y así nos comenzó a decir: «Veis aquí cómo después que este bienaventurado príncipe hubiere hecho un admirable alarde de su gente y ejército en la ciudad de Barcelona sin decir a ninguno dónde va, veis aquí cómo un miércoles 9 de junio, estando todo el campo a punto de guerra y partida como conviene, habiendo los tres días antes avisado, manda levantar las velas, las cuales son trescientas en que va la flor y prez de España, y con gran música y vocería mueven soltando mucha artillería del mar y tierra, que es cosa maravillosa de ver. Veis aquí cómo el sábado siguiente a las seis de la mañana llega toda la armada a la isla de Cerdeña, donde hallan al marqués del Gasto que con su armada y compañía los está aguardando: tiene consigo ocho mil alemanes y dos mil y quinientos españoles de los viejos de Italia; y siendo aquí recibidos con muy solene salva se rehacen de todo lo necesario, y luego el lunes adelante, que son catorce del mes, salen del puerto a las seis de la mañana con próspero viento, guardado el orden necesario; y el martes a las nueve horas de la mañana llegan a la vista de la Goleta, que es en las riberas y costa de Túnez, puerto y castillo inexpugnable. Pues tomada tierra, aunque con alguna resistencia de los enemigos, porque luego acudieron al agua gran cantidad de moros, turcos y genízeros a defenderles el puerto; pero jugando desde los navíos muy poderosa artillería apartan los enemigos del puerto, tanto que todos aquellos príncipes y señores sin peligro se pueden saltar a tierra; y así todos recogidos por aquellos campos con la mejor guarda y miramiento que pueden se alojan hasta que todo el campo es desembarcado. Después que en dos días enteros han desembarcado armas y caballos y aparejos, manda el emperador que todos se pongan a punto de guerra, porque los moros los desasosiegan mucho, que a la contina están sobre ellos escaramucando. Veis aquí cómo viene a besar las manos del emperador Muley Alhazen, rey de Túnez, con trescientos de caballo, y no se parte de aquí hasta que este nuestro dichoso caudillo le mete y apodera en su ciudad. Veis aquí cómo se hacen trancheas, bestiones y terreplenos para combatir la Goleta, en los cuales tardan veinte y ocho días. Veis aquí muchas y muy cotidianas escaramuzas y rebates que tienen los moros con los christianos a vista de su príncipe, donde cada cual se señala con gloria eterna de buena fama. Pues como es acabado este bestión muy fuerte que aquí veis, en contra deste castillo de la Goleta, manda el emperador que se ponga en orden de batería, y así ponen en él treinta y seis piezas de artillería gruesa, los mejores tiros de toda la armada, los cuales asestan a las dos torres principales del castillo; y en los otros bestiones y trancheas ponen hasta cuatrocientos cañones gruesos y menudos, los cuales asestan a la fortaleza y galeras que tienen los moros en el estaño de agua que viene de Túnez hasta la mar. Veis aquí cómo estando todos apunto para dar la batería hace el emperador un admirable razonamiento a todos sus capitanes y soldados, animándolos al acontecimiento y prometiéndoles grandes premios. Veis aquí cómo miércoles que serán 14 del mes de julio, cuando es venida la mañana, el emperador manda que se comience la batería por el mar y tierra, la cual es la más fuerte y más contina y admirable que nunca se dio en campo de griegos, romanos ni egipcios, porque dentro de cuatro horas están deshechos y hundidos por tierra los muros, cercas y baluartes más fuertes que tuvo la antigüedad. Todo es aquí en breve roto y horadado, que ya no tienen los moros con qué se amparar, cubrir ni defender, y les es necesario salir al campo a pelear como están los de fuera. Veis aquí cómo a las dos horas después de medio día los soldados españoles envían a suplicar al emperador les dé licencia para entrar la fuerza, porque ya no es menester gastar más munición; ya comienzan los moros a salir al campo viendo poca defensa en su fuerza, y los españoles los reciben con gran ánimo y matándolos e hiriéndolos lanzan animosamente en sus muros que ya están sin albergue ni defensa, y tanta es la matanza que en ellos hacen que los fuerzan ir por el estaño adelante, donde se ahogan infinitos dellos. Veis aquí cómo con grande alegría y esfuerzo ponen los españoles las banderas sobre los muros y fuerza, habiendo muerto más de treinta mil moros que estaban en aquella defensa sin faltar diez cristianos; están tan animosos y esforzados estos soldados españoles con esta victoria, que si en esta coyuntura los tomase de aquí el emperador serían bastantes para fácilmente vencer los ejércitos del turco y gran Can y Sofi si todos estos poderosos príncipes y sus fuerzas se juntasen en uno, porque aquí ganan la más fuerte e inexpugnable fuerza que en el mundo está en edificio; ganan aquí trescientas piezas de artillería gruesa de bronce muy hermosa, y mucha munición de pólvora y pelotas, flechas, lanzas y otros infinitos géneros de armas, tomarse ha en esta victoria la mejor armada que nunca pagano perdió, porque están setecientos navíos gruesos y treinta y seis galeras, y la resta de galeotas y fustas más de ciento. De aquí parte luego el emperador otro día adelante a dar combate a la ciudad por dar fin a esta empresa. Y sucede que le sale al camino Barbarroja con cien mil combatientes por resistirle la entrada, donde con muy poca dificultad fueron todos debaratados, y muerta infinita multitud dellos. Y veis aquí cómo viendo el mal suceso el capitán Barbarroja huye por se librar de las manos del emperador, y se acogió a la ciudad de Bona, un puerto de allí algo vecino en las riberas de África. Y veis aquí cómo llegado el emperador a la ciudad de Túnez se le abren las puertas sin resistencia, y le envían las llaves con los más antiguos y principales de la ciudad ofreciéndosele en su obediencia. Veis aquí cómo resulta desta victoria ser libres veinte mil cristianos que en diversos tiempos habían sido cautivos por el mismo Barbarroja, los cuales todos estaban en el alcazaba de veinte años antes presos. Veis aquí cómo hechos sus capítulos de conciertos, parias y rehenes entre el emperador y rey de Túnez, le pone en su poder la ciudad, dándole las llaves, mando y señorío como de su mano; y después de haberlo todo pacificado se embarca para Sicilia, y de allí para Saboya por libertar lo que de aquel ducado tiene usurpado en aquella sazón el rey de Francia a su hermana la duquesa». Pasando más adelante dijo: «Veis aquí cómo prosiguiendo este bienaventurado príncipe en su buen hado, trabaja por juntar concilio en la ciudad de Trento en Alemania, por dar remedio en los errores luteranos que en aquella tierra estarán arraigados muy en daño de la iglesia católica. Veis aquí cómo no podiendo traer por esta vía los príncipes electores del imperio al buen propósito, determina llevarlos por fuerza de armas; y así el año 1547, a 24 de abril, les da una batalla de grande ardid y esfuerzo, trayendo ellos por capitanes de su liga y confederación aquellas dos cabezas de su principado: Lansgrave y Juan duque de Sajonia, a los cuales vence y prende junto al río Albis en aquella batalla que les da, en la cual mueren y son presos muchos señores y principales de su compañía. Y aunque en los tiempos adelante viendo los príncipes alemanes que las cosas del concilio se ordenan en su destrucción, trabajan ser vengados por mano del duque Mauricio y con favor del rey de Francia, con el cual y de su liga hacen un ejército en el año de 1552, y vienen con fuerza determinada, siendo capitán el duque Mauricio por desbaratar el concilio que está en efecto en la ciudad de Trento, y también procuran intentar prender al emperador que está sin aviso alguno de su atrevimiento y desvergüenza; y aunque esto verná así, pero veis aquí cómo place a Dios por ser buena la intención y celo deste bienaventurado príncipe y buen hado, como no tiene algún efecto la dañada voluntad destos errados heresiarcas. Mas antes veis aquí cómo luego vuelve todo a nuestro buen príncipe en prosperidad, volviendo a trihunfar de sus enemigos, porque sus vasallos y príncipes de España la proveerán de gente y dinero en tanta abundancia que le sobren fuerzas para todo y verná en fin a proseguir su concilio, donde habida condenación de sus perversos errores, se les dará el justo castigo que merecen cabezas de tanta perversidad. Y después de largos años efectuando en un hijo suyo don Felipe sus grandes y cesáreos deseos irá a gozar con Dios a la gloria. Todas éstas son jornadas en que se muestra admirablemente su buenaventura y hado, profetizado todo y divinado doscientos años antes que cosa alguna destas sucedan, porque veáis el saber desta mi abuela, y el valor y buen hado deste bienaventurado príncipe y señor nuestro».

Y estando en esto vino el maestresala diciendo que estaba la cena aparejada, y así todos engrandeciendo el saber de la maga y el ingenio admirable de la pintura y la buenaventura y hado de nuestro príncipe nos salimos de la sala admirados todos de la suntuosidad del edificio, la cual tornó mi diosa a cerrar; y acompañándola por nuestra guía nos venimos al lugar donde a la cena solíamos convenir, donde hallamos las mesas puestas con el mismo aparato y majestad que había en las pasadas; y así comenzando la música se sirvió con aquella abundancia que se acostumbraba hacer, la cual cena duró hasta que anocheció, y como fue acabada, sentándose todas aquellas damas y caballeros en sus propios asientos y alcadas las mesas del medio se representó una comedia de amor con muchos y muy agraciados entremeses, agudezas, invenciones y donaires de grande ingenio. Fue juzgada de todos aquellos caballeros y damas por la más ingeniosa cosa que nunca los humanos hayan visto en el arte de representación, porque después de tener en ella pasos y avisos admirables, fue el ornato y aparato todo en gran cumplimiento. Todas aquellas damas recibieron gran deleite y placer con ella, porque notablemente fue hecha para su favor, persuadiendo llevar gran ventaja a los hombres el natural de las mujeres. Eran los representantes de tan admirable ingenio que en todo te pareciera ver el natural, y convencido no pudieras contradecir su persuasión. En fin, en aquella casa no se trataba otra cosa sino donaires y placer, y todo era deleite nuestro obrar y razonar; y como el mundo de su cogeta no tenga cosa que no cause hastío y enhado, y todo no enoje y harte, aunque más los mundanos y viciosos a él se den, en fin vuelve su tiempo, y los deleites hacen a su natural, y como el apetito es cosa que se enhada y fastidia presto vuelve la razón a se desengañar por el favor y gracia de Dios. Esto quiero que veas cómo en mí pasó, lo cual por ser ya venido el día dejemos para el canto que se siguirá.

Fin del sexto canto del gallo

Argumento del séptimo canto del gallo
En el séptimo canto que se sigue el autor, concluyendo la parábola del hijo pródigo, finge lo que comúnmente suele acontecer en los mancebos que aborridos de un vicio dan en meterse frailes. Y en el fin del canto se describe una famosa cortesana ramera.

Gallo: Despierta, Micilo, oye y ten atención, que ya te quiero mostrar el fin, suceso y remate que suelen tener todas las cosas desta vida: cómo todos los deleites y placeres van a la contina a parar en el hondo piélago del arrepentimiento. Verás la poca dura que los placeres desta vida tienen, y cómo cuando el hombre vuelve sobre sí halla haber perdido mucho más sin comparación que pudo ganar.

Micilo: Di, gallo, que muy atento me tienes a tu graciosa canción.

Gallo: Pues viviendo yo aquí en tanto deleite, tanto placer, tan amado, tan servido y tan contento que parecía que en el paraíso no se podía el gozo y alegría más comunicar: de noche toda la pasaba abrazado con mi diosa, y de día íbamos a estanques, riberas de ríos y muy agraciadas y suaves fuentes; a bosques, jardines, huertos y vergeles, y todo género de deleite, a pasear y solazar en el entretanto que se llegaban las horas del cenar y comer. Porque para esto tenía por su arte en sus huertas y tierra grandes estanques y lagunas en las cuales juntaba todos cuantos géneros de pescados hay en el mar: delfines, atunes, rodaballos, salmones, lampreas, sabalos, truchas, mulos marinos, congrios, marrajos, coracinos, y otros infinitos géneros de pescados, los cuales puestos allí a punto echando los anzuelos o redes, los hacía fácilmente caer para dar placer a los amantes. Demás desto tenía muy deleitosos bosques de laureles, palmas, cipreses, plátanos, arrayanes, cedros, naranjos y frescos chopos y muy poderosos y sombríos nogales, y otras especies de árboles de gran rama y ocupación; y todos éstos estaban entretejidos y rodeados de rosas, jazmines, azucenas, yedras, lilios y de otras muy graciosas flores y olorosas que junto a unas perenales y vivas fuentes hacían unas suaves cárceles y unos deleitosos escondrijos aparejados para encubrir cualquier desmán que entre damas y caballeros hiciese el amor; por aquí corrían muy mansos conejos, liebres, gamos, ciervos, que con manos, sin corrida, los cazaba cada cual. En estos placeres y deleites me tuvo ciego y encantado esta maga un mes o dos, no teniendo acuerdo, cuenta, ni memoria de mi honra y fe debida a mi príncipe y señor, el tiempo perdido, mi viaje y compañía; ni de la ocasión que me trajo allí; y así un día entre otros (porque muchos días, ni lo podía ni osaba hacer) me bajé solo a un jardín por me solazar con alguna libertad, y de allí guiado no sé por qué buen destino que me dio, traspuesto fuera de mí, sin tener miramiento ni cuenta con la tierra, ni con el cielo, con el sereno, nublo, ni Sol, el alma sola traspuesta en sí misma iba trazando en manera de elevamiento y contemplación la ventaja que los deleites del cielo tenían a los de por acá; y así pasé de aquel jardín a un espeso y cerrado bosque sin mirar por mí; y por una angosta senda caminé hasta llegar a una apacible y deleitosa fuente que con un gracioso corriente iba haciendo un sonido por entre las piedras y yerbas que sacaba los hombres de sí, y con el descuido que llegué allí me arrimé a un alto y fresco arrayán, el cual, como los miembros descuidados y algo cansados derroqué sobre él, comenzó a gemir, y como quien soñando que se ahoga, o está en algún peligro despierta, así con gran turbación volví sobre mí; pero tornéme a sosegar cuando consideré estar en tierra y casa donde todas las cosas causan admiración, y el manjar en el plato acontece hablar; y como sobre el arrayán más el cuerpo cargué, tornó con habla humana a ser quejar diciendo: «Tente sobre ti, no seas tan cruel». Y yo como le oí que tan claro habló, levantéme de sobre él y él me dijo: «No temas ni te maravilles, señor, que en tierra estás donde has visto cosas de más espanto que verme hablar a mí». Y yo le dije: «Deesa, o ninfa del boscaje, o quien quiera que tú seas, perdona mi mal cometimiento, que bien creo que tienes entendido de mi que no he hecho cosa por te ofender, que la ignorancia y poca experiencia que tengo de ver espíritus humanos cubiertos de cuerpos y cortezas de árboles me han hecho injuriar con mis descuidados miembros tu divinidad. Así los buenos hados en placer contino efectúen tu dichoso querer, y las celestiales estrellas se humillen a tu voluntad, que me hables y comuniques tu humana voz, y me digas si agora o en algún tiempo yo puedo con algún beneficio purgar la ofensa que han hecho mis miembros a tu divino ser, que yo juro por vida de mi amiga aquella que morir me hace, de no reusar trabajo en que te pueda servir. Declárame quién eres y qué haces aquí». Respondióme él: «No soy, señor, yo deesa, ni ninfa del bosque. No sé cómo me has tan presto desconocido, que yo soy tu escudero Palomades. Pero no me maravillo que no me conozcas, pues tanto tiempo ha que no te acuerdas de mí ni te conoces a ti». Como yo oí que era mi escudero quedé confuso y sin ser, y así con aquella misma confusión me le fue abrazar deseoso de le tener con quien a solas razonar, como con él solía yo tener otros tiempos en mi más contina conversación; pero así abrazando ramas y hojas y troncos de arrayán le dije: «¿Qué es esto mi Palomades?, ¿quién te encarceló ahí?». Respondióme: «Mira, señor, que esta tierra donde estás los árboles que ves todos son como yo. Tal costumbre tiene la señora que te tiene aquí, y todas las dueñas y damas que en su compañía están. Sabe que ésta es una maga encantadora, treslado y trasunto de Venus y otras rameras famosas de la antigüedad, ni pienses que hubo otra Circe, ni Morganda, ni Medea, porque a todas éstas excede en lacivia y engaños que en el arte mágica se pueden saber. Ésta es la huéspeda que bajando la sierra nos hospedó, y con la guía nos envió a este castillo y bosque fingiendo nos enviar a su sobrina la doncella Saje. Pero engañónos, que ella misma es, que por gozar de tu mocedad y lozana juventud hace con sus artes que te parezca su vejez tan hermosa y moza como agora está. Y así como me dejaste en el patio cuando entramos aquí, fue depositado en poder de otra vieja hechizera que con regalos quiso gozar de mí, y así la primera noche encendida en su lujuria me descubrió todo este engaño y su dañada y perversa intención, ciega y desventurada, pensando que yo nunca della me había de partir. No pretenden estas malvadas sino hartar su lacivia con los hombres que pueden haber, y luego los dejan y buscan otros de quien de nuevo gozar; y hartas, porque los hombres no publiquen su torpeza por allá, conviértenlos en árboles y en cosas que ves por aquí; y para efectuar su perversa suciedad tienen demonios ministros que de cien leguas se los traen cuando saben ser convenientes para su mal propósito; y así viéndome mi encantadora desgraciado y descontento de sus corruptas costumbres y que andaba deseoso para te avisar, trabajaron por me apartar de ti, y aun porque no huyese me convirtieron, desventurado, en esta mata de arrayán que aquí ves, sin esperanza de salud; y así han hecho a otros valerosos caballeros con los cuales ya con sus artes y engaños satisficieron su suciedad, y después los convirtieron en árboles aquí. Ves allí el que mandó la casa de Guevara convertido en aquel ciprés; y aquel nogal alto que está allí es el que mandó la casa de Lemos después del de Portugal; y aquel chopo hermoso es el que gobernó la casa de Cenete antes del de Nasao; y aquel plátano que da allí tan gran sombra es uno de los principales Osorios. Aquí verás Mendozas, Pimenteles, Enriques, Manriques, Velascos, Estúñigas y Guzmanes, que después de largos años han quedado penitenciados por aquí. Vuelve, vuelve, señor, y abre los ojos del entendimiento; acuérdate de tu nobleza y linaje, trabaja por te libertar; no pierdas tan gran ocasión. No vuelvas allá, huye de aquí». Estuve por gran pieza aquí confuso y embobado, que no sabía qué hablar a lo que me decía mi escudero Palomades; y como al fin en mí volví y con los ojos del entendimiento advertí sobre mí, echéme de ver, y hallé que en mi hábito y natural era extrañado de mi ser: halléme todo afeminado sin parecer en mí ni semejanza de varón, lleno de lujuria y de vicio, untado el rostro y las manos con ungüentos, colores y aceites con que las rameras se suelen adornar para atraer a sí a la diversidad de amantes, principalmente si en la misma vecindad hay dos que la una está con la otra en porfía; traía un delicado y polido vestido que a su modo y placer me había tejido la mi maga por más se agradar, con muy gentil aparato y labor; llevaba un collar rico de muy preciadas piedras de Oriente y esmaltes que de ambos hombros cuelga hasta el pecho; llenos de anillos los dedos, y dos brazaletes en cada brazo que parecían ajorcas de mujer; traía los cabellos encrespados y nillados, ruciados y untados con aguas y aceites olorosos y muy preciados; traía el rostro muy amoroso y bello, afeitado a semejanza de los mancebos que en Valencia se usa y quieren festejar; en conclusión, por el rostro, semblante y disposición no hubiera hombre que me conociese si no fuera por el nombre, tan trocado y mudado tenía todo mi ser. Luego como mirándome vital y de capitán fiero estimado me hallé convertido en viciosa y delicada mujer, de vergüenza me quise morir; y se me cayeron las haces en el suelo sin osar levantar los ojos aun a mirar el Sol, marchito, confuso y sin saber qué decir; y en verdad te digo que fue tanta la vergüenza que de mí tenía, y el arrepentimiento, y pesar que en mi espíritu entró, que más quisiera estar so tierra metido que ofrecerme a ojos de alguno que así me pudiera ver. Pensaba dónde iría, quién me acogería, quién no se reiría y burlaría de mí. Lastimábame mi honra perdida, mis amigos que me aborrecerían, mis parientes que me huirían. Comienzo en esto tan miserable y cuitadamente a llorar, que en lágrimas me pensaba convertir. decía: «¡O malditos y míseros placeres del mundo, qué pago tan desventurado dais! ¡O plugiera a Dios que fuera yo a la guerra y mil veces muriera yo allá antes que haber yo quedado en este deleite acá! Porque con la muerte hubiera yo hecho la jornada mucho a mi honra, y así quedando acá muero cien mil veces de muerte vil sin osar parecer. He faltado a mí, a mi príncipe y señor». Por muchas veces miré por el rededor de aquella fuente por ver si habría alguna arma, o instrumento de fuerza con que me poder matar, porque la mi maga de armas y de ánimo me privó, y así con esta cuita me volví al arrayán por preguntar a mi compañero si había dejado sus armas por allí, siquiera por poder con ellas caminar y por me defender si alguna de aquellas malas mujeres saliese a mí; y como junto a sí me vio comenzó a darme grandes voces: «Huye, huye, señor, que ya aparejado el yantar anda la tu maga muy cuidadosa a te buscar, y si te halla aquí sospechosa de tu fe tomará luego venganza cruel de ti, porque esto usan estas malaventuradas de mujeres por más que amen, si alguno les falta y yerra no fían del hombre más, y nunca se acaban de satisfacer, porque siempre quieren muy hartas de todos trihunfar». Y así alcando mis faldas alrededor comencé con grande esfuerzo a correr cara donde sale el Sol, iba huyendo sudando, cansado y caluroso, volviendo a cada paso el rostro atrás. Plugo a los mis bienaventurados hados que habiendo corrido dos horas, aunque con gran fatiga y dolor, por aquel bosque espeso cerrado de aspereza y matorral, en fin salí de la tierra de aquella mala mujer; porque a cualquiera hombre que con eficaz voluntad quiere huir de los vicios le ayuda luego Dios. Y como fuera me vi, humillado de rodillas, puestas las manos al cielo, con ánimo verdadero demandé perdón dando infinitas gracias a Dios por tan soberana merced. Sentéme a una fuente que vi allí, la cual, aunque no tenía alrededor aquella deleitosa sombra de aquellas arboledas y rosas que estaban en el bosque de la encantadora, me dio a mí mayor deleite y placer, por ofrecérseme a mayor necesidad; y tomando con las manos agua me comencé a lavar el rostro, cabeza y boca por echar de las venas y huesos el calor inmenso que me abrasaba; y así desnudándome de todas aquellas delicadas ropas y atavíos me aireé y refresqué, proponiendo de en toda mi vida más me las vestir. Arrojé por aquel suelo collar, oro y joyas que saqué de aquel Babilón, pareciéndome que ningún día por mí pasó más bienaventurado que aquél en que así me vi muerto de hambre y sed; temía aquellos arreos y delicadezas no me tornasen otra vez a encantar, pareciéndome tener en sí un no sé qué, que aun no me dejaba del todo volver en mí; y así lo más pobre y sencillo que pude comencé a caminar poniendo mil protestaciones y juras sobre mí de nunca ir donde hombre me pudiese conocer. Yendo por aquellos caminos y soledad me deparó Dios un pastor que de pura piedad con pan de centeno y agua de un barril me mató hambre y sed; y por acabar de echar de mí del todo aquellos embeleñados vestidos hice trueque con algunos andrajos que él me quiso dar. Pues con aquella pobre refección llegué ya casi que anochecía a un monasterio de frailes de San Bernardo que estaba allí en un gracioso y apacible valle, donde apiadándome el portero, lo mejor que pude me albergué, y luego a la mañana trabajé con toda afabilidad y sabor a los comunicar y conversar, pareciéndome a mí que de buena voluntad me quedaría aquí si me quisiesen recibir. Pero como las guerras acababan en aquella sazón en aquella tierra, parciéndoles que yo hubiese sido soldado, y que por no ser bueno venía yo así, no se osaban por algunos días del todo fiar, pero por parecerme que aquel lugar y estado era conveniente para mi propósito y necesidad, trabajé con mucha humildad y bajeza a los asegurar continuando en ellos mi servicio cuanto pude; y así pasados algunos días, ya que se comenzaron a fiar me obligué a los servir: barríales las claustras e iglesia, y también servía al comer a la mesa de compaña porque luego no pude más; y después andando el tiempo pedíles el hábito, y como me vieron algo bien inclinado plúgoles de me le dar con intención que fuese para los servir.

Micilo: De manera que te obligabas por sclavo de tu voluntad.

Gallo: Por cierto de mayor servidumbre me libró Dios cuando de poder de la maga me escapé. Que lo peor es que entrando los hombres allí luego se comienzan a pervertir, que todos cuantos en aquella orden hay todos entran así, y luego tienen pensamiento y esperanza de venir a mandar.

Micilo: Buena intención lleváis de servir a Dios.

Gallo: ¿Pues qué piensas? Todo es así cuanto en el mundo hay. Luego me dieron cargo de la limpieza del refitorio, compañero del refitolero.

Micilo: Entonces holgarte hías mucho en gozar de los relieves de todos los vasos de los frailes.

Gallo: Pues como yo aprobé algunos años en este oficio comenzaron me a ordenar. En fin, me hicieron de misa.

Micilo: Grandes letras llevabas.

Gallo: Llevaba todas las que aquéllos usan entre sí; y luego comencé a desenvolverme y enderezar la cresta y fue subiendo por sus grados, que cuando hubo un año que fue de misa me dieron la portería; y a otro año me dieron el cargo de cillerero.

Micilo: ¿Qué oficio es ese?

Gallo: Proveer todo el mantenimiento de casa.

Micilo: Gran oficio era ese, gallo, para te fartar; a osadas que no estuvieses atado a nuestra pobre ración.

Gallo: Entonces cobré yo en la casa muchos amigos, y gané mucho crédito con todos de liberal, porque a ninguno negué nada de todo cuanto pidiese; porque siempre trabajé que a costa agena ninguno se quejase de mí; y así me hicieron prior.

Micilo: Fuera de todas esas cosas, en lo que tocaba a la orden mucho trabajo se debe de tener.

Gallo: Antes te digo que no hay en el mundo estado donde más sin cuidado ni trabajo se goce lo bueno que el mundo tiene, si algo tiene que bueno se pueda decir. Porque tres cosas que en el mundo se estiman las tienen allí los frailes mejores que las gozan todos los hombres: la primera es el comer ordinario, la segunda son los aposentos en que viven, y la tercera es el crédito y buena opinión. Porque a casa de cualquiera príncipe, o señor que vais, todos los hombres han de quedar a la puerta aguardando para negociar, y el fraile ha de entrar hasta la cama, y a ningún hombre dará un señor una silla, ni le sentará a su mesa sino a un fraile, cuanto quiera que sea de todo el monasterio el más vil.

Micilo: Tú tienes mucha razón; y así me maravillo cómo hay hombre cuerdo que no se meta fraile.

Gallo: Al fin mis amigos me eligieron por abad.

Micilo: ¡O cómo gozarías de aquel su buen beber y comer y de toda su bienaventuranza! Pero dime, ¿en qué te ocupabas siendo abad?

Gallo: Era muy amigo de edificar, y así hice dos arcos de piedra muy fuertes en la bodega, porque estaba cada día para se nos hundir; y porque un refitorio que teníamos bajo era frío, hice otro alto de muy ricos y hermosos artesones y molduras; y una sala muy suntuosa en que comiesen los huéspedes.

Micilo: ¿Pues no tenías alguna recreación?

Gallo: Para eso tenía la casa muchas casas en las riberas de placer, donde había muy poderosos cañales y hazeñas.

Micilo: Dime gallo, ¿con los ayunos tienen los frailes mucho trabajo?

Gallo: Engañáis os, porque en ninguna orden hay más ayunos que vosotros los seglares tenéis, sino el aviento; y este ayuno es tal que siempre le deseamos que venga, porque un mes antes y aun dos tenemos de recreación para haberle de ayunar. Vámonos por las granjas, riberas, deesas y huertas que para esto tiene la orden muy granjeado y aderezado; y después, venido el aviento, a ningún fraile nunca mataron, aunque no le ayunase, que a todo esto dicen: «tal por mí cual por ti».

Micilo: El contino coro de maitines y otras horas, ¿no daba pasión?

Gallo: El contino coro por pasatiempo le teníamos, y a los maitines con un dolor de cabeza que se fingiese no van a ellos en un mes, que hombres son como vosotros acá.

Micilo: Por cierto, eso es lo peor y lo que más es de llorar, pues si eso es así, que ellos son hombres como yo, ¿de qué tienen presunción?, ¿de solo el hábito han de presumir?

Gallo: Calla, Micilo, que muchos dellos pueden presumir de mucha santidad y religión que en ellos hay, que en el mundo de todo ha de haber, que no puede estar cosa en toda perfección.

Micilo: Espantado me tienes, gallo, con lo mucho que has pasado, lo mucho que has visto, y la mucha experiencia que tienes, y principalmente con esta tu historia me has dado mucho placer y admiración. Yo te ruego no me dejes cosa por decir. Dime agora en qué estado y naturaleza viniste después.

Gallo: Quiero te decir del que más me acordare conforme a mi memoria, porque como es la nuestra más flaca que hay en el animal no te podré guardar orden en el decir: fue monja, fue ximio, fue avestruz, fue un pobre Timón, fue un perro, fue un triste y miserable siervo sclavo, y fue un rico mercader, fue Ícaro Menipo el que subió al cielo y vio allá a Dios.

Micilo: Dese Ícaro Menipo he oído mucho decir, y de ti deseo saber más dél, porque mejor que ninguno sabrás la verdad.

Gallo: Pues mira agora de quién quieres que te diga, que en todo te quiero complacer.

Micilo: Aunque al presente burles de mí, o ingeniosísimo gallo, con tu admirable y fingido canto, te ruego me digas: luego como te desnudaste del cuerpo de fraile, ¿de cúyo cuerpo te vestiste?

Gallo: El de una muy honrada y reverenda monja, aunque vana como es el natural de todas las otras.

Micilo: ¡O válame Dios!, ¿qué conveniencia tienen entre sí capitán, fraile y monja? De manera que fue tiempo en el cual tú, generosísimo gallo, te ataviabas y lavabas y ungías como mujer, y tenías aquellas pesadumbres, purgaciones y miserias que tienen todas las otras. Maravíllome cómo pudiste sujetar aquella braveza y orgullo de ánimo con que regías la fiereza de tus soldados, a la cobardía y flaqueza de la mujer, y no de cualquiera, pero de una tan afeminada y pusilánime como una monja, que demás de su natural, tiene profesada cobardía y paciencia.

Gallo: ¿Y deso te maravillas? Antes te hago saber que yo fue aquella famosa ramera Cleopatra egipcia, hermana de aquel bárbaro Tolomeo que hizo cortar la cabeza al gran Pompeo cuando vencido de Julio César en la Farsalia se acogió a su ribera; y otro tiempo fue en Roma una cortesana llamada Julia Aspasia, mantuana, en tiempo del papa León X, que en locanía y aparato excedía a las cortesanas de mi tiempo, y así tuve debajo de mi dominio y sujeción a todos cuantos cortesanos habla en Roma desde el más grave y anciano cardenal, hasta el camarero de monseñor. Pues, ¡cómo te maravillaras si vieras el brío y desdeño con que solía yo a todos tratar! Pues qué si te dijese los engaños, fingimientos y cautelas de que yo usaba para los atraer, y después cuánto ingeniaba para los sacar la moneda que era mi último fin. Solamente querría que el tiempo nos diese lugar a te contar cuando fue una ramera de Toledo en España, que te quisiera contar las costumbres y vida que tuve desde que nací, y principalmente cómo me hube con un gentil mancebo mercader y el pago que le di.

Micilo: ¡O mi elocuentísimo gallo que ya no mi siervo sino mi señor te puedo llamar!, pues en tiempo de tu buena fortuna no solamente capateros míseros como yo, pero tuviste debajo de tu mando reyes y césares de gran valor. Dime agora, yo te ruego, eso que propones, que con afecto te deseo oír.

Gallo: Pues tú sabrás que yo fue hija de un pobre peraire en aquella ciudad de Toledo, que ganaba de comer pobremente con el trabajo contino de unas cardas y peines; que ya sabes que se hacen en aquella ciudad muchos paños y bonetes. Y mi madre por el consiguiente vivía hilando lana, y otras veces lavando paños en casa de hombres ricos mercaderes y otros ciudadanos.

Micilo: Semejantes mujeres salen de tales padres, que pocas veces se crían bagasas de padres nobles.

Gallo: Éramos un hermano y yo pequeños, que él había doce años y yo diez, ni mi madre nunca tuvo más. Y yo era mochacha bonica y de buen donaire, y ciertamente codiciosa de parecer a todos bien; y así como fue creciendo, de cada día más me preciaba de mí y me iba pegando a los hombres; y así aun en aquella poca edad cualquiera que podía me daba un alcance, o empellón, de cual que pellizco en el brazo, o travarme de la oreja o de la barba, de manera que parecía que todos trabajaban por me madurar, como quien dice a pulgadas, y yo me vine saboreando y tascando en aquellos sainetes que me sabían como miel. Y así un mozo del cardenal fray Francisco Jiménez de Cisneros, que vivía junto a nosotros, me dio unos zarcicos de plata y unas calcas y servillas con que comencé a pulir y a pisar de puntillas; alcaba la cofia sobre las orejas y traía la saya corta por mostrarlo todo; y así comencé yo a gallear, andar y mirar con donaire, el cuello erguido; y ya no me dejaba hollar de mi madre, que por cualquiera cosa que me dijese la hacía rostro rezongando a la contina y murmurando entre dientes, y cuando me enojaba luego la amenazaba con aquel cantar diciendo: «Pues bien, para esta, que agora venirán los soldados de la guerra, madre mía, y llevarme han». Y así sucedió como yo quería, que en aquel tiempo determinó el cardenal emprender la conquista de Orán en África, y haciendo gente todos me convidaban si quería yo ir allá; y acosáronme tanto que me hicieron decir que sí, y así aquel mozo de casa del cardenal dio noticia de mí a un gentil hombre de casa que era su amo, que se llamaba Francisco de Baena que iba por capitán; el cual sobre ciertas conveniencias y capítulos que comigo firmó, y en mi ombligo selló, se encargó de me llevar, y porque era mochacha parecióle que iría yo en el hábito de paje con menos pesadumbre; y así me vistió muy graciosamente sayo y jubón de raso de colores y calcas con sus tafetanes, y me puso en una muy graciosa azanea. Y como la partida estuvo a punto, dando cantonada a mis padres, me fue con él. Aquí te quisiera decir cosas maravillosas que pasaban entre sí los soldados, pero, porque aún habrá tiempo y propósito, quiero proseguir en lo que comencé. Aquí supe yo mil avisos y donaires y gentilezas, las cuales aprendí porque otras muchas mujeres que iban en la compañía las trataban y hablaban con el alférez, sargento y caporal, y con otros oficiales y gentiles hombres delante de mí, pensando que era yo varón. En fin, yo amaestrada deseaba volver ya acá para vivir por mí y tratar a mi placer con más libertad, porque no podía hablar todo lo que quería en aquel hábito que me vistió, que por ser celoso el capitán no me dejaba momento de junto a sí, y mandóme que so pena de muerte a ninguno descubriese ser mujer. Pues sucedió que en una escaramuca que se dio a los moros fue mal herido el capitán, y mandándome cuanto tenía murió; y por dudar el suceso de la guerra, y pensando que aunque los nuestros hubiesen victoria y diesen la ciudad a saco más tenía yo saqueado que podía saquear, me determiné volver a España antes que fuese de algún soldado entendida; y así me concerté con un mercader que en una carabela llevaba de España al real provisión, que me hubiese de pasar; y así cogido mi fato, lo más secretamente que pude me pasé, y con la mayor priesa que pude me volví a mi Toledo, donde en llegando supe que mi padre era muerto. Y como mi madre me vio me recibió con placer, porque vio que yo venía razonablemente proveída, que de más de las ropas de seda muchas y muy buenas que hube del capitán, traía yo 200 ducados que me dijo que tenía en una bolsa secreta al tiempo de su muerte; de lo cual todo me vestí bien de todo género de ropas de dama al uso y tiempo, muy gallardas y costosas, y por tener ojo a ganar con aquello más: rizé basquiñas, saboyanas, verdugados, saltaenbarca, nazarena, rebociños, faldrillas, briales, manteos, y otras ropas de paseo, de por casa, de raso, de tafetán y de chamelote; y cuando lo tuve a punto nos fuemos todos tres a Salamanca, que era mi hermano buen mozo y de buena disposición; y en aquella ciudad tomamos una buena casa en la calle del Prior, donde llamándome doña Jerónima de Sandoval, en dos meses que allí estuve gané horros 100 ducados entre estudiantes generosos y caballeros naturales del pueblo. Y como supe que la corte era venida a Valladolid envié a mi hermano que en una calle de conversación me tomase una buena posada, y él me la alquiló de buen recibimiento y cumplimiento en el barrio de San Miguel; donde como llegamos fuemos recibidos de una huéspeda honrada con buena voluntad. Aquí mi madre me recató mucho de todos cuantos había en casa, diciendo que ella era una vida de Salamanca, mujer de un caballero difunto, y que venía en un gran pleito por sacar 10.000 ducados que había de haber para mí de dote, de la legítima de mi padre, que tenía usurpado un tío mío que sucedió en el mayorazgo. Y yo así me recogí y me escondí con gran recatamiento que ninguno me pudiese ver sino en acecho y asalto; y así la huéspeda comenzó a publicar que estaba allí una linda doncella, hija de una viuda de Salamanca, muy rica y hermosa a maravilla, procediendo con cuantos hablaba en el cuento de mi venida y estado; y también ayudó a lo publicar una moza que para nuestro servicio tomamos; y yo en una ventana baja de una sala que salía a la calle hice una muy graciosa y vistosa celosía, por donde a la contina acechaba mostrándome y escondiéndome, dando a entender que a todos quería huir y que ninguno me viese, con lo cual a todos cuantos cortesanos pasaban daba ocasión que de mi estado y persona procurasen saber; y algunas veces parándome muy ataviada a la ventana grande, con mi mirar y aparato, a las veces haciendo que quería huir, y a otras veces queriéndome mostrar fingiendo algunos descuidos, ponía a todos gran deseo de me ver. Andaba ya gran multitud de servidores, caballeros y señores de salva enviando presentes y servicios y ofrecimientos, y a todos mi madre despedía diciendo que su hija era doncella y que no éramos mujeres de palacio y pasatiempo, que se fuesen

con Dios. Entre todos cuantos en mí picaron se adelantó más un mancebo mercader extrangero rico, gentil hombre y de gran aparato, era en fin como le deseaba yo. Éste más que ninguno otro se arriscó a se me ofrecer trabajando todo lo posible porque yo le diese audiencia, y como la moza me importunaba sobre muchos mensajes, músicas y servicios y contino pasearme la puerta, alcanzó de mí que yo le hubiese de oír, y sobre tiempos aplazados le falté más de veinte veces diciendo que mi madre no lo había de saber; y en el entretanto ningún mensaje le recibía que no me lo pagaba con el doblo: qué camarro, saboyana, pieza de terciopelo, joyel, sortija; de manera que ya que una noche a la hora de maitines le vine a hablar por entre las puertas de la calle sin le abrir, me había dado joyas de más de 200 ducados. En aquella vez que allí le hablé yo le dije que en la verdad yo era desposada con un caballero de Salamanca, y que agora esperaba haber la sentencia de los 10.000 ducados de mi dote, y que aguardaba a mi esposo que había de venir a me ver, por lo cual le rogaba yo mucho que no me infamase, que daría ocasión de gran mal; y el pobre mancebo desesperado de salud lloraba y maldecíase con gran cuita, suplicándome puesto de rodillas en el suelo ante las puertas cerradas que le diese licencia como un día se viese delante de mí, que le parecía no desear otra beatitud, y yo mostrándome algo piadosa, y como por su gran importunidad, le dije: «Señor, no penséis ni esperéis de mí, que por todos los tesoros del mundo haría cosa que menoscabase mi honra y honestidad, pero eso que me pedís, alcanzadlo vos de mi señora, que podría ser que lo haga yo». Con esta palabra se consoló en tanta manera que pareció entonces de muerto resucitar, porque entendió della decirla yo con alguna parte de afición, sino que ser yo doncella y niña me causaba tener siempre aquel desdén, y no me atrever a más liberalidad; y así me despedí dejándole a la puerta sollozando y suspirando, y sin alguna pena ni cuidado me fue a dormir, y porque estuviese mi madre avisada de lo que se debía hacer le conté lo que la noche pasó. Luego por el día proveyó mi servidor para mi casa todo lo que fue menester, enviando a suplicar a mi madre le diese licencia para la venir a visitar, y ella le envió a decir que viniese, pero que fuese con tanto aviso y miramiento que no peligrase nuestra honra, y que antes ella le deseaba hablar por advertirle de lo que nos convenía, y que así le encomendaba viniese anochecido, y que la huéspeda no lo sintiese; y así él vino anocheciendo y entró con tanto recatamiento como si escalara la casa del rey.

Micilo: Dime, gallo, ¿por qué te detenías tanto y hacías tantos encarecimientos?

Gallo: Poco sabes deste menester. Todo esto que yo hacía era para encenderle más el apetito, para que le supiese más el bocado de la manzana que le esperaba dar, que aún mucho más se le encarecí como verás. Pues como mi madre le recibió se sentó en la sala con él diciéndole: «Señor, yo os he deseado hablar por pediros de merced que, pues publicáis que tenéis afición a mi hija doña María, no la hagáis obras que sean su destrucción, porque ya creo que, señor, sabréis, y si no quiero os lo decir, que yo fue mujer de un valeroso caballero de Salamanca de los mejores Maldonados, del cual me quedó un hijo y esta hija que es la lumbre de mis ojos; y sabed que mi marido poseyó un cuento de renta mientras vivió, porque su padre dispuso en su testamento que le poseyese él por su vida por ser mayor, y que si al tiempo de su muerte fuese vivo un otro hermano que era menor, que sucediese en él, con tal condición que diese a cada uno de los hijos que quedasen al mayor 5.000 ducados, y sino se los quisiese dar que sucediese en ello el hijo mayor adelante en su línea; y así el hermano de mi marido se ha metido en el mayorazgo y no quiere dar los 10.000 ducados que debe a mis dos hijos; y así ha dos años que pleiteo con él, donde espero la segunda sentencia que es final en esta causa, que se dará antes de diez días, en cuya confianza yo desposé a mi hija con un caballero muy principal de aquella ciudad, mandándole los 10.000 ducados en dote porque mi hijo la hace donación de los suyos si yo le diese agora 400 ducados, porque va a Rodas a tomar el hábito de San Juan, y está todo el despacho hecho del rey y de su información. Agora, señor hijo, yo os he querido hablar por dos cosas: lo primero suplicaros que os templéis en vuestro ruar, porque cada día esperamos al esposo de doña María, y si él, venido, tomase sospecha de vos, sería un siniestro que la echásedes a perder; y lo segundo que os quiero suplicar es que hagáis esta buena obra a doña María mi hija, pues todo es para su remedio y bien, que nos prestéis estos 400 ducados para con que enviemos mi hijo de aquí, que yo os haré una cédula de os los pagar habida agora la sentencia y ejecución; y en lo demás mi hija y yo estamos aquí para os lo servir, que no será ella tan ingrata que visto el bien que la hacéis no huelgue de os hacer el placer que querréis». Y diciendo esto le tomó mi madre por la mano y me le metió a una cámara donde yo estaba con una vela rezando en unas Horas, y la verdad que te diga estaba rogando al demonio acertase mi madre en su petición. Y como la vi entrar fingí algún súbito espanto, y mirando bien le recibí con mi mesura; y él mostró querer besarme el pie;

y habiendo algo hablado en cosas universales de la corte, del rey, de las damas y caballeros, trajes y galanes, saliéndose mi madre me dejó sola con él, el cual se fue luego para mí trabajando por me besar; pero yo me defendí por gran pieza hasta que mi madre entró y le sacó afuera diciendo que le quería hablar, y él se le quejó mucho de mi desabrimiento y desamor jurando que me daría toda su hacienda si le quisiese complacer. Mira, Micilo, si el detenerme como tú antes me reprehendías, si me aprovechó.

Micilo: Por cierto, artificial maestra estabas ya.

Gallo: Pues mira mi madre como acudió, que luego le dijo: «Señor es niña y teme a su esposo, y nunca en tal se vio. Ella me obedecerá si le mando que se meta en una cama con vos». Pues echándose a los pies de mi madre le dijo: «Hacedlo vos, señora, por las plagas de Dios, que yo os daré cuanto queráis». Y así fueron luego entre sí concertados que él le daría los 500 ducados, y que mi madre le hiciese la cédula de se los pagar dentro de un mes; y que ella hiciese que yo dormiese una noche con él, y así quedó que para la noche siguiente se trajesen los dineros, y hecha la cédula me diesen en rehenes a mí; y así en ese otro día entendimos en aparejar lo que se debía hacer: que pagamos la huéspeda y despedimos la casa diciendo que en anocheciendo nos habíamos de ir, y comprando mi hermano un par de mulas le avisamos de todo lo que había de hacer. Pues luego venida la noche vino el mercader a lo concertado que aún no se le cocía el pan, y dio luego los 400 ducados a mi madre, la cual le hizo la cédula de se los pagar dentro de un mes, y luego se aparejó la cena cual el novio la proveyó; la cual acabada, con mucho contento suyo nos metió mi madre en mi cámara y cerró por defuera, y él se desnudó suplicándome que me acostase con él, y yo decía llorando con lágrimas que no haría a mi esposo tan gran traición, y él se levantó y asiendo de mí se mostró enojado porfiando conmigo, y yo por ninguna fuerza le quise obedecer, pero lloraba muy vivas lágrimas, y él tornando a requerirme por bien, y yo ni por bien ni por mal; y así habiendo pasado alguna parte de la noche en esta porfía oímos llamar a la puerta de la calle con furia, sintiendo gran huella de cabalgaduras, y, era mi hermano que traía las mulas en que habíamos de partir, y entonces mostrando alteración díjele que estuviese atento. Estando así hirió mi madre a la puerta de la cámara con furia y entrando dijo: «¡Ay hija!, que tu esposo es venido y preguntando por ti sube a te ver»; y diciendo esto tomamos ambas a mi servidor, y así en camisa, con una espada en la mano, le hicimos salir por una recámara a un corredor que para este caso habíamos quitado unas tablas del suelo, y como él entró por allí con intención de se recoger hasta ver el suceso, al primer paso cayó en un corral, de donde no podía salir por estar cerrado alrededor; y luego yo vistiéndome de todos los vestidos de mi galán, que me conocían ya porque en ellos me crié, y despedidos de la huéspeda los unos a los otros no nos vimos más hasta hoy. De aquí nos fuemos a Sevilla y a Valencia, donde hice lances de grande admiración.

Micilo: Espantado me tienes, o gallo, con tu osadía y atrevimiento con que acometías semejantes hazañas, que la flaqueza de ser mujer no te encogía el ánimo a tener temor al gran peligro en que ponías tu persona.

Gallo: ¿Qué dices, Micilo, flaqueza y encogimiento de ánimo? Pues más de veras te espantarás de mí cuando yo fue Cleopatra, si me vieras con cuánto estado y majestad me presenté ante Julio César cuando vino en Egipto en seguimiento de Pompeo, si vieras un banquete que le hice allí para le ganar la voluntad; y que si me vieras en una batalla que di a Octaviano César junto al promontorio de Leucadia, donde estuvo la fortuna en punto de poner en mi poder a Roma. En la cual mostré bien con mi ardid y desenvoltura varonil la voluntad y ánimo que tuve de vencer las banderas romanas y llevar delante de mi trihunfo al césar vencido. Todo esto quiero dejar para otro tiempo en que tengamos más lugar, y agora quiero te decir de cuando fue monja, lo cual por ser ya venido el día en el canto que se sigue proseguiré.

Fin del séptimo canto del gallo

Argumento del octavo canto del gallo
En el octavo canto que se sigue el autor se finge haber sido monja, por notarles algunos intereses que en daño de sus conciencias tienen. Concluye con una batalla de ranas en imitación de Homero.

Gallo: Si despertase Micilo holgaría entretenerle en el trabajo gustando él de mi cantar, porque la pobreza ciertamente nos fatiga tanto que con dificultad nos podemos mantener, y no sé si le soy ya algo odioso, porque algunas mañanas le he despertado algo más temprano que él acostumbraba, por lo cual padecíamos mucha más hambre, y agora porque esta macilenta loba no nos acabe de tragar, tómome por ocasión para atraerle al trabajo contarle mi vida miserable, donde parece que ha tomado hasta agora algún sabor, y plega a Dios que no le enhade mi decir, porque aunque sea a costa de mi cabeza quiera él trabajar y ambos tengamos que comer.

Micilo: ¿Qué dices, gallo?, ¿qué hablas entre ti? ¿No me has prometido despertar cada mañana, y con tu gracioso cantar ayudarme en mi trabajo contándome tu vida?

Gallo: Y así lo quiero yo, Micilo, hacer, que no quiero yo por ninguna ocasión quebrantar la palabra que te di.

Micilo: Pues di que colgado estoy de tu habla y gracioso cantar.

Gallo: Yo me proferí ayer de te decir lo que siendo monja pasé, y solo quiero reservar para mí de qué orden fue, porque no me saques por rastro. Pero quiero que sepas que éste es el género de gente más vano y más perdido y de menos seso que en el mundo hay: no entra en cuento de los otros estados y maneras de vivir, porque se precia de mostrar en su habla, trato, traje, y conversación ser única y particular; lo que sueñan de noche tienen por revelación de Dios, y en despertando lo ponen por obra como si fuese el principal precepto de su ley; dícense ser orden de religión, yo digo que es más confusión, y si algún orden tienen, es en el comer y dormir, y en lo que toca a religión es todo aire y liviandad, tan lejos de la verdadera religión de Cristo como de Jerusalén; no saben ni entienden sino en mantener parlas a las redes y locutorios; su principal fundamento es hacerse de los godos y negar su propio y verdadero linaje. Y así luego que yo entré allí fue como las otras la más profana y ambiciosa que nunca fue mujer, y así porque mi padre era algo pobre publiqué que mi madre había tenido amistad con un caballero de donde me había habido a mí, y por desmentir la huella me mudé luego el nombre, porque yo me llamaba antes Marina, como mula falsa, y entrando en el monasterio me llamé Bernaldina, que es nombre extraño, y trabajé cuanto pude por llamarme doña Bernaldina, fingiendo la decendencia y genealogía de mi prosapia y generación; y para esto me favoreció mucho la abadesa, que de puro miedo de mi mala condició y desasosiego me procuraba agradar. Acuérdome que un día envió un pariente mío a visitarme con un paje, y preguntándole la portera a quién buscaba respondió el mochacho que buscaba a Bernardina, y yo acaso estaba allí junto a la puerta, y como le oí salí a él con aquella ansia que tenía que todos me llamasen doña Bernardina y díjele: «O, los diablos te lleven, rapaz, que no te cabe en esa boca un don donde cabe un pedazo de pan mayor que tú». De lo cual di ocasión a todas cuantas estaban allí que se riesen de mi vanidad.

    Micilo: Pues tu padre, ¿tenía antes don?
    Gallo: Sí tenía, pero teníale al fin del nombre.
    Micilo: ¿Cómo es eso?
    Gallo: Llamábase Francisco remendón. Ves allí el don al cabo. Mi mayor ocupación era enviar casi cada día a llamar los principales y más honrados del pueblo buscando negocios que tratar con ellos, y dilatábalos por los entretener; y de allí venía a fingirme pariente suyo por rodeos de conocimiento o afinidad de alguno de su linaje. Desta manera con todos los linajes de Castilla mostraba tener parte: con Mendocas, Manriques, Ulloas, Cerda, Vacanes. El día que yo no tenía con quien librar a la red y locutorio me tenía por menos que mujer, y si la abadesa me negase la licencia me la iba a las tocas queriéndola mesar, y la llamaba peor de su nombre. Dos días en la semana enviaba por el confesor para me confesar y consolar, y desde que salíamos de comer hasta la noche nos estábamos en el confesonario tratando de vidas ajenas, porque no se meneaba monja que yo no tuviese cuenta con ella. Otra vez me quejaba de la abadesa que no me quería dar ninguna consolación, que estaba para me desesperar, o hacer de mí un hecho malo, y amenazábala con la visita. Acontecíame a mí un mes no entrar en el coro a las horas fingiendo estar enferma de jaqueca, que es enfermedad de señoras, y para fingir este dolor hacía unos géneros de birretes portogueses aforrados

en martas, o grana de Florencia, demandaba a mis servidores, devotos y familiares. Pues para sustentar mis locuras e intereses levanté un bando en el monasterio de los dos san Juanes, Evangelista y Bautista; y como yo tuve entendido que mis contrarias con quien yo tenía mis diferencias y pundonores seguían al Evangelista, tomé yo con mis amigas la devoción, el apellido y parcialidad del Bautista, no más de por contradecir, que de otra manera nunca tuve cuenta ni eché de ver cuál dellos merecía más, ni cuál era mejor.

 Micilo: ¡O gran vanidad!, ¡cuánto mejor fuera que trabajaras por imitar a cualquiera dellos en virtud y costumbres!

 Gallo: Pues cuando venía el día de San Juan de junio, ¡cuánto era mi desasosiego y mi inquietud! Revolvía todo el pueblo buscando la tapizería para la iglesia, claustras y refitorio: el hinojo, claveles, clavellinas, halelíes, azucenas y albahacas puestas en mil maneras de vasijas de mucha curiosidad; y otras frescas y odoríferas yerbas y flores, yuncos y espadañas. Aparejaba las pastillas, mosquete, estoraque y menjui, que trajesen toda la casa en grande y suave olor. Traía aplazado el predicador de veinte leguas y un año antes negociado, y la música única y peregrina de muchos instrumentos de suave y acordada melodía. Negociaba las voces de cantores de todos los señores e iglesias catedrales y colegiales cuantas había en la comarca. Después para todos éstos aparejaba casas, camas y de comer; buscaba aves, pescados y frutas de toda diferencia, precio y estima. Un mes antes hacía los mazapanes, bizcochos, rosquillas, alcorzas y confituras, y aún mucho sebillo de manos y guantes adobados, para dar a unos y a otros conforme a la calidad y liviandad de cada cual que intervenía en mi fiesta.

 Micilo: Todo eso no se podía hacer sin gran costa. Dime, ¿de dónde habías todo eso?

 Gallo: Por haberlo grangeaba yo un año antes los amigos y servidores por diversas vías y maneras. Procurando negocios, dares y tomares con todo género de hombres: de los unos me aprovechaba para que me diesen algo, y de los otros para que me buscasen lo que hacía a mi menester, y a otros quería para que me llevasen mis recados y mensajes, con que buscaba y adquería lo demás. De manera que yo me empleaba tan toda en este caso que nunca me faltaba cosa que hiciese al cumplimiento de mi voluntad.

Micilo: ¡O cuán molida y quebrantada quedarías pasada la fiesta, y más argullosa, presuntuosa y profana en haber cumplido con tu vano interés! ¡O cuán miserable y desventurada era esa tu ocupación, lo que es más de llorar!

Gallo: Las contrarias hacían otro tanto por Navidad día de San Juan Evangelista, que es el tercero día de la Pascua.

Micilo: Parece que tenía el demonio un censo cada año sobre todas vosotras, la mitad pagado por las unas por Navidad, y la otra mitad a pagar por las otras a San Juan de junio. ¿Qué liviandad tan grande era la vuestra, que siendo ellos en el cielo tan iguales y tan conformes, haya entre sus devotas acá tanta desconformidad y disensión? Antes me parece que como verdaderas y buenas religiosas debiéredes preciaros ser más devotas del Santo cuanto más trabajábades en su imitación. Las bautistas procurar exceder a las otras en el ayuno contino, en el vestido poco, en la penitencia y santidad; y las evangelistas procurar llevar ventaja a las otras en el recogimiento, en la oración, en el amor que tuvo a su maestro, en aquella virginidad santa por la cual le encomendó Cristo su Madre Virgen. Pero como toda vuestra religión era palabras y vanidad, así vuestras obras eran profanas y de mundo, y así ellas tenían tal premio y fin mundano, porque si vosotras os matáis a chapinazos sobre cuál de los dos san Juanes fue mejor, y vosotras no tenéis ni seguís punto de su bondad, seríades como son dos negras esclavas de dos señoras que se matasen a puñadas sobre cuál de sus amas era más hermosa, y ellas dos quedasen negras como un tizón; o como dos romeros que muy hambrientos y miserables con gran enojo se matasen sobre cuál es el más rico desta ciudad, y ellos quedasen muertos de hambre sin que ninguno les dé un pan que comer.

Gallo: De lo que yo sentí entonces desta gente tengo por opinión que naturaleza hizo este género de mujeres en el mundo por demás, y por esta causa las echó en los monasterios como quien las arrima a un rincón, y como ellas se ven tan fuera de cuenta trabajan con estas industrias de Satanás darse a entender; y así el primer pensamiento que la monja concibe entrando en el monasterio es que le tienen usurpado el reino y que se le tienen por fuerza, y que por eso la metieron como en prisión allí; y seríale más conveniente y provechoso hacerse entender que aquella es casa de locos, donde fue lanzada porque está sin seso desde que nació, porque acá afuera no haga mal. Pues sabrás, que yo fue enferma de un caratán de que en los pechos fue herida, de que padecí mucha pasión hasta que la muerte me llevó; y luego mi alma fue lanzada en un cuerpo de una rana en el lago de Genesareth que está en Palestina, donde por ir tan acostumbrada a parlar no hacía sino cantar a la contina, principalmente cuando quería llover por dar placer al labrador que lo tiene por señal. En aquella vida vivía yo en algún contento por la gran libertad de que gozamos todas allí, tratábanos muy bien un benignísimo rey que teníamos, manteníanos el lago en toda paz y tranquilidad, aunque algo contra la condición que yo había tenido acá, pero la nueva naturaleza me mudó. No hacíamos sino salir a la orilla al Sol y estendernos con mucho placer, y a su hora tornarnos a entrar en toda quietud. Y como en ningún estado en esta vida falte miseria, tentación y trabajo, y creo que el demonio entiende en desasosegar toda criatura que en el mundo hay, así nos dio a nosotras un desasosiego el mayor que se puede encarecer; y sabrás que como es cosa común, teníamos alrededor de nuestro lago mucha copia de ratones que se vienen por allí a vivir de los pueblos comarcanos en sus cuevas y chocas, por vivir en más seguridad; y éstos por ser gente de buena converzación hicieron con nosotras gran vecindad, y nosotras los tratamos a la contina muy bien. Sucedió que un día quiso (que no debiera) un hijo de su rey, con algunos otros de sus principales y vasallos, pasar a la otra parte del lago a visitar ciertos parientes, amigos y aliados que vivían allá, y por ser muy largo el lago tenía gran rodeo y trabajo y aun peligro para pasar, y comunicando su voluntad un día con ciertas ranas del lago, ellas, o por enojo que tuviesen dellos, o por mala inclinación, pensaron hacerles un gran daño y burla, y fue que ellas se les ofrecieron de los pasar sin lisión, si fiándose dellas se subían sobre sus lomos, que cada una dellas tomaría el suyo sobre sí y así nadando los pasarían a la otra parte, y que por más asegurarlos atarían las colas dellos a las piernas traseras de las ranas, porque si se deleznasen del cuerpo no peligrasen en el agua. Así ellos confiados de su buena oferta vinieron hasta unos veinte de los principales de su vasallaje, quedando sus criados y familiares a la orilla mirando la lastimosa tragedia; y cuando las ranas tuvieron a los señores ratones en el medio del lago ante los ojos de todos los que quedaban a la orilla se van con ellos a lo hondo, y zapuzándose muchas veces en el agua los ahogaron a todos. Y luego como fue avisado su rey y los padres y parientes de los otros vinieron al agua a ver si acaso podrían remediar aquel cruel acontecimiento, y como ni por ruegos, ni por lágrimas, ni promesas, ni amenazas no pudieron alcanzar de nuestras ranas que no llevasen aquel daño a ejecución, dieron muy grandes voces, llantos y alaridos, jurando por la grandeza del Sol su padre, y por las entrañas de su madre la tierra de vengar tan gran traición y alevosía. Protestaban la injuria contra nuestro rey pareciéndoles que no podía ser tan grande atrevimiento sino con su mandado y espreso favor; y como nuestro rey oyó las voces y pesquisó la causa y la supo, salió de su palacio con algunas ranas principales que se hallaron con él, y por aplacar los ratones mandó con gran diligencia se buscasen los malhechores a do quiera que los pudiesen haber y los trajesen ante su majestad, y aunque todos no se pudieron haber luego, en fin fueron presas alguna cantidad dellas, de las cuales se tomó su confesión por saber si algún señor particular les mandó hacer aquel daño, y como ellas confesaron que ellas de su propio motu y malicia lo habían hecho fueron condenadas a muerte, y aún se quiso decir que alguna de aquellas ranas que fueron presas, por ser hijas de personas señaladas fueron secretamente sueltas y ausentadas, porque untaron las manos a los jueces, y aún más los escribanos en cuya mano dicen que está más cierto poderse hacer, y así escaparon las vidas del morir.

 Micilo: Pues Dios las guardó vivan y hágalas Dios bien. Por cierto, gran descuido es el que pasa en el mundo el día de hoy, que siendo un oficio tan principal y caudaloso el del escribano, y tan necesario que esté en hombre de fidelidad para que todos vivan en paz y quietud, consienten y permiten los príncipes criar notarios y escribanos hombres viles y de ruines castas y suelo, los cuales por pequeño interés pervierten el derecho y justicia del que la ha de haber; y sobre todo los proveen de los oficios más principales y de más peligro en su reino: como es de escribanías de chancillerías, y consejos y regimientos y gobiernos de su hacienda y república, lo cual no se había de hacer por ninguna manera, pues en ello va tan gran interés y peligro.

 Gallo: Y así un día de mañana como salió el Sol fueron las condenadas sacadas a la ribera y pregonándolas un pregonero a alta voz por alevosas, traidoras, homicidas las mandaba su rey morir; y así ante gran muchedumbre de ranas que salieron del lago y muchos ratones que lo vinieron a ver fueron públicamente degolladas. Pero el rey Ambrocos (que así se llamaba el rey de los ratones) y todos aquellos señores estaban retraídos en sus cuevas muy tristes y afligidos por la pérdida de sus hijos; y así mandó su rey llamar a cortes, y luego fueron juntos los de su consejo y grandes de su reino, donde con grande encarecimiento les propuso la cruel traición que habían cometido las ranas, y no en cualesquiera de su reino, pero en su mismo hijo y de los principales señores y caballeros de su tierra, por lo cual, aunque pudieran disimular cualquiera otra injuria por ser sus vecinas y aliadas, pero que este caso por ser tan atroz en la persona real y sucesor del reino no se sufría quedar sin castigo; y así los ratones indignados por las lágrimas y encarecimientos de su rey se ofrecieron con sus personas y estado salir luego al campo, y que no volverían a sus casas hasta satisfacer y vengar su príncipe, rey y señor o perder en el campo sus vidas. Y así el rey les mandó que dentro de quinze días todos saliesen al campo a acompañar su persona real, y mandó luego avisar con sus patentes, cartas y provisiones a todos los ratones vecinos del lago, que supiesen la injuria hecha a su rey, y que todos so pena de muerte saliesen a las orillas e hiciesen el posible daño en las ranas que pudiesen haber. Luego todos aquellos señores se fueron a sus tierras aparejar y venir con sus compañías al mandado de su rey, porque esto tienen los ratones que son muy obedientes a sus mayores, porque al que no lo es le despedazan todos con los dientes, ni es menester para el castigo del tal delito que venga particular pesquisidor ni ejecutor de la corte, porque luego es tal delincuente castigado entre ellos con la muerte y así no se osa ninguno desmandar. Ya nosotras las ranas de todo esto éramos sabidoras, porque no faltaron algunos de sus ratones que por tener con algunas de nosotras estrecha amistad se lo comunicasen, principalmente todo aquel tiempo que pasó antes que se publicase la guerra, porque hasta entonces aún estaban en pie muchas de las antiguas amistades que había entre unos y otros en particular; y también lo víamos por experiencia en nuestro daño, porque ningún día había que no pareciesen a la costa del lago muchas ranas muertas, porque los ratones se llegaban a ellas con disimulación y con los dientes las hacían pedazos; y principalmente hacían esto una compañía de malos soldados que de extrañas tierras el rey había traído allí de un su amigo y aliado, gente muy belicosa y de grande ánimo, que ninguna perdonaban que tomasen delante de sí. Ya los daños eran tan grandes que se nos hacían, que no se podían disimular, y dentro de quinze días parecieron ante nuestras riberas de Genesareth más de cien mil ratones, en tanta manera que el campo cubrían. Vino allí el rey Ambrocos con gran majestad con todo el aparato de tristeza y luto, protestando de no ir de allí sin vengar muy a su voluntad la muerte de su hijo, y así mandó dar en el campo un muy bravo y sangriento pregón. Traía un fiero ratón por capitán general, al cual llamaban Lampardo el cruel, viejo y de maduro juicio, que toda su vida había vivido en las haceñas que están en el río Jordán y Éufrates; traía debajo de su bandera en nombre de Ambrocos su rey cuarenta mil ratones de grande experiencia y valor; venía allí Brachimis rey de los ratones que habitan toda la tierra de Samaria, el cual traía treinta mil; venía Aplopetes, rey de los ratones que moran Nazareth, Belén y Jerusalén, el cual traía otros treinta mil y más; vinieron otros señores, príncipes, vasallos y aliados del rey Ambrocos que traían a cinco mil y a diez mil; de manera que en breve tiempo todo el campo se cubrió. Como nos vimos en tanta necesidad y aprieto acudimos todos a nuestro rey llorando nuestra libertad perdida, al cual hallamos en la misma aflición sin saber cómo se remediar.

Micilo: Entonces, gallo, hallado habías oportunidad para ejecutar tu belicosa condición que tenías siendo monja.

Gallo: Muchas más fuerzas y orgullo tenía yo en el monasterio para revolver; no había en todo el lago ninguna rana que no estuviese acobardada y como abscondida y encogida de temor; y así la nuestra reina, mandó que todas las ranas sus súbditas se juntasen, que se quería con ellas aconsejar, las cuales cuando fueron juntas nos propuso el aflito y miseria en que estábamos: a algunas dellas les pareció que sería bueno dejar aquella ribera a los ratones y pasarse a la contraria, donde les parecía que no habría quien las dañase, pero como había allí ranas de todos los derredores y partes del lago dieron fe que no había dónde huir ni poder salir con libertad, porque por todas partes estaba puesta gran multitud de ratones a punto de guerra, los cuales procuraban dañar y matar en las ranas como las podían haber, no dejando alguna a vida. De manera que como nosotras vimos el ardid con que nuestros enemigos nos perseguían determinamos que sería bien salir al campo y darles una batalla, porque nos pareció mejor morir, que no infames encerradas y sin libertad cada día padecer. Pero lo que más nos afligía era el faltarnos armas con que pelear, porque esta ventaja tienen de su naturaleza todos los animales, que a todos dio armas naturales nacidas consigo para se defender de sus enemigos y de aquellos que los quisiesen dañar: al león dio uñas, esfuerzo y destreza, a la sierpe dio concha, a las aves dio uñas y vuelo, y al caballo herraduras y dientes con que se defienda, y así al ratón dio uñas y dientes con que hiera, y a cada cual animal en su naturaleza armó, y a la rana, por hacernos el animal más simple y miserable, le dejó sin armas algunas con que se pudiese defender de quien le procurase dañar.

Micilo: A mí me parece, gallo, que en todo eso proveyó naturaleza con gran prudencia porque quiso criar la rana simple y sin perjuicio y daño, así la crio sin enemigo que la dañase; y porque alguna vez se podía ofrecer que con furia la acometiese otro algún animal la proveyó de ligereza para nadar, y el salto para huir. ¿Qué culpa tiene naturaleza si vosotras enruináis la simpleza con que ella os crió?

Gallo: Tú tienes mucha razón, porque en el mundo no hay animal que no haya corrompido con su malicia las leyes que su naturaleza le dio. Y así por vernos confusas en este caso sin poder alcanzar a sabernos dar remedio, acordóse que nos socorriésemos del consejo y ayuda de ciertos géneros de pescados que en aquel lago andaban en nuestra compañía, y principalmente de unos grandes barbos que allí se criaban y a éstos nos fuimos contándoles nuestra miseria; y ellos, como es gente muy honrada y bien inclinada, y trabajan vivir sin perjuicio de nadie, que hasta hoy no se quejó dellos alguna nación, por esta causa parecióles tan mal la traición que nuestras ranas hicieron a los ratones que casi con disimulación se determinaban ver de nosotras vengados los ratones; pero ya por la estrecha antigua amistad que por la contina vivienda entre nosotros había nos estimaban por parientes y naturales, y así se dolieron de nuestra necesidad y se profirieron a nos favorecer con consejo y fuerzas. Y puestos en esta determinación se levantó un barbo anciano y de buen consejo y nobleza y ante todos propuso así: «Honrada gente, vecinas, amigas y parientas, a mí me pesa haber de seguir y favorecer en esta empresa parte tan sin razón y justicia, pues vosotras habéis injuriado y ofendido a vuestros amigos vecinos y comarcanos tan sin os lo merecer; yo nunca pensé que vuestra simpleza tuviera acometimiento de tanto doblez, ni sé quién os dio lengua ni alma para fingir, ni manos para así dañar con tal alevoso engaño. ¿Quién no se fiara de vuestra flaqueza, pensando que vuestra humildad sería tal como la mostráis? ¡Cuán justo fuera favorecer antes en vuestro castigo que a vuestra defensa! Pero de hoy más necesitáis nos a vivir con vosotras con aviso, y por venirnos a demandar socorro, porque es la ley de los nobles no le negar a cuantos afligidos le pidan, es razón que se os dé, y así es mi parecer que ante todas cosas tratemos de os dar armas con que peleéis y os defendáis, porque ciertamente os tienen en esto gran ventaja los ratones en dientes y uñas; por lo cual, habiéndolo mirado bien, es mi consejo que hagáis capacetes de las cáscaras de huevos que se pudieren haber, que muchas hay en este lago, que los pescadores las echan por cebo para nos pescar, y estas cáscaras puestas en la cabeza os será alguna defensa para las heridas, y por lanzas llevaréis unos yuncos que hay en esta ribera, que tienen buenas puntas con que podáis herir, que nosotros con nuestros dientes os los cortaremos cuantos tengáis necesidad, y vosotras trabajad por os hacer diestras con estos yuncos como podáis con destreza herir; aprended con la boca y manos como mejor os aprovechéis dellos. Saldréis al campo con estas armas, y si os viéredes en aprieto recogeros heis al agua; estaremos muchos de vuestros amigos a la costa escondidos, y como ellos vengan con furia siguiendo su victoria caerán en nuestras manos, y con nuestras colas y dientes el que en el agua entrare perderá la vida». De todos fue aprobado el consejo del buen pez, y así deshecha la consulta cada cual se fue a aprovechar de lo que más pudiese haber. Las ranas todas nos dimos a buscar cáscaras de huevos por mandado de nuestra reina, y los barbos a cortar yuncos; y aunque se hallaron alguna cantidad de cáscaras no fueron tantas que pudiesen armar a todas, por tanto se mandaron primero proveer los señores y principales ranas, y después fueron repartidas las armas por banderas y compañías; pero ninguna fue sin lanza, porque los barbos proveyeron de gran copia de yuncos; y así proveídas las banderas y capitanías por aquellos señores, considerando la reina que en toda su comarca no había más sabia rana que yo ni más experimentada en guerra y disensiones (porque del monasterio iba yo diestra por la mucha costumbre en que estábamos a jugar de chapinazo y remesón por dame acá esa paja, principalmente sobre quién sois vos, cuando comencábamos a apurar los linajes), así que por conocerme más industriada en las armas que a todas me rogó quisiese aceptar el oficio de capitán general; y así ordenadas las escuadras que cada una acometiese a su tiempo y coyuntura, porque aun siendo mucha gente si va desordenada va perdida, cuanto más siendo nosotras pocas en comparación de los ratones, era más necesario el buen orden y concierto; y así yo me tomé Marfisa marquesa de la costa de Galilea que llevaba veinte mil, y a Marula duquesa de la costa de Tibiriades que llevaba otras veinte mil, y yo que de mi costa tomé otras diez mil. Con estas cinquenta mil ranas las mejor armadas que había en la compañía salimos del agua al campo; salimos una mañana en saliendo el Sol con gran canto y grita. Quedaba la nuestro rey con otras veinte mil ranas dentro en el lago para socorrer en la necesidad, y con otras muchos señores y principales del lago; y esto porque las ranas en sus batallas y guerras no consienten que sus reyes salgan al peligro hasta que no se puede escusar, que sus capitanes y señores hacen primeros acometimientos y rompimientos de la guerra; y demás de la gente dicha estaba una buena compañía de cinco mil barbos todos escogidos y muy pláticos en la guerra, que se hallaron en las batallas que hubieron los atunes en tiempo de Lázaro de Tormes con los otros pescados; éstos traían por su capitán a Galafrón, duque de la costa de Genesareth, barbo de grande experiencia y ardid. Ya de nuestra salida tenían noticia los ratones que no se les pudo esconder, y estaban a punto para nos recibir, y pensando nosotras ser ventaja acometer, arremetimos con grande esfuerzo, grita y ánimo, cubiertas bien de nuestros yelmos, puestas las puntas de nuestras lanzas en nuestros enemigos porque se lanzasen por ellas, y así comenzamos con mucho compás y orden a caminar para ellos. Venía en la delantera de toda la compañía aquel fuerte Lampardo, su capitán general, dando grandes saltos por el campo, que no parecía sino que era este su día, y yo con aquella sobra de ánimo que se podía comparar con el de un fuerte varón salí a él, y como él no era avisado de aquella nuestra arma vínose derecho por me dañar, pero como le puse la punta del yunque y le piqué, saltó afuera hasta reconocer bien el arma con que le herí. Ya se juntaron las haces de la una parte y de la otra donde las nuestras mostraron tratar a los ratones mal, porque como ellos no habían pensado que nosotras tuviéramos armas tomaron algún temor; y así se comenzaron a detener, y en alguna manera se sentía de nuestra parte ventaja, porque si les diéramos ocasión de nos temer no quisiéramos más. Pero de nuevo Lampardo y Brachimis y Aplopetes tornaron a nos acometer, y como sintieron que nuestras lanzas y armas eran de ninguna fuerza ni valor lanzáronse por nosotras con facilidad: mataban y despedazaban cuantas querían, en tanta manera que no los podimos resistir su furia, y así fue necesario recoger el ejército al lago; y los ratones con aquel ánimo que la victoria les daba vinieron a se lanzar por el lago adelante, donde saliendo los barbos dieron en ellos con tanta furia que hiriendo con las colas y dientes en breve tiempo mataron y ahogaron más de diez mil; y quiso mi ventura que yo quedase en la tierra por recoger mi gente que venía huyendo desvaratada a lanzarse sin orden al lago, y sucedió que como Lampardo me vido en el campo se vino para mí, y aunque yo le recibí con algún ánimo no me pudo negar mi naturaleza de flaca rana y no ejercitada, por lo cual no le pudiendo resistir se apoderó en mí, y tropellándome con la furia que traía me hizo saltar el yelmo de la cabeza, e hincó con tanta furia los dientes y uñas en mí que luego espiré; y así no supe en aquella batalla lo que más pasó, aunque sospecho que por grande que fuese el favor de los barbos no quedarían los ratones sin satisfacerse bastantemente.

    Micilo: Por cierto gran deseo me queda de saber el suceso de la batalla, porque no puedo yo creer que quedase sin bastante satisfacción la justicia de Dios. Cosa maravillosa es que un animal tan sin manos, simple y pusilámine, tenga atrevimiento para así con tanto daño engañar; un animal tan callado, tan humilde, tan sin alteración, de tanta religión y recogimiento acometa un tan atroz y nefando insulto, especie tan calificada de traición. ¿Quién no fiara dellas?, ¿a quién no engañarán con su aparente simpleza? No en vano dicen que más daño hace un río manso, que un hondo y furioso, porque a la contina se vio por experiencia estar la hondura y ciénago en el remanso y quietud del agua. Pero sobre todo lo que me has contado, gallo, estoy espantado cuando considero cuán extremado animal es la mujer, tan presuntuoso, tan vanaglorioso, tan desasosegado, tan codicioso de estima, mando y veneración, habiendo sido criado por Dios para tanta bajeza y humildad, qué poca diferencia y ventaja hay entre la rana y este animal; y no veréis mujer por miserable que sea que no presuma de si ser merecedora y poderosa para mandar y gobernar la monarchía del universo, y que es pequeño el mundo para lo mucho que tiene entendido de sí. Ciertamente tú tienes mucha razón en sustentar haber toda criatura corrompido la carrera y regla de su vivir, que hasta una monja que está en un monasterio encerrada, habiendo profesado la humildad y menosprecio de los mandos y preheminencias y ventajas con que el mundo favorece a sus más incumbrados naturales, y habiendo prometido a Dios y a la religión negarse a sí y a su propio interés, y que solamente hará la voluntad ajena y de su perlada y mayor, y veis con cuánto extremo se sacude de su profesión, y en alma y obras y pensamiento vive al revés; y porque me parece que es especie de extremada vileza decir mal de mujeres quiero callar porque los hombres honrados antes las deben defender por ser flaco animal. Una sola cosa no puede dejar de decir y encarecer, el extremo que tienen en el amar y aborrecer, en el cual ningún inconveniente ni estorbo se le pone delante para dejar de efectuar su voluntad; y si no las obedecéis y respondéis cuando os llaman con igual amor, vuelven en tanto odio e ira que se arriscan al mayor peligro del mundo por se satisfacer.

Gallo: ¡Ay Micilo!, que en mentarme ese propósito me has lanzado un espada por las entrañas, porque me has acordado que por esa causa estuve en punto de perder un amigo, el mayor y más fiel que nunca tuvo la antigüedad. Que si mi corazón sufriese a te lo contar maravillarte hias cómo acordándome dello no reviento de pasión.

Micilo: Gran deseo me pones, gallo, de te lo oír, y así te ruego que te esfuerces por amor de mí a me lo contar, que según me lo has encarecido debe de ser cosa digna de saber.

Gallo: Pues aunque sea a costa de mis ojos y corazón yo te lo quiero contar por te obedecer. Cantarte he un amigo cual nunca otro como él se vio; en fin, cual deben los buenos amigos ser, y lo demás que a este propósito acompañaré en el canto que se sigue lo oirás.

Fin del octavo canto del gallo

Argumento del nono canto del gallo
En el nono canto que se sigue el autor, imitando a Luciano en el diálogo llamado Toxaris, en el cual trata de la amistad, el autor trata de dos amigos fidelísimos que en casos muy arduos aprobaron bien su intención. Enséñase cuáles deben ser los buenos amigos.

Gallo: ¿Estás ya despierto, Micilo?, que yo a punto estoy para proseguir en lo que ayer quedé de te contar; porque aunque sea a costa de mis entrañas y me dé algún dolor, oirás una conformidad y fidelidad de dos amigos los mayores y más verdaderos que nunca entre los hombres se vio: una confianza y afición que dijeras vivir una sola alma en dos, una casa, una bolsa, unos criados, un espíritu sin parcialidad ni división.

Micilo: Gran pieza de tiempo ha que estoy deseando que despiertes, codicioso de te oír. Agora di tú, que sin distraimiento alguno te oiré todo lo que querrás.

Gallo: Pues ante todas cosas te quiero hacer saber que siendo yo un tiempo natural francés y de París llamado Alberto de Clef, y siendo mancebo mercader, tuve un amigo natural de la misma ciudad llamado Arnao Guillén, el más verdadero y el más fiel que nunca tuvo la antigüedad. Éste fue casado en la villa de Embers, en el ducado de Brabante, con una doncella llamada Beatriz Deque, hija de honrados padres, hermosa y de buen linaje, la cual trajo consigo a vivir a París. Pues por haber sido grandes amigos en nuestra niñez y juventud no cesé nuestra amistad por ser Arnao casado, mas antes se augmentó y creció más; y así porque sepas a cuánto llegó nuestra afición y amor sabrás que por tener ciertas cuentas viejas que convenía desmarañarlas con ciertos mercaderes de Londres hubimos de ir allá, y aparejado nuestro flete y matalotaje dímonos a la vela encomendándonos a Dios. Y yo era hombre delicado y de flaca complexión, necesitado al buen regimiento, y a mirar bien por mi salud, pero Arnao era hombre robusto, valiente, membrudo y de muy fuerte natural; y luego como salimos del puerto a mar alta comenzóseme a levantar el estómago y a vomitar con gran alteración y desasosiego de mi cuerpo, con gran desvanecimiento de cabeza; y así sucedió a esto que nos sobrevino luego una tan fagrosa y espantosa tempestad que parecía que el cielo con todas sus fuerzas nos quería destruir. O Dios omnipotente que en pensarlo se me espelucan y enherican agora las plumas de mi cuerpo. Comenzóse a oscurecer con grandes nublados el día, que a noche muy cerrada semejaba; bramaba el viento y el tempestuoso mar con espantosos truenos y temerosos relámpagos, y mostrándose el cielo turbado con espesas plubias nos tenía a todos desatinados. Los vientos soberbios nos cercaban de todas partes: agora heriendo a popa, agora a proa, y otras veces, lo que más desespera al piloto, andaban rodeando la nave hiriendo el costado con gran furia; andaban tan altas las olas que parecían muy altas montañas, que con tan temerosa furia nos mojaban en lo más escondido del navío como si anduviéramos a pie por medio del mar. Cada vez que venían las olas a herir en el navío tragábamos mil veces la muerte desesperados de salud. Gritan los pilotos y grumetes, cual en popa, cual en proa, cual en la gavia, cual en el gobernalle; amarillos con la muerte esperada, gritan mandando lo que se debe hacer, pero con la brama del mar y vientos no se pueden unos a otros oír, ni se hace lo que se manda. Las velas lleva ya el mar hechas andrajos y del mastel y antena no hay pedazo de un palmo, todo saltó en rachas, y muchos al caer fueron mal heridos en diversas partes de su cuerpo. Sobrevino ya la noche que hizo doblada la oscuridad, y por el consiguiente la tempestad más atroz y soberbia. Era tanto el estruendo que sonaba en los cóncavos cielos, y tantos los truenos que de la parte del septentrional polo procedían, que parecía desconcertarse los ejes de los nortes, y que el cielo se venía abajo; la naturaleza misma por la parte de la tierra temió otra vez la confusión del diluvio que en tiempo de Noé pasó, porque los elementos parecía haber rompido su concordia y límites, y que volvía aquella tempestuosa lluvia que en cuarenta días bastó cubrir toda la haz de la tierra. Muchas veces el torbellino de las olas nos subió tan altos que víamos desde encima tan gran despeñadero de mar cuanto se ve estando las aguas serenas desde las altas rocas de Armenia, pero cuando nos bajaba el curso al valle entre ola y ola apenas descubría el mastel sobre las ondas; de manera que unas veces tocábamos con las velas en las nubes, y otras con el rostro del navío en el arena; y el miedo era ya tanto que no sabía el maestro socorro alguno en su arte, ni sabía a cuál ola se aventurase, ni de cuál se asegurase y guardase, porque en tal estado estábamos que la misma discordia del mar nos socorría para que no fuésemos a lo hondo, porque en trastornando una ola la nao por la una parte, llegaba otra por la contraria que expelía la parte vencida y la levantaba; de suerte que era forzado que cualquier viento que llegase fuese en su favor para enderezarla. Imagina qué confusión hubiese allí con el gritar, amainar y crujir, y matarse los unos sin oírse los otros por el grande estruendo y ruido del mar y vientos, y sin verse por la gran oscuridad que hacía en la noche. Pues estando el cielo y el mar en este estado que has oído, quiso mi ventura que como mi estómago fuese indispuesto y alterado por el turbado mar y su calidad, vomitaba muy a menudo de lo íntimo de las entrañas; sucedió que queriendo una vez con gran furia vomitar colgado algo al borde sobre el agua por arrojar lejos, y espeliendo una ola el navío me sacudió de sí al mar; y aun quiso mi ventura que por causa de mi mala disposición no estuviese yo desnudo como estaban ya todos los otros a punto, para nadar si el navío se anegase; y como yo caí en el agua de cabeza fue luego sumido a lo hondo; pero ya casi sin alma la misma alma me subió arriba, y así llegando a lo alto comencé a gritar y pedir socorro; y como Arnao andaba buscándome por el navío y no me halló donde me había dejado, miró al agua y plugo a Dios que me reconoció entre las ondas, y sin temer tempestad, oscuridad y braveza de las olas saltó junto a mí en el agua que ya estaba desnudo como los otros, y luego animándome dijo: «Esfuérzate, hermano Alberto, no hayas miedo que aquí estoy yo, que no perecerás mientras la vida me acompañare». Y como junto a mí llegó me levantó con las manos trayéndome al amor del agua y al descanso de la ola; llevábannos los vientos por el mar acá y allá sin poderlos resistir, y la ola furiosa con ímpetu admirable nos arrebataba y por fuerza nos hacía apartar lejos el uno del otro; pero luego volvía Arnao a las voces que yo le daba, y con fuerzas de más que hombre me tomaba, y con amorosas palabras me esforzaba no le doliendo a él su propia muerte «tanto como verme a mí cercano a la mía». Procuraban del navío echarnos tablas y maderos con intención de nos remediar, pero no nos podíamos aprovechar dellas por el gran viento que las arrebataba de nuestras manos, y lo que más nos desesperaba y augmentaba nuestra miseria era que durase tanto la tempestad, y aun parecía que sobre ser pasadas diez horas de la noche comenzaba. Piensa agora, yo te ruego Micilo, si en el mundo se puede agora hallar un tal amigo que en tan arduo caso, estando seguro en su navío en lo más fragoso desta tan furiosa tempestad, viendo en semejante necesidad su compañero tan cercano a la muerte, con tanto peligro se arroje a la furia y fortuna del agua, viento y ola, y a la oscuridad de la tempestuosa noche. Pon, yo te ruego, ante tus ojos todos aquellos tan encarecidos peligros, que no hay lengua que los pueda poner en el extremo que tiene en la oportunidad la verdad, y mira cómo despreciándolo todo Arnao y posponiéndolo, solamente estima salvar al compañero por tenerle tan firme amor. En fin, plugo a Dios que trayéndonos las olas vadeando por el mar, venimos a topar un grueso madero que el agua traía sobre sí de algún navío que debía haber dado al través, y como se abrió arrojónos aquel madero para nuestro socorro y remedio, pues ambos trabados a él con la fuerza que podimos que ya aflojaba algo la tempestad, trabajando Arnao ponerme encima, las olas amorosas nos hubieron de poner en el puerto inglés sin más lisión. Este acontecimiento te he contado, Micilo, porque veas si tengo razón de te encarecer tanto nuestra amistad, porque al principio te propuse que éramos los mayores amigos que nunca el mundo tuvo en sí, agora habrás visto si tengo razón.

Micilo: Por cierto, gallo, tú dices gran verdad, porque no se puede mayor prueba ofrecer.

Gallo: Pues agora quiero proceder en mi intención, que es contarte el peligro que en nuestra amistad se ofreció por ocasión de una mujer. Pues agora sabrás que vueltos en Francia hubimos de ir a una feria de Embers, de junio, como solíamos a la contina ir, y Beatriz importunó a Arnao su marido que la llevase consigo por visitar a sus padres que después de las bodas no los vio; y así Arnao lo hizo por darle placer. Pues aparejado lo necesario para el camino salimos de la ciudad de París, y por ser yo tan obligado a Arnao procuraba servir a su mujer todo lo que podía, pensando en qué le pudiese yo a él pagar alguna parte de lo que le debía por obligación; y así procuraba en esta jornada, y en cualquiera cosa que se ofrecía, así en su dueña como en él, haberle con todas mis fuerzas de agradar y servir; y así a él le parecía estar bien empleado en mí el peligro en que por mí se vio. Y como el demonio siempre solicite ocasiones para sembrar discordia entre hermanos, que es la cosa que más aborrece Dios, parecióle que haría a su propósito si encendía el corazón de Beatriz de lacivo amor de mí; y así la pobre mujer alterada por Satanás concibió en su pecho que todo cuanto yo hacía por respecto de la obligación que tenía a mi bondad, concibió ella que lo hacía yo lisiado de su amor, por lo cual pareciéndole deber a noble piedad y gratitud responder con el mismo amor, y aun poniendo de su parte mucho más de lo que por balanza se podía deber, pensando incurrir en gran falta a su nobleza y generosidad si mucho más no daba sin comparación, así me amó tanto que en todo el camino y feria de junio no sufría apartar su corazón un punto de mí, y esto era con tanta pasión que con ninguna lengua ni juicio te lo puedo encarecer; porque como algunas veces le mostrase tenerla afición, otras veces como yo hiciese mis obras con el descuido natural, hacíala desbaratar y afligir. ¡O cuántas veces conocí della tener la habla fuera de los dientes para me manifestar su intención, y con los labrios tornarla a comprimir por no se afrontar! Buscaba lugares convenientes delante de su marido y padres, ocasiones que no se podían escusar para me abrazar, tocar y palpar por se consolar y satisfacer; por los ojos y por el aire con suspiros, con el rostro y meneos del cuerpo me enviaba mensajeros de su pena. Pero yo disimulaba pensando que cansándola se acabaría su pasión; y ello no era así, pero cada día crecía más; yo recibía grandísima pena en verme puesto en tanto peligro, y pensaba de cada día cómo se podría remediar, y creyendo que sola el ausencia podría ser medicina, dolíame apartarme de la compañía de mi amigo Arnao, por lo cual muchas veces llorando amargamente maldecía mi ventura y a Satanás, pues a tanto mal había dado ocasión; y estando pensando cómo me despediría, como fue acabada la feria acordó Arnao que nos volviésemos a París, y así mandó a toda furia aparejar; y estando todo lo necesario a punto díjome que partiese yo con su dueña, que él quería quedar a negociar cierto contrato que le faltaba, y que le fuésemos aguardando por el camino, que a la segunda jornada nos alcanzaría. Dios sabe cuánta pena me dio oír aquel mandado, y me pesaba no haber huido antes, pensando que fuese urdimbre de Satanás para me traer por fuerza a la ocasión de ofender; y por el contrario fue muy contenta Beatriz, pensando que se le aparejaba la oportunidad forcosa que yo no podría huir. Y así disponiéndonos Arnao todo lo necesario, tomando la mañana comenzamos nuestro camino; iba Beatriz muy alegre y regocijada llevándome en su conversación, decía muchos donaires y gentilezas que el amor le enseñaba, debajo de los cuales quería que yo entendiese lo que tenía en su voluntad, no se atreviendo a descubrirse del todo hasta verse en lugar oportuno que no la corriese peligro de afrenta, porque le parecía a ella que yo no respondía a su intención como ella quisiera, aunque algunas veces juzgaba mi cobardía ser por que temía descubrir mi traición; y así ella se desenvolvía algunas veces demasiadamente por me hacer perder el temor, y sufríase pensando que aquella noche no se podría escusar sin que a ojos cerrados se efectuase la prueba de nuestra voluntad; y así aquella jornada se cumplió con llegar ya casi la noche a una villa buena que se llama Bruselas, que es en el mismo ducado de Bravante; donde llegados mandé que los mozos diesen buen recado a las cabalgaduras, y al huésped previne que tuviese bien de cenar; y parecióme ciertamente estar acorralado, y que en ninguna manera podía huir aquella oportunidad y ocasión, porque cierto sentí de la dama que estaba determinada de me acometer, de lo cual yo demandé socorro a Dios; y como fue aparejada la cena venimos a cenar, lo cual se hizo con mucho regocijo, abundancia y placer; y como fue acabada la cena quedamos sobre la tabla hablando con el huésped y huéspeda su mujer en diversas cosas que se ofrecieron de nuestra conversación; y como fue pasada alguna parte de la noche dije al huésped: «Señor, gran merced recibiré que porque esta señora que comigo traigo es mujer de un grande amigo mío que me la fío, duerma con vuestra mujer, que yo dormiré con vos». Beatriz mostró recibir esto con gran pena, pero calló esforcándose a la disimular; y el huésped respondió: «Señor, en esta tierra no osamos fiar nuestras mujeres de ninguna otra persona que de nosotros, cuanto quiera que venga en hábito de mujer, porque en esta tierra sucedió un admirable caso en el cual un hijo del señor deste ducado de Bravante en hábito de mujer gozó de la hija del rey de Inglaterra y la trajo por suya aquí». Y como Beatriz vio que se le aparejaba bien su negocio, aunque se le dilatase algo, importunó al huésped le contase aquella historia como aconteció. Lo cual no me pesó a mí pensando si en el entretanto pudiese amanecer; e importunado el huésped así comenzó: «Sabréis, señores, que en este ducado de Bravante fue en un tiempo un bienaventurado señor, el cual tuvo una virtuosa y agraciada dueña por mujer, los cuales siendo algún tiempo casados y conformes en amor y voluntad sin haber generación; y después en oraciones y ruegos que hicieron a Dios sucedió que vino la buena dueña a se empreñar y de un parto parió dos hijos, el uno varón y el otro hembra, los cuales ambos en hermosura no tenían en el mundo par; y así fueron los niños criados de sus padres con tanto regalo como era el amor que los tenían; y como fueron de un parto fueron los más semejantes que nunca criaturas nacieron, en tanta manera que no había hombre en el mundo que pudiese poner diferencia entre ellos, ni los mismos padres lo sabían dicernir, mas en todo el tiempo se engañaron mientras los criaban, que por solas las amas los venían a conocer; y así acordaron de los llamar de un nombre por ser tan semejantes en el aspecto, rostro, cuerpo, aire y disposición: llamaron al varón Julio y a la hija Julieta. Fueron extremadamente amados de los padres por ser tan lindos y tan deseados y no tener más; y así yendo ya creciendo en edad razonable, conociendo ya ellos mismos su similitud usaban para su pasatiempo de donaires y graciosos ejercicios por dar placer a sus padres; y así muchas veces se mudaban los vestidos, tomando Julio el hábito de Julieta, y Julieta el de Julio, y representándose ante sus padres con un donaire gracioso recibían placer como con tanta gracia se sentían burlados por sus amados hijos; y así Julieta en el hábito que más le placía se iba muchas veces a solazar, agora por la ciudad, agora por el mar, tomando la compañía que más le placía. Y un día entre otros salió de su aposento ataviada de los vestidos de su hermano Julio a toda gallardía y con su espada ceñida, y pasando por la sala tomó dos escuderos que allí halló y lanzóse por el mar en un bergantín que para su solaz estaba a la contina aparejado; y sucedió que, esforzándose el viento, a su pesar fueron llevados por el mar adelante sin poder resistir; y como a los que Dios quiere guardar ningún peligro les daña, aunque con gran temor y tristeza fueron llegados una pieza de la noche a la costa de Inglaterra y lanzados por un seguro puerto sin saber dónde estaban; y como sintieron la bonanza y el seguro del puerto, aunque no conocían la tierra, llegándose lo más que pudieron a la ribera determinaron esperar allí el día; y así, como Julieta venía triste y desgraciada y desvelada por causa de la desusada tempestad se echó luego debajo del tapete a dormir, y lo mismo hicieron por la plaza del bergantín los escuderos, y fue tan grande y de tanta gravedad su sueño que siendo venida gran pieza del día aún no despertaron. Y sucedió aquella mañana salir la infanta Melisa, hija del rey de Inglaterra, a caza con sus monteros por la ribera del mar, y como mirando acaso vio dentro del agua el bergantín ricamente entoldado y que no parecía persona que viniese en él, mandó que saltasen de su gente y viesen quién venía allí, y luego fue avisada por los que dentro saltaron que en la plaza del bergantín estaban dos escuderos dormiendo, y que dentro en el tapete estaba el más lindo y agraciado mancebo de edad de catorce años que en el mundo se podía hallar. Y codiciosa la infanta de lo ver mandó echar la puerta en tierra y apeándose de su palafrén saltó dentro del bergantín, y como vio a Julieta dormiendo con su espada ceñida juzgóla por varón, y así como la vio tan linda y tan hermosa en tan conveniente edad, fue luego presa de sus amores; y aguardando a que despertase, por no la enojar, estuvo por gran pieza contemplando su belleza y hermosura, y como despertó la saludó con gran dulzura preguntándola por su estado y viaje. Julieta le dijo ser un caballero andante que la fortuna del mar le había echado allí, y que se tenía por bien acertado y venturoso si la podiese en algo servir. Melisa ofreciéndosele mucho para su consuelo la rogó saliese a tierra convidándola a la caza, diciendo que por aquellas partes la había mucha y muy buena de diversos animales; y así como reconoció Julieta el valor de la dama, y por verse en su tierra, holgó de la complacer; y así le fue dado un muy hermoso palafrén, en el cual cabalgando Julieta, y Melisa en el suyo, se metieron con su compañía por la gran espesura de la montaña a buscar alguna caza; y como no se podía sufrir la infanta Melisa por la herida de su llaga que la atormentaba sin poderla sufrir, procuró cuanto pudo alongarse de su gente y monteros por probar su ventura, y cuando con Julieta se vio sola entre unos muy cerrados matorrales la importunó se apeasen a solazar junto a una muy graciosa fuente que corría allí; y cuando fueron apeadas las dos graciosas damas comenzó Melisa a hablar a Julieta con gran piedad, y aunque con mucha vergüenza y empacho le fue descubriendo poco a poco su herida, y teniendo los ojos lanzados en el suelo, suspirando de lo íntimo del corazón, yéndosele un color y viniéndosele otro le muestra pérdersele la vida si no la socorre; y así como ya tiene por el gran fuego que la abrasa descubierta la mayor parte de su dolor, queriéndose aprovechar de la oportunidad, se arriscó a tanto que abrazando a Julieta la besa en la boca con mucho dulzor y suavidad». Yendo pues el huésped muy puesto en el proceso de su historia estaba Beatriz toda trasladada en él pareciéndole que todo aquel cuento era profecía de lo que a ella le había de suceder, y así como el huésped aquí llegó, Beatriz con un gran suspiro me miró con ojos de piedad, y el huésped procedió sin echarlo de ver, diciendo: «Pues como Julieta por el suceso tiene entendido que Melisa la tiene por varón, y viendo que a su pasión no la puede dar remedio, estando confusa y pensativa qué camino tomaría, acordó ser muy mejor descubrirle ser mujer como ella, antes que ser tomada por caballero necio y cobarde para semejantes casos de amor, y dijo la verdad, porque cierto era cosa de caballero afeminado rehusar una dama de tanta gentileza que se ofrece con tanta dulzura y buena oportunidad; y así con un gentil y agraciado modo la avisa ser doncella como ella, contándola toda su ventura y viaje, padres y naturaleza. Pero como ya la saeta de amor había hecho en ella su cruel efecto, estaba ya tan enseñoreado en su corazón el fuego que la abrasaba que le vino tarde el socorro y aviso que de su naturaleza le dio Julieta, y por esta causa no le pareció menos hermoso el rostro de su amada, mas antes a más amarla se enciende, y entre sí pensaba su gran dolor por estar desesperada de remedio; y así reventando toda en lágrimas bañada, por consolar algo su pena, decía palabras que movían a Julieta a gran lástima y piedad: maldecía su mal hado y ventura, pues cualquiera otro amor santo o deshonesto podría tener alguna esperanza de buen fin, y éste no tiene sino suspiros y llorar con inmensa fatiga, decía llorando: "Si te parecía Amor, que por estar yo libre de tu saeta estaba muy ufana, y querías con algún martirio sujetarme a tu bandera y señorío, bastara que fuera por la común manera de penar, que es la dama por varón, porque entonces yo empleara mi corazón por te servir. Pero hasme herido de llaga muy contra natural, pues nunca una dama de otra se enamoró, ni entre los animales, qué pueda esperar una hembra de otra en este caso de amor. Esto parece, Amor, que has hecho porque en mi penar sea a todos manifiesto tu imperio, porque aunque Semiramis se enamoró de su hijo y Mirrha de su padre y Pasife del toro, ninguno destos amores es tan loco como el mío, pues aún se sufriera si tuviera alguna esperanza de efectuarse mi deshonestidad y deseo, pero para mi locura no habría Dédalo que ingeniase dar algún remedio contra lo que naturaleza tan firmemente apartó". Con estas lamentaciones se aflige la gentil dama mesando sus dorados cabellos y amortiguando su bello rostro, buscando venganza de sí misma por haber emprendido empresa sin esperanza de algún fin; y Julieta lo mejor que podía se la consolaba habiendo gran piedad de su cuita y lágrimas que afligían su belleza. Ya se ponía el Sol y se llegaba la noche, y como las damas no hayan usado dormir en la montaña ruega Melisa a Julieta se vaya con ella a su ciudad que estaba cerca, lo cual Julieta aceptó por su consolación; y así se fueron juntas a la ciudad y entraron en el gran palacio, donde muchas damas y caballeros la salieron a recibir; y considerando Melisa que ningún provecho recibe de tener a su Julieta en hábito de varón la vistió de muy ricos briales suyos; porque gran yerro fuera no recibiendo provecho aventurarse al peligro de infamia que de allí se pudiera seguir; y también lo hizo, porque como en el vestido de varón la dañó, quiere ver si en el de mujer se puede remediar y curar su dolencia. Y así recogiéndose ambas en su retrete lo más presto que pudo la vistió muy ricos recamados y joyeles con que ella se solía adornar, y así la sacó a su padre a la gran sala diciendo ser hija del duque de Bravante, que la fortuna del mar la había traído allí saliéndose por él a solazar; y así el rey encomendó mucho a su hija Melisa la festejase por la consolar y luego despacharon mensajeros para avisar al duque su padre; los duques fueron muy consolados porque habían estado en gran cuita por la pérdida de su hija Julieta, y enviaron a decir al rey que en todo hiciese a su voluntad. Aquella noche fue Julieta muy festejada de damas y caballeros con un solene serao, donde Julieta danzó a contento del rey, damas y caballeros, que todos la juzgaban por dama de gran gallardía, hermosura y valor, y sobre todas contentó a la infanta Melisa; y siendo llegada la hora de la cena fueron servidos con gran solenidad de manjar, música y aparato, la cual acababa, Melisa convidó a Julieta a dormir; y recogidas en su cámara se acostaron juntas en una cama, pero con gran diferencia en el reposo de la noche, porque Julieta duerme y Melisa suspira con el deseo que tiene de satisfacer su apetito, y si acaso un momento la vence el sueño es breve y con turbadas imaginaciones, y luego sueña que el cielo la ha concedido que Julieta sea vuelta varón, y como acontece a algún enfermo si de una gran calentura codicioso de agua se ha dormido con gran sed, en aquel poquito de sueño se le parecen cuantas fuentes en su vida vido, así estando el espíritu de Melisa deseoso parecíale que vía lo que sueña; y así despertando no se confía hasta que tienta con la mano y ve ser vanidad su sueño; y con esta pasión comienza la desdichada a hacer votos de romería a todas las partes de devoción porque el cielo hubiese della piedad; pero en vano se aflige, que poco le aprovechan sus promesas y oraciones por semejantes fines. Y así pasó en esta congojosa contienda algunos días hasta que Julieta la importunaba que quiere volver para sus padres, prometiéndola que tomando su licencia dellos volverá a la visitar lo más breve que ella pueda, lo cual por no la desgraciar se lo concedió la infanta, aunque con gran dificultad y pasión, confiando que Julieta cumplirá su palabra que le da de volver».

 Pues como fue aparejado todo lo necesario para la partida, la misma Melisa le entoldó el bergantín de sus colores y devisas lo más ricamente que pudo, y le dio muchas donas de briales y joyeles de gran estima y valor; y como Julieta se despidió del rey y reina la acompañó Melisa hasta el mar, la cual como allí fueron llegadas, llorando muy amargamente la abraza y besa suplicándola con gran cuita vuelva si la desea que viva, y así Julieta haciéndola nuevas juras y promesas se lanzó en el bergantín, y levantadas velas continuando sus remos se cometió al mar, el cual en próspero y breve tiempo se pasó. Quedaba Melisa a la orilla del mar puestos los ojos y el alma en las velas del navío hasta que de vista se le perdieron, y muy triste y suspirando se volvió a su palacio. Como Julieta llegó a sus riberas los padres la salieron a recibir con grande alegría como si de muerta resucitara, haciéndose muchas fiestas y alegrías en toda su tierra; muchas veces contaba a sus padres la tempestad y peligro en que el mar se vio conmoviéndolos a muchas lágrimas, y otras veces les encarecía el buen tratamiento que de la infanta Melisa había recibido: su grande hermosura, gracia, donaire y gran valor, dando a entender ser digna entre todas las doncellas del mundo a ser amada y servida del caballero de más alteza; y como Julio la oía tantos loores de la infanta encendió su corazón a emprender el servicio de dama de tan alta guisa; decía en su pecho: «¿En qué me podía yo mejor emplear que estar en su acatamiento todos los días de mi vida, aunque yo no merezca colocarme en su corazón? Pero a lo menos gloriarme he haber emprendido cosa que me haga entre caballeros de valor afamar». Y así con esta intención muchas veces estando solo con su hermana Julieta la importunaba le contase muy por estenso y particular todo lo que había pasado con Melisa, y por le complacer le contó cómo dormiendo ella en el bergantín aquella mañana que a Londres llegó la salteó la infanta Melisa, y cómo teniéndola por varón por llevar el vestido y espada ceñida se enamoró della, y tanto que junto a la fuente la abrazó y besó dulcemente demandándola sus amores, y cómo le fue forzado descubrirle ser mujer, por lo cual no podía satisfacer a su deseo, y cómo no se satisfizo hasta que la tuvo consigo en su cama muchas noches; y la pena y lágrimas con que della se despidió prometiéndole con muchas juras de la volver a visitar. Y luego como su hermana Julieta contó a Julio su historia resucitó en su corazón una viva y cierta esperanza de gozar los amores de Melisa por esta vía, teniendo por imposible haberla por otra manera; y así industriado por Amor tomó aviso, que con el vestido y joyas de su hermana sería por el rostro tomado por ella. En fin, sin más pensar aventurándose a cualquier suceso se determinó tentar donde alcanzaba su ventura, y así un día demandó a Julieta le diese el tapete que le dio Melisa para el bergantín con la devisa, porque se quería salir a solazar; y vestido de un rico brial que Melisa dio a Julieta, y cogidos los cabellos con un gracioso garbín, adornado su rostro y cuello de muy ricas y hermosas joyas y perlas de gran valor, se lanzó a manera de solazar por el mar; y cuando se vio dentro en él, mandó a los que gobernaban guiasen para Londres, y en breve y con próspero tiempo llegó al puerto, y por las señas conoció el lugar donde su señora Melisa cada día venía por esperar a su hermana Julieta; y como la compañía de la infanta reconoció la devisa y orla del tapete que llevaba el bergantín corrían a Melisa por demandar las albricias; y como Melisa le vio, engañada por el rostro, le juzgó por Julieta recibiéndole con la posible alegría, porque cierto se le representó Julio lo que más amaba su corazón; y así luego le aprieta entre sus brazos, y mil veces le besa en la boca con mucha dulzura, nunca pensando de se satisfacer. Agora pues, podéis vosotros señores, pensar si fue Julio pasado con la misma saeta con que amor hirió a Melisa, y pensad en cuánta beatitud estaba su ánima cuando en este estado se vio. Metióle en una cámara secreta donde estando solos con besos y abrazos muy dulces se tornó de nuevo a satisfacer, y luego le hace traer un vestido suyo muy rico a maravilla que le había labrado para se le dar si viniese a visitarla, o enviársele, y vistióle de nuevo cogiéndole los cabellos con una redecilla de oro; y así todo lo demás del vestido, y atavío le dispuso en toda gentileza y hermosura como más agraciado la pareciese; y la voz que en alguna manera le podía diferenciar trabajó Julio por excusarla todo lo que pudo. Y luego le llevó a la gran sala, donde estaban sus padre y muchas damas y caballería, los cuales todos la recibieron con gran alegría, y todos le miraban a Julio contentos de su belleza, pensando que fuese mujer, y así con semblante amoroso le hacían señas mostrándole desear servir y agradar. Pues siendo ya pasada alguna parte de la noche en grandes fiestas, y después de ser acabada la suntuosa cena y gracioso serao, llevó la infanta Melisa consigo a Julio a dormir; y así siendo despojados de todos sus paños, despidiendo su compañía, quedaron solos en una cama ambos dos y sin luz. Y como Julio se vio solo y en aquel estado con su señora, y que de su habla no tenía testigo le comenzó así a decir: «No os maravilléis, señora mía, si tan presto vuelvo a os visitar, aunque bien creo que pensastes nunca más me ver. Si este día que por mi buenaventura os vi yo pensara poder de vos gozar con placer de ambos a dos, yo me tuviera por el más bienandante caballero del mundo residir para siempre en vuestra presencia. Pero por sentir en vos pena y no os poder satisfacer ni bastar a os consolar determiné de me partir de vos, porque gran pena da al muy sediento la fuente que tiene delante si de ella por ninguna vía puede beber; y podéis, señora, ser muy cierta que no faltaba dolor en mi corazón, porque menos podía yo estar sin vos un hora que vos sin mí, porque de la misma saeta nos hirió Amor a ambos a dos; y así procuré de me partir de vos con deseo de buscar remedio que satisficiese a nuestra llaga y contento, por lo cual, señora, vos sabréis que yo tengo una abuela, la mujer más hadada y más sabia que nunca en el mundo jamás se vio, que la tienen los hombres en nuestra tierra por diosa, o ninfa, tanto es su poder y saber: hace que el Sol, estrellas, cielos y Luna la obedezcan como yo os obedezco a vos; en conclusión, en la tierra, aire y mar hace lo que solo Dios puede hacer. A ésta me fue con lágrimas que movían a gran compasión demandándola piedad, porque cierto si no me remediara fácilmente pensara morir; y ella comovida a lástima de su Julieta díjome que demandase cualquiera don, y yo contándole la causa de mi aflición la demandé que me convirtiese varón por solo gozar de vos y os complacer, y ella con aquella liberalidad que a una nieta tan cercana a la muerte se debía tener, me llevó a un lago donde ella se baña cuando sus artes quiere ejercitar, y allí comenzando a invocar se zapuzó en el lago tres veces y ruciándome el rostro con el agua encantada me vi vuelta en varón, y como tal me conocí quedé muy contento y muy maravillado que criatura tuviese tan soberano poder. Agora pues, señora mía, pues por vuestro contento yo impetré este don veisme aquí sujeto a vuestro mandar: haced de mí lo que os plugiere, pues yo no vine aquí a otra cosa sino por os servir y complacer». Y así acabando Julio de la decir esto hizo que con su mano toque, vea y tiente; y como acontece a alguno que deseando mucho una cosa, cuanto más la desea más desespera de la alcanzar, y si después la halla duda si la posee, y mirándola y palpándola aún no cree que la tiene, así acontece a Melisa: que aunque ve, toca y tienta lo que tanto desea, no lo cree hasta que lo prueba; y así decía: «Si éste es sueño haga Dios que nunca yo despierte». Y así se abrazaron con besos de gran dulzura y amor, y gozándose en gran suavidad, con apacibles juegos pasaron la noche hasta que amaneció. Esta su gloria estuvo secreta más de un mes, y como entre poderosos no se sufre haber secreto entendieron que se les comenzaba a descubrir, por lo cual acordaron de se salir secretamente y venirse en Bravante, por no caer en las manos del rey que con cruel muerte castigara ambos a dos. El cual con mano armada vino a esta tierra por los haber, y porque el duque los defendió hizo tanto daño y mal en esta tierra que...». Como el huésped llegaba aquí dieron a las puertas del mesón golpes con gran furia, y como yo estaba tan deseoso que viniese Arnao arremetí a las puertas por las abrir, y vile que se quería apear. Regocijóseme el alma sin comparación y di gracias a Dios por hacerme tan gran merced. Sentí en Beatriz una tristeza mortal, porque cierto aquella noche esperaba ella hacer anatomía de mi corazón, por ver qué tenía en él. Luego dimos de cenar a Arnao y se acostó con su mujer. Otro día de mañana partimos de allí con mucho regocijo, aunque no mostraba Beatriz tanto contento, pareciéndole a ella que no se le había hecho a su voluntad. En esta manera fuemos continuando nuestras jornadas hasta llegar a París, donde llegados procuró Beatriz proseguir su intención, y así en todos los lugares donde había oportunidad y se podía ofrecer mostraba con todos los sentidos de su cuerpo lo que sentía su corazón; y un día que se ofreció entrar en casa y hallarla sola, como ya no podía disimular la llaga que la atormentaba, encendido su rostro de un vergoncoso color, se determinó descubrir su pecho diciendo padecer por mi amor, que la hiciese tanta gracia que no la dejase más penar, porque no tenía ya fuerzas para más lo encubrir; y yo le respondí: «Señora, Arnao ha sido conmigo tan liberal, que después de haber arriscado en el mar su vida por mí me ha puesto toda su hacienda y casa en poder, y más dispongo yo della que él, y sola tu persona reservó para sí. ¿Cómo podría yo hacer cosa tan nefanda y atroz faltando a mi lealtad?». Y así a muchas veces que me dijo lo mismo le respondí estas palabras. Y una mañana sucedió que vistiéndose Arnao para ir a negociar la dejó en la cama, y sin que ella lo sintiese se entró Arnao en un retrete junto a la cama, a un servidor que estaba a la contina allí, y luego sucedió que entré yo preguntando por Arnao, y como ella me oyó pensando que Arnao era ya salido de casa me mandó con gran importunidad llegar a sí, y como junto a su cama me tuvo apañóme de la capa fuertemente y dijo: «Alberto, échate aquí, no me hagas penar», y yo dejándole la capa en las manos me retiré fuera no lo queriendo hacer; y luego me salí de casa por no esperar mayor mal; y ella como se sintió menospreciada comenzó a llamar a sus criados a grandes voces diciendo que la defendiesen de Alberto que la había querido forzar, y que por muestra de la verdad tenía la capa que le había yo dejado en las manos y que a las voces había yo echado a huir», y añadió: «Llamadme aquí a Arnao porque vea de quién fía su hacienda y mujer». Y a estas sus voces salió Arnao del retrete donde estaba y díjole: «Calla Beatriz, que ya tengo visto que corre él más peligro contigo que tú con él». Y fue tanta la afrenta y confusión que ella recibió de ver que todo lo había visto Arnao que luego allí delante de todos sus criados y gente de su casa súbitamente murió; y como el buen Arnao vio su desdicha, haber perdido tan afrontosamente el amigo y la mujer, acordó lo más disimuladamente que pudo enterrar a ella e irme a mí a buscar; y así de mi peregrinaje y del suyo sabrás en el canto que se seguirá.

Fin del nono canto del gallo

Argumento del décimo canto
En el décimo canto que se sigue el autor prosigue lo mucho que Arnao hizo por cobrar a Alberto después que su mujer se murió, en lo cual mostró bien el valor de su amistad, y cuales todos los amigos deben ser.

Gallo: Despierta, o Micilo, yo te ruego, porque quiero hoy entre los otros días admirar con mi facundia tu humana capacidad, cuando veas por un gallo admirablemente mostrada la grande e incomparable fuerza de la santa y divina amistad. Verás con cuanta racón dijeron los antiguos que en éste solo don y virtud os quiso Dios hacer semejantes a sí; ejemplo admirable nos dio, pues por ésta se hizo él semejante a vos, vistiendo vuestra naturaleza y miserable ser.

Micilo: Prosigue, o generoso gallo, que no tengo yo menos voluntad de te oír que tú de decir, y llámote generoso y bienaventurado, pues en algún tiempo mereciste tener un amigo de tanto valor.

Gallo: Pues sabrás que luego como Arnao enterró su Beatriz se salió de su patria y casa con intención de no volver hasta me hallar; y así le pareció que yo habría ido para los amigos que teníamos en Londres e inglaterra para nuestras mercaderías; y así partió derecho para allá, donde me buscó con gran diligencia. Y dejemos a él que con todo el estudio y trabajo posible me sale a buscar, y quiero te decir de lo que sucedió en mi peregrinación: yo luego que de casa de Arnao salí me fue sin parar momento en la ciudad el más solo, el más miserable y aflito que nunca en el mundo se vio; y acordándome de lo mucho que yo debía a Arnao habiendo puesto la vida por mí, cómo fuese llamado de su mujer y le dijese lo que ella fingió, que yo la había querido forzar, y como ella le muestre la capa que en las manos le dejé, tan bastante indicio de mi culpa, ¿qué dirá?, ¿qué pensará?, ¿qué juzgará?, ¿qué será razón de decir?, dirá luego: «¡o malvado!, ¡o sin fe! esto te merecí yo, o ¿este pago te mereció el peligro en que yo me puse por ti?, ¿en qué entrañas si no fueran de un tigre cupiera tan gran ingratitud? Parece que buscaste la especie de injuria en que más me pudiste lastimar, por mostrar más tu perversa condición»; pues si su nobleza y su gran valor instigado del buen destino que anda siempre unido con el estímulo de la verdad, si esta lumbre de Dios que nunca al virtuoso desamparó que quisiese en ausencia favorecer,

¿qué alegará por mi parte?, ¿qué dirá para me disculpar?; o si yo estuviese presente y por tenerme tan gran afición deseáse oír de mí alguna razón, aunque fuese fingida, ¿qué color le podría yo dar cuanto quiera que fuese verdadera?, ¿o qué fuerza ternía afirmando el contrario su mujer?, ¿qué podrá concluir, sino «vete infiel, ingrato, vilísimo, no parezcas más ante mí»? Y así yo le digo agora que no presuma de mí ser yo de corazón tan de piedra que en mi vida parezca ante él. Y así acabadas estas razones enjugando algún tanto los ojos que iban llenos de lágrimas, que en ninguna manera las podía contener ni agotar, me apresuré al camino. Determiné en mi intención ofrecerme a los peces del mar si me quisiesen comer, o rendirme de mi propia voluntad a cosarios turcos infieles que acabasen mi vida en perpetua mazmorra, o prisión; y así yo me fue con la mayor furia que pude hasta Marsella, donde estaban a punto ciertas galeras, que hacía el rey de Francia de armada para ir por el mar, en las cuales me asenté por sueldo; y como estuvo todo a punto y nos dimos a la vela, no hubimos salido del puerto ocho leguas cuando vimos asomar una grande armada de la cual, aunque luego no alcanzamos a ver más de seis fustas, yéndonos juntando más, vimos hasta diez, y después muchas más, y cuando venimos a reconocer la devisa de la nación hallamos que eran turcos; y como nos vimos tan cercados de nuestros enemigos y que ni podíamos, ni era seguro, ni honroso huir, aunque vimos que era su flota doblada que la nuestra nos determinamos defender; y así estando la una flota a rostro de la otra y en distancia que a un golpe de los remos se podían juntar, levantamos por el aire de ambas las partes tan grande alarido que el tropel de los remos no sonaban con la grita, ni las trompetas podíamos oír ninguno de la pelea; y a este tiempo como los remos hirieron a una las aguas con todas sus fuerzas, ambas las flotas se encontraron con gran furia rostro con rostro, y todos acudimos a la popa por herir cada cual a su enemigo; y así comenzó tan cruda la batalla que los tiros cubrían el aire, y los que caían fuera de las galeras cubrían el agua. Estaban unas con otras tan trabadas que no parecían las aguas, por estar fuertemente aferradas con fuertes gavilanes de hierro y cadenas, de manera que todos podíamos ya pelear a pie quedo como en campo llano. Estábamos tan apretados unos con otros que ni los remos podían aprovechar, estaba el mar cubierto de galeras que ningún tiro hería de lejos; pero cada cual estaba en su galera ahinojado alcanzando a herir al enemigo aun con el espada. Era tanta la mortandad de los unos y de los otros que ya la sangre en el mar hacía espuma y las olas andaban cubiertas de sangre cuajada, y caían tantos cuerpos entre las galeras por el agua que nos hacían apartar, aunque estaban fuertemente aferradas, de manera que nos hacían perder muchos tiros, y muchos cuerpos que caían al agua medio muertos tornaban a sorber su sangre, y apañados entre dos galeras los hacían pedazos, y los tiros que desmentían en vacío de las galeras cuando llegaban al agua herían cuerpos que aún no eran muertos, que con su herida los acababan de matar, porque todo el mar estaba lleno de entrañas de hombres que los recibiesen. Acontecieron allí cosas dignas de oír y de notar, en las cuales se mostraba la fortuna a partes donde quería espantosa y arriscada. Acaeció a una fusta francesa que encendidos en la pelea todos los que estaban en ella se pusieron a un borde dejando del todo vacío el otro lado por donde no había enemigos, y cargando allí el peso se trastornó la fusta tomando debajo todos los que iban dentro, que no tuvieron poder para estender sus brazos para nadar, y así todos perecieron en el mar acorralados en agua cerrada. Sucedió también que yendo nadando un mancebo francés por el mar, que habíamos formado amistad poco había él y yo, se encontraron dos fustas de rostro que cogiéndole en medio no bastaron sus miembros ni huesos, tan molidos fueron, a que no sonasen las fustas ambas una con otra, por quedar él hecho todo menuzos y molido como sal. En otra parte de la batalla se hundió una galera francesa, y viniéndose los della todos nadando a socorrer a otra compañera, con el agonía de escapar de la muerte alcaban los brazos asiéndome a ella para subir, y los de dentro temiendo no se hundiesen todos si aquéllos entraban, los estorbaban que no llegasen, y los miserables con el temor de las aguas, echando mano de lo más alto que podían de la nao, cortábanles desde encima los brazos por medio, y dejándolos ellos colgados de la fusta que habían elegido para socorro caían de sus propias manos, y como iban sin brazos a manera de troncos no se podían más sufrir sobre las aguas, que luego eran sorbidos. Ya toda nuestra gente estaba sin armas, que todos nuestros tiros habíamos arrojado, y como el furor que traíamos nos daba armas, uno toma el remo y revuelve con él a su contrario, y otro toma un pedazo de la galera y no le faltan fuerzas para tirarlo, el otro trastorna los remadores para sacar un banco que poder arrojar. En fin, las fustas que nos sostenían deshacíamos para tener con qué pelear, o con qué nos defender. Aun hasta aquí te he contado el peligro sufridero; pero aun el daño que nos hacía el fuego con ninguna defensa se podía evadir ni huir, porque nos tiraban los turcos hachos empegados con sufre, pez, cera y resina, que arrojaban de si gran fuego vivo, y como llegaban a nuestras fustas luego ellas los recibían y los alimentaban de su misma pez de que estaban nuestros navíos labrados y calafateados; y así las llamas eran tan fuertes y tan vivas que no bastaban las aguas del mar a las vencer y apagar, mas antes iba en pedazos ardiendo la fusta por el mar adelante con todo furor. De manera que los que iban nadando ya no se podían socorrer de las tablas que iban por el mar, porque visto que el fuego vivo que en ellas estaba encendido los abrasaba, escogían antes ahogarse en las crueles hondas, o a lo menos gozar lo que pudiesen de aquella miserable vida con esperanza de poder de alguna manera ser salvos, antes que favorecerse del fuego que luego en llegando a la tabla los abrasaba y consumía. Ya inclinaba a la clara la victoria y nos llevaban a todos de corrida sin poderlos resistir, de manera que nos fue forzado rendirnos, porque ya aún no había quien nos quisiese dar la muerte, porque eran tantos nuestros enemigos que todo su ardid era prendernos sin poder ellos peligrar; y así como nos entraron fuimos todos puestos en prisión. Y dejado lo que de los otros fue, de mí quiero decir que fue puesto en una cadena por el pescuezo con otros diez, y puestas unas esposas a las manos, nos metieron en la susota debajo de cubierta. Estábamos tan juntos unos con otros, y tan apretados que ningún género de ejercicio, humano había lugar de poner en efecto sin nos ofender. En fin, en esta manera volvieron para su tierra con esta presa, y llegados a una gran fuerza de Grecia en la Morea fuimos todos sacados de las galeras y metidos en prisión allí. Con aquella misma disposición de hierros y miseria fuimos lanzados en una honda y horrible mazmorra y cárcel de una húmida y oscura torre, donde cuando entramos fuimos recibidos con gran alarido de otra gran multitud de presos cristianos que de gran tiempo estaban allí. Era aquel lugar de toda miseria, que en breve tiempo se acababan los hombres por la disposición del lugar, porque demás de otros daños grandes que tenía era grande su humidad, porque estaban en dos o tres lugares dél manaderos de agua para el servicio de la fuerza. Teníamos el cuerpo echado en la tierra, los pies metidos en una viga que cabían cincuenta personas, y el cuello en la cadena, y ningún ejercicio humano se había de hacer sino en el mismo lugar, de manera que solo el inficionado olor que en aquella cárcel salía era de tanta corrupción que no había juicio que en breve tiempo no le bastase corromper, sino al mío, que huía la muerte de mí. Ni yo nunca padecí en ningún tiempo muerte que no fuese de mejor suerte que aquella vil y miserable vida que allí pasé. No teníamos otra recreación, sino sacarnos en algunos tiempos alguna cantidad de nosotros a trabajar en los edificios y reparos de los muros y fuerzas de la ciudad, y así salíamos cargados de hierros; siendo nuestro más principal mantenimiento solo pan de cebada o centeno; y aun plugiera a Dios que dello alguna vez nos pudiéramos remediar. Esto quiero que notes: que a la contina los maestros de las obras escogían los mejores y más dispuestos trabajadores, de manera que convenía esforzarnos en la mayor flaqueza nuestra a trabajar más que lo sufrían nuestras fuerzas, por gozar de aquella miserable recreación. En fin, comprábamos con nuestros serviles trabajos aquella cautiva libertad de algún día que al trabajo nos querían elegir. En esta vida, o por mejor decir muerte, pasé dos años, que del infierno no había otra diferencia sino la perpetuidad. Aquí había una sola esperanza de salud, y era que cuando se aparejaba armada, escogía el capitán entre nosotros los de mejor disposición para el remo, y aquéllos salían que él señalaba; desnudos y aherrojados a un banco los ponían un remo en la mano y los avisaban que remasen con cuidado, si no con un pulpo o anguilla que traía en la mano el capitán de la galera los ceñía por todo el cuerpo que los hacía despertar al trabajo. Ésta era la más cierta ventura en que nos podíamos libertar, porque yendo aquí el suceso de la batalla era de nuestro bien o mal ocasión; y así sucedió que por mandado del gran turco aparejó una gran flota Barbarroja para correr la Calabria y el reino de Sicilia, y quisieron los mis hados que fuese yo elegido con otros cristianos cautivos para un remo, donde fue puesto en aquella disposición que los otros; y así pasando el mar Adriático salió de Génova Andrea Doria, capitán de las galeras del Emperador, con gran pujanza de armada, y dio en la flota turca con tan gran ardid que en breve tiempo la desbarató echando a lo hondo cuatro galeras, y prendió dos, en la una de las cuales venía yo; y el cosario Barbarroja se acogió con algunas que le pudieron seguir. Pues sucedió que luego nos metieron con la presa en el puerto de Génova, y como se publicó la victoria por la ciudad todos cuantos en la ciudad había acudieron al agua a nos ver. Agora oye, Micilo, y verás cómo a lo que Dios ordena no podemos huir.

Micilo: Dichoso gallo, di, que muy atento te estoy.

Gallo: Pues como ya te dije, Arnao había corrido a Londres y toda Inglaterra, Brabante, Flandes, Florencia, Sena, Venecia, Roma, Milán y todo el reino de Nápoles, y Lombardía, buscándome con la diligencia y trabajo posible; y no me habiendo hallado en dos años pasados vino a Génova por ver si podría haber alguna nueva de mí, y así sucedió llegar al puerto por ver desembarcar la gente del armada, donde entre la otra gente alcanzó a me ver y conocer de lo cual no recibió poca alegría su corazón, y habiendo concebido que por causa del temor y empacho que dél yo ternía por ningunos regalos ni palabras se podría apoderar de mí, ni yo me confiaría dél, mas que en viéndole echaría yo a huir, por tanto pensó lo que debía de hacer para cobrar el amigo tan deseado; y así con este aviso lo más diligentemente que pudo se fue al gobernador y justicia de la ciudad, haciéndole saber que en aquella gente que venía en las galeras tomadas a Barbarroja había conocido a un hombre que había adulterado con su mujer; y demandóle que le pusiese en prisiones hasta que del hecho y verdad diese bastante información, y fuese castigado el adulterio conforme a justicia y satisfecha su honra; y estando así, que el capitán me quería libertar, llegó la justicia muy acompañada de gente armada por me prender, y como llegó con aquel tropel, ruido y armas que se suele acompañar, apañaron con gran furia de mí diciendo: «Sed preso», y yo respondí: «¿Por qué?». Ellos me respondieron: «Allá os lo dirá el juez». Entonces me pareció que no estaba cansada mi triste ventura de me tentar, pero que comenzaba desde aquí de nuevo a me perseguir. Comenzóse a murmurar de entre la gente que acompañaba a la justicia que yo iba preso por adúltero. decían todos cuantos lo sabían movidos de piedad: «¡O cuánto te fuera mejor que hubieras muerto a manos de turcos, antes que ser traído a poder de tus enemigos! ¡O soberano Dios, que no queda pecado sin castigo!». Y cuando yo esto oía Dios sabe lo que mi ánima sentía, pero quiérote decir que aunque siempre tuve confianza que la verdad no podía

141

faltar, yo quisiera ser mil veces muerto antes que venir a los ojos de Arnao. Ni sabía cómo me defender, antes determiné dejarme condenar porque él satisfaciese su honra, teniendo por bien empleada la vida, pues por él la tenía yo; y así decía yo hablando comigo: «¡O si condenado por el juez fuese yo depositado en manos del burrea que me cortase la cabeza sin yo ver a Arnao!». Con esto me pusieron en una muy horrible cárcel que tenía la ciudad, en un lugar muy fuerte y muy escondido que había para los malhechores que por inormes delitos eran condenados a muerte, y allí me cargaron de hierros teniéndolo yo todo por consolación. Todos me miraban con los ojos y me señalaban con el dedo habiendo de mí piedad, y aunque ellos tenían necesidad della, mi miseria les hacía olvidarse de sí. En esto pasé aquella noche con lo que había pasado del día hasta que vino la mañana siguiente, y llegó la hora que el gobernador y justicia vino a visitar y proveer en los delitos de la cárcel, y así en una gran sala sentado en un soberbio estrado y teatro de gran majestad, delante de gran multitud de gente que a demandar justicia allí se juntó, el gobernador por la importunidad de Arnao mandó que me trajesen delante de sí; y luego fueron dos porteros en cuyas manos me depositó el alcaide por mandado del juez, y con una gruesa cadena me presentaron en la gran sala. Tenía yo de empacho hincados los ojos en tierra que no los osaba alcar por no mirar a Arnao, de lo cual todos cuantos presentes estaban juzgaban estar culpado del delito que mi contrario y acusador me imponía. Y así mandando el gobernador a Arnao que propusiese la acusación, así comenzó: «¡O bienaventurado monarca por cuya rectitud y equidad es mantenida de justicia y paz esta tan illustre y resplandeciente república, y no sin gran conocimiento y agradecimiento de todos los súbditos!, por lo cual sabiendo yo esto en dos años pasados que busco en Inglaterra, Brabante, Flandes y por toda la Italia a este mi delincuente, me tengo por dichoso por hallarle debajo de tu señoría y juridicción, confiando por solo tu prudentísimo juicio ser restituido en mi honra y satisfecho de mi justicia y voluntad. Y porque no es razón que te dé pesadumbre con muchas palabras, ni impida a otros el juicio, te hago saber que éste que aquí ves que se llama Alberto de Clef». Y hablando comigo el juez me dijo: «¿Vos hermano, llamáis os así?»; y yo respondí: «El mismo soy yo». Volvió Arnao y dijo:

«¡Él es, oh justísimo monarca!, él es, y ninguna cosa de las que yo dijere puede negar. Pues éste es un hombre el más ingrato y olvidado del bien que nunca en el mundo nació, por lo cual solamente le pongo demanda de ser ingrato por acusación, y pido le des el castigo que merece su ingratitud, y por más le convencer pasa así, que aunque las buenas obras no se deben referir del ánimo liberal, porque sepas que no encarezco su deuda sin gran razón, digo que yo le amé del más firme y constante amor que jamás un hombre a otro amó; y porque veas que digo la verdad sabrás que un día por cierto negocio que nos convenía partimos ambos de Francia para ir en Inglaterra, y entrando en el mar nos sobrevino una tempestad, la más horrenda y atroz que a navegantes sucedió en el mar. En fin, con la alteración de las olas y soberbia de los cielos nos pareció a todos que era vuelto el diluvio de Noé; cayó él en el agua por desgracia e indisposición, y procurando cada cual por su propia salud y remedio, en la más oscura y espantosa noche que nunca se vio, me eché al agua, y peleando con las invencibles olas le traje al puerto de salud. Sucede después desto que tengo yo una mujer moza y hermosa (que nunca la hubiera de tener, porque no me fuera tan mala ocasión), y está enamorada de Alberto como yo lo soy, que della no es de maravillar, pues yo le amo más que a mí; y ella persiguiéndole por sus amores la responde él que en ninguna manera puede ofender en la fe a Arnao, y siendo por ella muchas veces requerido vino a las manos con él queriéndole forzar; y pasa así que una mañana yo me levanté dejándola a ella en la cama, y por limpiar mi cuerpo me lancé a un retrete sin me ver ella. De manera que ella pensó que yo era salido de casa a negociar, y sucedió entrar por allí Alberto por saber de mí, y ella asegurada que no la viera yo le hizo con importunidad llegar a la cama donde estaba, y tomándole fuertemente por la capa le dijo: "Duerme comigo que muero por ti"; y Alberto respondió: "Todas las cosas de su casa y hacienda fío de mí Arnao, y sola a ti reservó para sí, por tanto señora, no puedo hacer esa tu voluntad", y él luego se fue que hasta hoy no pareció; y como ella se sintió menospreciada y que se iba Alberto huyendo dejando la capa en las manos, comenzó a dar grandes voces llamándome a mí porque viese yo de quién solía yo confiar, y como del retrete salí, y conoció que de todo había sido yo testigo, de empacho y afrenta enmudeció, y súbitamente de ahí a pequeño rato murió; y como tengo hecha bastante experiencia de quién me tengo de fiar, pues mucho más le debo yo a él que él a mí sin comparación, pues si yo le guardé a él la vida, él a mí la honra que es mucho más, agora, justísimo monarca, yo te demando que me condenes por su deudor y obligado a que perpetuamente le haya yo a él de servir, que yo me constituyo por su perpetuo deudor; y si dijere que por haberle yo dado la vida en la tempestad me hace gracia de la libertad, a lo menos necesítale a que por ese mismo respeto me tenga en la vida compañía, pues por su causa perdí la de mi mujer.» Y diciendo esto Arnao calló esperando la sentencia del juez. Pues como yo entendí por la proposición de Arnao que había estado presente a lo que con su Beatriz pasé, y que no tenía necesidad de me disculpar, porque esto era lo que más lastimado y encogido tenía mi corazón hasta aquí, luego alcé mi cabeza y lancé mis ojos en Arnao, y con ellos le agradecí el reconocimiento que tenía de mi fidelidad, y aguardé con mucha humildad y mansedumbre la sentencia del juez, esperando que sobre el seguro que yo tenía de Arnao, y con el que él había mostrado de mí, ningún daño me podía suceder; y así todos cuantos alrededor estaban se alegraron mucho cuando oyeron a Arnao y entendieron dél su buena intención, y que no pretendía en su acusación sino asegurarme para nuestra amistad y que fuese confirmada y corroborada por sentencia de juez; y así todos con gran rumor encarecían unos con otros la amistad y fe de Arnao y se ofrecían por mí que no apelaría de ningún mandado del juez, pues me era notorio el seguro de mi amigo Arnao; y haciendo callar el gobernador la gente se volvió, para mí y me dijo: «Di tú, Alberto, ¿qué dices a esto que contra ti se propone?, ¿es verdad?»; respondí yo: «Señor, todo cuanto Arnao ha dicho todo es conforme a verdad, y no había otra cosa que yo pudiese alegar para en defensa de mi persona si alguna culpa se me pudiera imponer, sino lo que Arnao ha propuesto, porque hasta agora no padecía yo otra confusión sino no saber cómo le pudiera yo persuadir la verdad, lo cual de hoy más no tengo por qué trabajar, pues Arnao estuvo presente a lo que pasé con su mujer. Por lo cual tú, señor, puedes agora mandar, que a mí no me resta sino obedecer». Luego dijo el juez: «Por cierto yo estoy maravillado de tan admirable amistad, en tanta manera que me parece que podéis quedar por ejemplo de buenos amigos para los siglos venideros; y así, pues estáis conformes y ciertos ser en vosotros una sola y firme voluntad, justa cosa es según mi parecer que sea puesto Alberto en su libertad, y mando por mi sentencia que le sea dado por compañero perpetuo de Arnao en premio de su santo y único amor». Y así me fueron luego quitados los hierros y me vino Arnao a abrazar dando gracias a Dios, pues me había podido haber, con protestación de nunca me desamparar, y así nos fuimos juntos a París perseverando siempre en nuestra amistad mientras la vida nos duró.

Micilo: Por cierto, gallo, admirable amigo te fue Arnao cuando te libró del mar pospuesto el gran peligro a que las soberbias hondas amenazaban, pero mucho mayor sin comparación me parece haberlo tú sido a él, cuando ofrecida la oportunidad de gocar de su graciosa mujer, por guardarle su honra con tanto peligro de tu vida la huiste, porque no hay animal tan indignado y arriscado como la mujer si es menospreciada cuando de su voluntad ofrece al varón su apetito y deleite, y así convierte todo su amor en verdadero odio deseando mil muertes al que antes amó como a sí, como hizo la mujer de Putifar a Joseph.

Gallo: Ciertamente no tenéis agora entre vosotros semejantes amigos en el mundo, porque agora no hay quien tenga fe ni lealtad con otro sino por grande interese propio y aun con éste se esfuerza hasta el peligro, el cual como se ofrece vuelve las espaldas; ya no hay de quién se pueda fiar la vida, mujer, honra, hacienda ni cosa que importe mucho menos.

Micilo: No hay amigos sino para los placeres, convites, juegos, burlas, donaires y vicios. Pero si se os ofrece una necesidad antes burlarán de vos, y os injuriarán que os sacarán della. Como me contaban este día pasado de un Durango hombre muy agudo e industrioso, que en la universidad de Alcalá había hecho una burla a un Jerónimo su compañero de cámara, que se fió dél ofreciéndose de le sacar de una afrenta y metióle en mayor; y fue que siendo ambos compañeros de cámara y letras, sucedió que un día vinieron a visitar a Jerónimo unos parientes suyos de su tierra, y fue a tiempo que el pobre mancebo no tenía dineros como acontece muchas veces a los estudiantes, principalmente si son pasados algunos días que no les vino el recuero que les suele traer la provisión; y porque los quisiera convidar en su posada estaba el más afrontado y triste hombre del mundo. Y como Durango su compañero le preguntó la causa de su aflicción como doliéndose della, él comenzó a consolar y a esforzar prometiéndole el remedio, y así le dijo: no te aflijas, Jerónimo, por eso, antes ve esta noche al mesón y convídalos que vengan mañana a comer contigo, que yo proveeré de los dineros necesarios entre mis amigos; y el buen Jerónimo confiándose de la palabra de su compañero hizo lo que le mandó; y así los huéspedes aceptaron, y el día siguiente se levantó Durango sin algún cuidado de lo prometido a Jerónimo y se fue a su lección y no volvió a la posada hasta mediodía, donde halló renegando a Jerónimo por el descuido que había tenido; y el otro no respondió otra cosa sino que no había podido hallar dineros entre todos sus amigos, que él había hecho todo su poder; y estando ellos en esta porfía llamaron a la puerta los convidados, de lo cual recibió Jerónimo gran turbación buscando dónde poder huir aquella afrenta; y luego acudió Durango por dar conclusión a la burla por entero, diciéndole que se lanzase debajo de una cama que estaba allí, y que él los despediría lo mejor que pudiese cumpliendo con su honra; y así con la turbación que Jerónimo tenía le obedeció; y los huéspedes subieron preguntando por Jerónimo, a los cuales Durango respondió: «Señores, él deseó mucho convidaros a comer, aunque no tenía dineros, pensando hallarlos en sus amigos, y habiéndolos buscado, como no los halló, de pura vergüenza se ha lanzado debajo de esta cama por no os ver». Y así diciendo esto se llegó para la cama alcando la ropa que colgaba y le comenzó a importunar con grandes voces a Jerónimo que saliese, y el pobre salió con la mayor afrenta que nunca hombre recibió, lleno de pajas, flueco, heno y pluma y tierra, y como fuese la risa de todos tan grande, quiso de afrenta matar a Durango si no le huyera; por lo cual los huéspedes le llevaron consigo a su mesón y enviaron luego por de comer para todos, y trabajaron por le sosegar cuanto pudieron.

Gallo: Desos amigos hay el día de hoy, que antes mofarán y burlarán de vos en vuestra necesidad que procurarán remediarla.

Micilo: Por cierto, tú dices verdad, que en estos tiempos no hay mejores amigos entre nosotros que éstos, mas antes muy peores. Agora te ruego me digas, ¿en qué sucediste después?

Gallo: Después te hago saber que vine a nacer en la ciudad de México de una india natural de la tierra, en la cual me engendró un soldado de la compañía de Cortés, marqués del Valle, y luego en naciendo me sucedió morir.

Micilo: Desdichado fueste en luego padecer la muerte; y también por no gozar de los tesoros y riquezas que vienen de allá.

Gallo: O Micilo, ¡cuán engañado estás! De contraria opinión fueron los griegos, que fueron tenidos por los más sabios de aquellos tiempos que decían que era mucho mejor, o nunca nacer, o en naciendo morir; yo no sé porque te aplace más el vivir, principalmente una vida tan miserable como la que tienes tú.

Micilo: Yo no digo que es miseria el morir sino por el dolor y pena grande que la muerte da; y así tengo lástima de ti porque tantas veces padeciste este terrible dolor; y así deseaba mucho saber de ti por ser tan experimentado en el morir en qué está su terribilidad; querría que me dijeses: ¿qué hay en la muerte que temer?, ¿qué cosa es?, ¿en qué está?, ¿quién la siente?, ¿qué es en ella lo que da dolor?

Gallo: Mira, Micilo, que en muchas cosas te engañas, y en ésta mucho más.

Micilo: Pues, ¿qué dices?, ¿que la muerte no da dolor?

Gallo: Eso mismo digo: lo cual si atento estás fácilmente te lo probaré; y porque es venido el día déjalo para el canto que se siguirá.

Fin del décimo canto del gallo

Argumento del onceno canto del gallo
En el onzeno canto que se sigue el autor, imitando a Luciano en el libro que intituló De luctu, habla de la superfluidad y vanidad que entre los cristianos se usa en la muerte, entierro y sepultura. Descríbese el entierro del marqués del Gasto, capitán general del Emperador en la Italia; cosa de muy de notar.

Micilo: Ya estoy, gallo, a punto aguardando para te oír lo que me prometiste en el canto pasado, por tanto comienza tú a decir, y yo a trabajar, y confía de mi atención.

Gallo: Por cierto no tengo yo, Micilo, menos voluntad de te complacer que tú de oír; y así, porque tengamos tiempo para todo, vengamos a lo que me demandaste ayer, que me pediste te dijese como hombre experimentado algo de la muerte, pues por experiencia tanto puedo yo decir; y así ante todas cosas quiero que tengas por averiguado esta conclusión: que en la muerte no hay qué temer.

Micilo: Pues, ¿por qué la huyen todos?

Gallo: Porque toda cosa criada se desea conservar, y así procura resistir su corrución.

Micilo: ¿Qué no hay dolor en la muerte?

Gallo: No en verdad. Quiero que lo veas claro, y para esto quiero que sepas que no es otra cosa muerte sino apartamiento del ánima y cuerpo, el cual se hace en un breve punto, que es como solemos decir, en un abrir y cerrar de ojo. Aún es mucho menos lo que los filósofos llaman instante, lo cual tú no puedes entender. Esto presupuesto quiero te preguntar: ¿cuándo piensas que la muerte puede dar dolor?, no dirás que le da antes que el alma se aparte del cuerpo, porque entonces la muerte no es, y lo que no es no puede dar dolor; pues tampoco creo que dirás que la muerte da dolor después de apartada el alma del cuerpo, porque entonces no hay sujeto que pueda el dolor sentir, porque entonces el cuerpo muerto no puede sentir dolor, ni el alma apartada tiene ya por qué se doler; pues muy menos dirás que en aquel punto que se aparta el alma del cuerpo se causa el gran dolor, porque en un breve punto no se puede causar tan terrible dolor, ni se puede mucho sentir, ni mucho puede penar; cuanto más que esto que digo que es muerte no es otra cosa sino carecer del alma que es la vida, y carecer (que los filósofos llaman privación) no es cosa que tiene ser, es nada: pues lo que nada es y no tiene ser, ¿cómo puede causar dolor? Así que claro está si bien quieres mirar, que la muerte no tiene qué temer, pues solo se había de temer el dolor, el cual ves que no hay quien le pueda entonces causar; y así de mí te se decir, como aquel que habla bien por experiencia, que nunca la muerte me dio dolor, ni nunca la sentí. Pero con todo esto quiero que notes que hay dos maneras de muerte: una es violenta, que estando sano y bueno el hombre, por fuerza o caso, o por violencia se la dan, como si por justicia degollasen, o ahorcasen un hombre; desta tal muerte bien se podrá decir que el que la padece sienta algún dolor, porque como el paciente está sano y tenga todos los sentidos sanos y enteros es así que al pasar del cuchillo por la garganta, o al apretar la soga en aquel punto que sale el alma por causa de la herida se le dé pena, y no cualquiera pena, pero la mayor que en esta vida un hombre pueda padecer y sentir, pues es tan grande que le basta matar. Pero hay otra manera de muerte que llamamos natural, la cual viene al hombre por alguna larga enfermedad e indisposició, o por la última vejez; ésta tal ciertamente no da dolor, porque como el enfermo se va llegando a la muerte vánsele sucesivamente entorpeciendo los sentidos y mortificándosele todos, de manera que cuando viene a salírsele el alma ya no hay sentido que pueda sentir la partida si algún dolor pudiese causar, que de otra manera, ¿quién duda sino que el hombre haría al tiempo del morir gestos, meneos y visajes en que mostrase naturaleza que le diese alguna pena y dolor la muerte? Mas antes has de creer por verdad, que así como en las cosas que os pertenecen y convienen de parte de vuestra naturaleza no se recibe ninguna pena ni trabajo al tiempo que las efectuáis, mas antes todos los animales nos holgarnos y nos place ponerlas en obra y ejercicio, porque naturaleza nos dio potencias y órganos e instrumentos con que sin pesadumbre alguna las pudiésemos ejercitar, pues desta misma manera como la muerte nos sea a todos natural, quiero decir, que nos conviene de parte de nuestra naturaleza (porque todos los hombres y animales nacieron con naturaleza obligada a morir, no se les puede excusar), así debes de presumir, y aun creer, que la muerte natural no solamente no causa dolor, pero aun consuela y recibe el alma gran placer en se libertar y salir desta cárcel del cuerpo e ir a vivir mejor vida; porque en la verdad este morir no es acabar sino pasar desta vida a otra mejor, y de aquí viene a los hombres todo su mal y dolor al tiempo del morir, por carecer de fe con que deben creer que esto es verdad; porque aquellos verdaderos mártires bienaventurados que en tanto regocijo se ofrecían a la muerte, de dónde piensas que les venía sino que tenían por más cierto lo que creían por fe de los bienes que Dios les promete, que los tormentos y muerte que vían presentes aparejados para padecer, que no hay cosa más fácil que el morir, ni cosa de más risa que veros hacer de la muerte caudal, principalmente siendo cristianos que habíades de demandarla, y venida, tomarla con gran placer.

Micilo: Por cierto mucho me has consolado, gallo, con las verdades que me has persuadido; y tanto que estoy muy esforzado para cuando a Dios plugiere de me llevar desta vida, pues voy a vivir para siempre jamás.

Gallo: Pues si esto es así, ¿qué cosa es que vosotros siendo cristianos, hagáis tanta cuenta al tiempo de vuestra muerte, de acumular y juntar todas vuestras honras para allí? Aún ya cuando estáis sanos y con salud, que os procuréis honrar no es gran maravilla, porque estáis en el mundo y hacéis lo que de presente se goza dél, pero al tiempo de la muerte, la rica sepultura y la pompa funeral, tanto luto, tanta cera, tanto clérigo, tanta cruz, tanto tañer de campanas con tanta solenidad; tanto acompañamiento de tanto noble, guardado el tiempo y lugar que cada cual ha de llevar, con aquella pausa, orden, paso y gravedad como si os llevasen a bodas, pues todo esto, ¿qué es sino memoria y honra mundana?: que vean grandes aparatos, y lean grandes rótulos: «Aquí yace sepultado, etc.», que si vos sois más rico que otro y teníades mejor casa, bien consiento que tengáis mejor sepultura, pero que gastéis en vuestra muerte grandes aparatos y hagáis rica sepultura diciendo que es obra muy santa y muy cristiana, desengañaos, que mentís, que antes es cosa de gentilidad, que con sus estatuas querían dejar memoria eterna; hacéis gran honra a vuestro cuerpo en la muerte viendo que peligra el alma de vuestro prójimo por probreza en la vida. Por Dios, Micilo, que estoy espantado de ver las necedades y bobedades que los hombres tenéis y usáis en este caso, que no puedo sino haberos lástima, porque he yo visto muchas veces reírse destas cosas mucho los ángeles y Dios. ¡O si vieras en el año de 1546 cuando enterraron al marqués del Gasto, capitán general del Emperador de la Italia! (porque un lunes, 11 días del mes de abril que murió, me hallé yo en Milán), ¡cuán de veras te rieras allí!, estaban los santos del cielo que de risa querían reventar.

Micilo: Hazme agora tanto placer que pues te hallaste allí me cuentes algo de lo que pasó.

Gallo: Témome Micilo, que no acabaremos hoy, porque dejada la braveza de lo que en el testamento de su excelencia se podía decir de reír, menos te podrás contener en lo que toca a la pompa funeral, que no cabrá en diez pliegos de papel.

Micilo: Ruégote mucho que me digas algo de lo que pasó en entierro, porque en lo del testamento no te quiero fatigar.

Gallo: Yo te quiero complacer. En el nombre de Dios murió su excelencia el domingo ya casi a la noche, y luego con la diligencia posible se dispuso lo necesario que tocaba al aparato y lutos, que no quedó en toda la ciudad oficial, ni en gran parte de la comarca, que supiese de sastrería, o de labrar cera, o carpentería que no tuviese mucho en qué entender toda aquella noche del domingo y el lunes adelante hasta la hora de las dos que el cuerpo de su excelencia salió del palacio para la iglesia mayor. Primeramente iban delante la clerecía, quinientos niños de dos en dos, vestidos de luto con capirotes en las cabezas, cada uno con una hacha encendida en la mano, de cera blanca, con las armas de su excelencia cosidas en los pechos.

Micilo: ¡Cuánto mejor fuera que aquella limosna de vestido y hacha fuera secreta y cosida entre Dios y el corazón de su excelencia, y el mochacho se quedara en casa, tuviera en aquella hacha aquel día y otros cuatro que comer!

Gallo: Después destos iban ciento y diez cruces grandes de madera, con cinco velas en cada una hincadas en unos clavos que estaban en las cruces como se acostumbra en Milán en semejantes pompas funerales.

Micilo: Debían de llevar tantas cruces porque el diablo si viene por el muerto más huye de muchas que de una.

Gallo: Seguía luego a las cruces el reverendo cabildo de la iglesia mayor y toda la clerecía con cruces de plata, y todas las parrochias con todos sus capellanes, clérigos, frailes y monjes de todas órdenes y religiones, cada uno en su grado, con hachas de cera blanca en las manos, encendidas, de dos en dos que eran mil y seiscientos. A la clerecía seguía la guarda de caballos ligeros de su excelencia, a pie, con lobas de luto y capirotes en las cabezas, cada uno con su lanza negra y una veleta de tafetán negro en cada una, con el hierro en la mano, arrastrando las lanzas por tierra, con dos trompetas que iban delante con lobas de luto y capirotes en las cabezas. Estos trompetas iban a pie con las trompetas echadas en las espaldas, con banderas negras con las armas de su excelencia.

Micilo: Éstos bastarán defenderle el cuerpo si todos los diablos del infierno vinieran.

Gallo: Bastaran si todos fueran españoles. Después iba la casa de su excelencia con hasta cuatrocientas personas con lobas y capirotes en las cabezas, cada uno en su grado; después iba la guarda de soldados alemanes, llevaba cada uno un manto hasta tierra de luto, con collares encrespados, y las alabardas negras echadas al hombro, y con gorras grandes negras a la alemana.

Micilo: Agora digo más de veras que le bastaran defender, aunque viniera Lucifer por capitán.

Gallo: Tras éstos venían seis atambores con los mismos mantos como los alemanes, y caperucas a la española, de luto: cubiertos los atambores de velos negros puestos a las espaldas; después destos iban dos pajes a pie, vestidos de terciopelo negro, con las gorras caídas sobre las espaldas: el de la mano derecha llevaba una celada cubierta de brocado rico de tres altos en la mano, y el otro llevaba una pica negra al hombro, caída sobre las espaldas. Cerca destos venían dos capitanes a pie con lobas de luto con faldas muy largas rastrando y capirotes en las cabezas: el de la mano derecha llevaba una bandera de infantería, de tafetán amarillo con las armas imperiales; y el otro llevaba un estandarte negro con las armas de su excelencia doradas: y en el campo una cruz colorada a la borgoñona; éstos llevaban arrastrándolos por tierra, que significaba el cargo que primero había tenido de su majestad de general de infantería. Cerca destos iba una persona muy honrada con una gran loba de luto y capirote en la cabeza, en una mula guarnecida de luto hasta tierra, llevaba una vara negra en la mano, como mayordomo mayor de su excelencia. Después deste venían seis trompetas a caballo vestidos de negro, con sus trompetas a las espaldas y banderas de tafetán negro con las armas de su excelencia. Tras éstos iba un rey de armas borgoñón a caballo con loba y capirote, y encima una sobre vista dorada con las armas imperiales, el cual había sido enviado de su majestad el mismo día que falleció su excelencia, con cartas, a darle cuenta de los nuevos caballeros del Tusón. A éste seguían cinco caballeros honrados con lobas de luto y capirotes en las cabezas a caballo, cubiertos los caballos de paño negro hasta tierra, que no se veían sino los ojos, los cuales llevaban los estandartes siguientes caídos sobre las espaldas rastrando por tierra: el primero era un estandarte colorado con las armas de su excelencia, puestas en una asta negra; el segundo era de la misma color, pintada nuestra Señora con el Niño en los brazos, y la Luna debajo de sus pies (éste era señal de guión de gente de armas); el tercero estandarte era blanco pintado dentro el escudo de las armas del duque de Milán, con un águila que abrazaba el escudo, en señal del gobierno del estado de Milán; el cuarto llevaba una bandera cuadrada pequeña, que es el guión que su excelencia llevaba delante como general; y en el campo blanco della pintado un mundo con los elementos apartados, y de la una parte nuestra Señora pintada con su Hijo en los brazos, y de la otra parte el ángel San Rafael y Tobías con un letrero que decía: «Sit sita vigent»; el quinto llevaba un estandarte amarillo con el águila y armas imperiales, echado sobre las espaldas, que es la insinia de capitán general del ejército de su majestad. Después destos iban ocho pajes vestidos de terciopelo negro hasta tierra que no se veían sino los ojos: el primero llevaba una espada dorada con vaina de brocado rico de tres altos sobre el hombro, por señal que cuando el Emperador entró en Nápoles venía delante dél el Marqués como gran camarlengo a quien toca aquella ciremonia y preminencia; el segundo llevaba un escudo en el brazo izquierdo con las armas de su excelencia de relieves dorados en campo negro; el tercero llevaba una lanza negra en la mano derecha caída sobre la espalda con su yerro muy polido; el cuarto llevaba un almete puesto en un bastón negro cubierto de brocado rico de tres altos en la mano derecha; el quinto llevaba un estoque dorado con su vaina de brocado rico de tres altos caído sobre la espalda derecha, y unas espuelas doradas vestidas en el brazo derecho guarnecidas del mismo brocado; el sesto llevaba un bastón dorado en la mano caído sobre el hombro, pintadas las armas imperiales en señal del cargo primero de general de la infantería; el séptimo llevaba otro bastón dorado con las armas del ducado de Milán abrazados con el águila imperial, en señal del gobierno del estado de Milán; el octavo y último llevaba un bastón cubierto de brocado rico de tres altos, en señal de capitán general de Italia. Seguía luego un mozo de espuelas con una loba de luto hasta tierra con capirote en la cabeza, el cual llevaba de diestro un caballo guarnido de terciopelo negro con estribos, freno y clavazón plateada, y sobre la silla una reata de terciopelo negro, y junto al caballo doce mozos de espuelas con lobas de luto rastrando y capirotes en las cabezas, y el caballerizo detrás. Venía después el cuerpo de su excelencia puesto sobre unas grandes andas, hechas a manera de una gran cama cubierta de brocado de plata de dos altos que colgaba cerca de un brazo de cada lado de las andas; del brocado estaba pendiente una gran banda de terciopelo carmesí de la que colgaba un friso, o guarnición de tafetán doble carmesí con las armas de su excelencia doradas. Esta cama, o andas, llevaban doce caballeros vestidos con lobas de luto y capirotes en las cabezas, y porque el trecho es casi de una milla del monasterio a la iglesia mayor se iban mudando. El cuerpo de su excelencia iba vestido con una túnica o veste de raso blanco hasta en pies, ceñida, y encima de la túnica un manto de grana colorada con unas vueltas aforradas de veros alcado sobre los brazos; en la cabeza llevaba una barreta ducal aforrada en los mismos veros, con un friso y corona de príncipe; llevaba al cuello el collar rico del Tusón, y al lado una espada dorada con su vaina de brocado rico de tres altos. Este hábito es según la orden del oficio del gran camarlengo del reino de Nápoles que su excelencia tenía y ha gran tiempo que está en su illustrísima casa. Llevaba por cabecera una almohada de terciopelo carmesí guarnecida de plata, y a la mano derecha sobre la cama o andas llevaba la rosa sagrada de oro que la santidad del papa Paulo le envió el año de 1539 por gran don y público favor, que es un árbol de oro con veintidós rosas.

Micilo: ¿Supiste qué virtud tenía esa rosa sagrada?, ¿por qué la llevaba al lado en el entierro?, ¿si era alguna indulgencia que su Santidad le envió para que no pudiese ir al infierno aunque muriese en pecado mortal?

Gallo: Eso se me olvidó de preguntar. Cerca de las dichas andas iban veinte y cinco gentiles hombres muy honrados de su casa con lobas y capirotes en la cabeza, y unas hachas grandes de cera negra en las manos con las armas de su excelencia. Después iba el señor marqués de Pescara, primogénito de su excelencia, con los señores don Íñigo y don Cesáreo de Ávalos sus hermanos, y el señor príncipe de Salmona, y el señor don Álvaro de Luna, hijo del señor castellano de Milán, a quien el señor marqués sustituyó en los cargos que en este estado de Italia tenía, por ser la persona más principal que aquí se halla; él, por estar enfermo, envió al señor don Álvaro su hijo en su lugar; iban allí los comisarios generales de su majestad, y los gobernadores y alcaldes del estado, y los embajadores de los potentados de Italia que aquí se hallaron, y otros príncipes y señores que vinieron a honrar en enterramiento; iban allí los señores del senado y magistrado, y los feudatarios del estado, marqueses, condes y caballeros, capitanes y gentiles hombres, todos con sus lobas de luto rastrando y capirotes en las espaldas. Toda la iglesia mayor estaba entoldada alrededor de paño negro con las armas de su excelencia, y sobre los paños hachas blancas de cera muy juntas. Después, en medio del cimborrio de la iglesia, antes de entrar en el coro, estaba hecho un grandísimo cadahalso o monumento, mayor y más hermoso y de mayor artificio que jamás se hizo a ningún príncipe en estas partes, todo pintado de negro, el cual tenía encima una pirámide llena de velones y hachas de cera blanca, y encima de cada lado o haz del cadahalso había ocho escudos grandes con las armas de su excelencia, donde fue puesto su cuerpo como venía en las andas o lecho en que fue traído. Sobre el cual había un dosel muy grande de terciopelo negro. Alrededor del cadahalso había infinitas hachas, y en medio de la iglesia había ocho grandes candeleros, que en España llaman blandones, hechos a manera de vasos antiguos, eran de madera, negros, llenos de hachas pendientes de lo alto de la iglesia iguales; estos candeleros con las otras hachas estaban en rededor de toda la iglesia. Delande del cadahalso estaba hecho un tálamo alto de tierra dos brazos, y en ancho setenta brazos; de todas partes desde el cadahalso hasta el altar mayor estaban asentados en derredor todos los señores principales que acompañaron el funeral hasta ser acabados los oficios; y todo el tálamo era cubierto de paño negro, así lo alto como lo bajo, donde estaban asentados todos aquellos señores. El retablo del altar mayor estaba todo cubierto de terciopelo negro con su frontal, con doce hachas muy grandes, y así mismo los otros altares privados que son muchos, con su cera conveniente. Dime, Micilo, qué juzgas desta honra.

Micilo: Paréceme que el mundo le dio toda la honra que le pudo dar, y que aunque en la vida le honró bien, en la muerte le acumuló juntas todas las honras, así por los blasones de sus ditados e insignias que allí iban, como por la compañía y gasto que en su muerte se le hizo.

Gallo: El día siguiente se celebró misa solene en el altar mayor y los oficios por el ánima, y en medio de la misa se dijo una muy elegante oración en loor de su excelencia, a la cual estuvieron presentes todos los señores sobredichos que fueron para este auto convidados, hasta que se acabaron todos los oficios; y en los altares y capillas que había en la iglesia se dijeron hasta cuatrocientas misas rezadas.

Micilo: ¿No hubo ahí alguna misa del altar de San Sebastián de la Caridad de Valladolid que le sacara del purgatorio?

Gallo: Un sacerdote envió allí el pontífice con todo su poder para le sacar.

Micilo: ¿Pues esa no bastó?

Gallo: Sí bastó; pero todas las otras misas se dijeron por majestad, las cuales aprovecharon a todas las ánimas del purgatorio por limosna de su excelencia. Las hachas que se gastaron en acompañar el cuerpo y en las honras del día siguiente llegaron a cinco mil.

Micilo: Por cierto, con tantas hachas bien acertara un hombre a media noche a ir al cielo si las obras le ayudaron.

Gallo: En verdad te digo que sin perjudicar a ningún príncipe y capitán general y gobernador de los pasados, no se acuerda ninguno de los que viven, ni se halla en ningún libro, haberse hecho en Milán ni en el mundo obsequias más honradas, concertadas y suntuosas.

Micilo: Mucho deseo tengo de saber si con esto fue al cielo su excelencia.

Gallo: Pues, ¡cuerpo de mi vida!, ¿no había de ir al cielo? Buena honra le habían hecho todas las glorias del mundo si le hubieran solo pagado con las de acá. Allá le vi yo en el cielo cuando allá subí. La gente que de la ciudad y comarca vino y pareció por las calles a la entrada del cuerpo, y que esperaba en la iglesia pasaron de dos cientas mil personas, las cuales mostraban infinito sentimiento y dolor.

Micilo: Bien se puede eso presumir, aunque era común opinión ser hombre cruel, y que así mató muchos capitanes, alférez y gentiles hombres haciéndoles degollar.

Gallo: Todo esto y cuanto en ese caso hizo fue con justicia y por razón, porque muchas veces por el cargo que tenía convenía que se hiciese así por excusar motines en el campo de su majestad. Todo esto ha venido a propósito de tratar al principio de vuestra vanidad de que usáis en vuestros entierros, que por ninguna cosa queréis caer en la cuenta, y cesar de tan gran yerro, cuanto quiera que os lo dicen cuantos cuerdos han escrito en la antigüedad y modernos. No vi mayor desvarío que por llevar vuestro cuerpo en las andas honrado hasta la sepultura dejéis a vuestro hijo desheredado y necesitado y a los pobres desnudos y hambrientos en las camas. Gran locura es estar el cuerpo hediendo en la sepultura un estado debajo de tierra, hecho manjar de gusanos, y estar muy ufano por tener acuestas una lancha que pesa cinquenta quintales dorada por encima; o estar encerrados en ricas capillas con rejas muy fuertes, como locos atados aun en la muerte. Gran confusión es de los cristianos aquella palabra de verdadera religión que dijo Sócrates filósofo gentil; siendo preguntado de sus amigos cuando bebía el veneno en la cárcel dónde quería que le enterrasen, respondió: «Echad este cuerpo en el campo», y diciéndole que le comerían las aves, respondió: «Ponedle un palo en la mano para ojearlas», y diciéndole que siendo muerto no podría ojearlas respondió: «Pues menos sentiré si me comieren; donde quiere que quisiéredes me podéis enterrar, que no hay cosa más fácil ni en que menos vaya que en el sepulcro».

Micilo: Por cierto, gallo, tú tienes mucha razón en cuanto dices, porque en este caso demasiadamente son dados los hombres a la vana aparencia y ambición y pompa de fuera sin hacer cuenta de lo del alma, que es de lo que se debe hacer más caudal.

Gallo: Pues cuán de veras dirías eso, Micilo, si hubieses subido al cielo y descendido al infierno como yo, y hubieses visto la mofa y risa que pasan los santos allá viendo el engaño en que están los mundanos acá acerca desta pompa de su morir y enterrar, y si vieses el pesar que tienen los condenados en el infierno por la vanidad de que se arrean en su morir. ¡O qué te podría en este caso contar!

Micilo: O mi celestial gallo, si pudiese yo tanto acerca de ti que me quisieses por narración comunicar esa tu bienaventuranza de que gozaste siendo Ícaro Menipo, y contarme lo mucho que viste allá; si esto impetrase de ti, profiérome de quedar yo hoy sin comer por darte doblada ración.

Gallo: No puedo, Micilo, dejar de te complacer en cuanto me quisieres mandar, y así te quiero decir cosas que los hombres nunca vieron ni oyeron hasta hoy. Tienes necesidad de nueva atención, porque hasta agora has oído cosas de mí que tú las puedes haber visto y experimentado como yo, pero hablar del cielo, y de los ángeles, y del mismo Dios no es capaz hombre mortal para le comprehender mientras está aquí, sin muy particular previllegio de Dios. Y porque la jornada es grande y tengo flaca memoria déjame recolegir, que si tu gusto está dispuesto como requiere la materia de que hemos de tratar, yo me profiero de hacerte bienaventurado hoy, de aquella bienaventuranza de que se goza por el oír. Y pues el día parece ser venido aparéjate en tu tienda que mañana oirás lo demás.

Fin del onceno canto del gallo

Argumento del duodécimo canto del gallo
En el duodécimo canto que sigue el autor imitando a Luciano en el diálogo que intituló Ícaro Menipo, finge subir al cielo y describe lo mucho que vio allá.

Gallo: Ayer te prometí, Micilo, de tratar hoy materia no cualquiera ni vulgar, pero la más alta y más incumbrada que humano ingenio puede concebir, no de la tierra ni de las cosas bajas y soeces de por acá, mas de aquellas que por su extrañeza el juicio humano no las basta comprehender. Tengo de cantar hoy cómo siendo Ícaro Menipo subí al cielo morada y habitación propia de Dios; hoy tienes necesidad de nuevo entendimiento y nueva atención, porque te tengo hoy de decir cosas que ni nunca las vieron ojos, ni orejas las oyeron, ni ententendimiento humano pudo nunca caber lo que tiene allá Dios aparejado para los que le desean servir. Despierta bien: rompe esos ojos del alma y mírame acá, que quiero decir las cosas maravillosas que en el cielo vi, oí, hablé y miré; la estancia, asiento, lugar de los santos y de Dios. decirte he la disposición, movimiento, camino, distancia que tienen los cielos, estrellas, nubes, Luna y Sol entre sí allá, las cuales si oídas no creyeres, esto solo me será gloria a mí, y señal de mi mayor felicidad, pues por mis ojos vi, y con todos mis sentidos gusté cosas tan altas que a todos los hombres causan admiración, y pasan a lo que pueden creer.

Micilo: Yo te ruego, mi gallo, que hoy con íntimo afecto te esfuerces a me complacer, porque me tienes suspenso de lo que has de hablar, que aun si te place dejaré el oficio por mostrarte la atención que te tengo, pues con los ojos tenía los sentidos y entendimiento todo en ti. Especie me parecería ser de infidelidad si un hombre tan bajo y tan suez como yo no creyese a un hombre celestial y divino como tú.

Gallo: No quiero, Micilo, que dejes de trabajar, no demos ocasión a morir de hambre, pues todo se puede hacer, principalmente cuando de ti tengo entendido que cuelgas con tus orejas de mi lengua, como hicieron los franceses de la lengua de Hércules Ogomio admirable orador. Agora, pues, óyeme y sabrás que como yo considerase en el mundo con gran cuidado todas las cosas que hay entre los mortales, y hallase ser todas dignas de risa, bajas y perecederas: las riquezas, los imperios, los oficios de república y mandos; menospreciando todo esto, con gran deseo me esforcé a emplear mi entendimiento y afición en aquellas cosas que de su cogeta son buenas a la verdad; y así codicié pasar destas cosas tenebrosas y oscuras, y volar hasta la naturaleza y criador de todas, y a este deseo me movió y encendió más la consideración deste que los filósofos llaman mundo, porque nunca pude en esta vida hallar de qué manera fuese hecho, ni quién le hizo, dónde tuvo principio y fin. Después desto cuando en particular le decendía a le contemplar mucho más me causaba admiración y duda, cuando vía las estrellas ser arrojadas con gran furia por el cielo ir huyendo. También deseaba saber qué cosa fuese el Sol, y sobre todo deseaba conocer los acidentes de la Luna, porque me parecían cosas increíbles y maravillosas, y pensaba que algún gran secreto que no se podía declarar causaba en ella tanta mudanza de especies, formas y figuras: aquella braveza con que el rayo sale con aquel resplandor, tronido espantoso y rompimiento de nube, y el agua, la nieve, el granico enviado de lo alto. Parecíanme ser todas estas cosas difíciles al entendimiento, en tanta manera que por ninguna fuerza de nuestra naturaleza se podían por algún hombre comprehender acá. Pero con todo esto quise saber qué era lo que destas cosas los nuestros filósofos sentían, porque oía decir a todos que ellos enseñaban toda la verdad. También recibía gran confusión considerando aquella sublimidas y alteza de los cielos, principalmente del empíreo y de su perpetuidad, el trono de Dios, el asiento de los santos, y la manera de su premiar y beatificación, el orden que hay en la muchedumbre de todos los coros angelicales. Pues primero quise sujetarme a la disciplina destos nuestros maestros, los cuales no poco están hinchados y presuntuosos con estos títulos, diciendo que enhastiados de las cosas de la tierra volan a alcanzar la alteza de las cosas celestiales, lo cual no sería en ellos poco de estimar si ello fuese así. Pero cuando en aquellas comunes academias entré y miré todos los que en la manera de disputa y lección mostraban enseñar, entre todos vi el hábito y rostro muy particular en algunos, que sin preguntar lo conocieras haberse levantado con el título de celestiales, porque todos los otros, aunque platicaban profesión de saber, debajo de un universal bautismo y fe traían un vestido no diferente del común; pero estos otros mostraban ser de una particular religión, por estar vestidos de un hábito y traje particular, y aun entre ellos diferían en el color, y aunque en su presunción, arrogancia, ostentación, desdén y sobrecejo mostrasen ser los que yo buscaba, quise preguntar por me satisfacer, y así me llegué a uno de aquellos que a aprender concurrían allí, y a lo que le pregunté me respondió señalándomelos con el dedo: «Éstos son maestros de la filosofía y teología natural y celestial». Y así con el deseo que llevaba de saber, con gran obediencia me deposité a su disciplina, proponiendo de no salir de su escuela hasta que hubiese satisfecho a mi duda y confusión. ¡O Dios inmortal qué martirio pasé allí!, que comenzando por uno de aquellos maestros según el orden que ellos tenían entre sí, a cabo de un año que me tenía quebrada la cabeza con solo difinir términos categoremáticos y sincategoremáticos, análogos, absolutos y conotativos, solo me hallé en un laberinto de confusión. Quise adelante ver si en el otro habría algo más que gustar, y en todo un año nunca se acabó de enseñar una demostración, ni nunca colegí cosa que pudiese entender. Consolábame pensando que el tiempo, aunque no el arte, me traería a estado y preceptor que sin pérdida de más edad me llegaría a mi fin; y así entré ya a oír los principios de la filosofía natural; y esto solo te quiero hacer saber, que a cabo de muchos días solo me faltaba ser libre de aquella necedad e ignorancia con que vine allí, porque fueron tantas las opiniones y diversidad de no sé qué princicios de naturaleza: insecables átomos, inumerables formas, diversidad de materias, ideas primeras y segundas intenciones, tantas cuestiones de vacuo e infinito, que cuando más allí estaba más me enboscaba en el laberinto de confusión; y esto solo entre todas las otras cosas no podía sufrir, que como en ninguna cosa entre sí ellos conveniesen, mas antes en todo se contradecían, y contra todo cuanto afirmaban argüían; pero con todo esto me mandaban que los creyese decir la verdad, y cada uno dellos me forzaba persuadir y atraer con su razón.

Micilo: Cosa maravillosa me cuentas, que siendo esos hombres tan santos y religiosos y de conciencia no sacasen en breve la suma de sus ciencias, y solo aquello enseñasen que no se pudiese contradecir; o a lo menos que se enseñase lo que en suma tuviese más verdad, dejados aparte tantos argumentos y cuestiones tan impertinentes al propósito de lo que se pretende saber.

Gallo: Pues en verdad mucho más te reirías, Micilo, si los vieses con la arrogancia y confianza que hablan, no tratando cosa de verdad, ni que aun tenga en sí sustancia ni ser; porque como quiera que ellos huellan esta tierra que nosotros hollamos, que en esto ninguna ventaja nos llevan, ni en el sentido del viso son más perspicaces que nosotros, mas antes hay muchos dellos que casi están ciegos y torpes por la vejez, y con todo esto afirman ver y conocer los términos del cielo, y se atreven a medir el Sol, y determinar la naturaleza de la Luna y todo lo que sobre ella está, y como si hubieran decendido de las mismas estrellas señalan su figura y grandeza de cada cual; y ellos, que puede ser que no sepan cuántas leguas hay de Valladolid a Cabezón, determinan la distancia que hay de cielo a cielo, y cuántos codos hay del cielo de la Luna al del Sol, y así difinen la altura del aire, y la redondez de la tierra, y la profundidad del mar; y para estas sus vanidades pintan no sé qué círculos, triángulos y cuadrángulos, y hacen unas figuras de esferas con las cuales sueñan medir el ámbitu y magnitud del cielo; y lo que es peor y mayor señal de presunción y arrogancia, que hablando de cosas tan inciertas como éstas, y que tan lejos están de la averiguación, no hablan palabra ni la proponen debajo de conjeturas, ni de maneras de decir que muestren dudar, pero con tanta certidumbre lo afirman y vocean que no dan lugar a que otro alguno lo pueda disputar ni contradecir. Pues si tratamos de lo alto del cielo tanto se atreven los teólogos desde tiempo a difinir las cosas reservadas al pecho de Dios como si cada día sobre el gobierno del mundo universal comunicasen con él; pues de la disposición y orden de allá ninguna cosa dicen que no quieren que sea averiguada conclusión, o oráculo que de su mano escribió Dios como las tablas que dio a Moisén. Pues como yo no pudiese de la dotrina destos colegir algo que me sacase de mi ignorancia, mas antes sus opiniones y variedades más me confundían, dime a pensar qué medio habría para satisfacer a mi deseo, porque cierto de cada día más me atormentaban. Como suele acontecer al natural del hombre, que si alguna cosa se le antoja y en el alma le encaja, cuanto más le privan della más el apetito le solicita, principalmente porque se me encajó en el alma que no podía alcanzar satisfación de mi deseo acá en el mundo si no subía al cielo y a la comunicación de los bienaventurados, y aunque en este pensamiento me reía de mí, el gran cuidado me mostró la vía como me sucedió, porque viéndome mi genio (digo el ángel de mi guarda) en tanto aflito, comovido por piedad y también por se gloriar entre todos los otros genios haber impetrado de Dios este privillejio para su clientulo, así se fue a los pies de su Majestad con gran importunidad diciendo que no se levantaría de allí hasta que le otorgase un don; le pidió licencia para me poder subir a los cielos y pudiese gozar de todo lo que hay allá, y como el mi genio era muy privado suyo se lo concedió, con tal que fuese en un breve término que no me quedase allá; y así venido a mí, como me halló en aquella agonía casi fuera de mi juicio, sin ejercitar ningún sentido su oficio me arrebató y voló comigo por los aires arriba. ¡O soberano Dios!, ¿por dónde comenzaré, Micilo, lo mucho que se me ofrece que decir? Quiero que ante todas cosas sepas que desde el punto que mi buen genio de la tierra me desapegó y comenzamos por los aires a subir, fue dotado de una agilidad, de una ligereza con que fácilmente y sin sentir pesadumbre volaba por donde quería sin que alguna cosa, ni elemento, ni cielo me lo estorbase; fue con esto dotado de una perspicacidad y agudeza de entendimiento y habilidad de sentidos que juzgaba estar todos en su perfección, porque cuanto quiera que muy alto subíamos no dejaba de ver y oír todas las cosas tan en particular como si estuviera en aquella distancia que acá en el mundo estos sentidos acostumbran a sentir.

Micilo: Pues yo te ruego agora, gallo, porque más bienaventurada y apacible me sea tu narración, me cuentes en particular lo que espero de ti saber, y es que no sientas molestia en me notar aquellos secretos que procediendo en tu peregrinación de la tierra, del mar, de los aires, cielos, Luna y Sol y de los otros elementos, pudiste entender y de lo alto especular.

Gallo: Por cierto, Micilo, bien me dices, por lo cual tú yendo comigo con atención, si de algo me descuidare despertarme has, porque ninguna cosa reservaré para mí por te complacer. Penetramos todos los aires y esfera del fuego sin alguna lisión, y no paramos hasta el cielo de la Luna que es el cielo primero y más inferior, donde me asenté y comencé de allí a mirar y contemplar todas las cosas; y lo primero que miré fue la tierra que me pareció muy pequeña y muy menor sin comparación que la Luna. Miréla muy en particular y holgué mucho en ver sus tres partes principales: Europa, Asia y África. La braveza del mar, los deleitosos jardines, huertas, florestas, y las fuentes y caudalosos ríos que la riegan, con sus apacibles riberas, aquellas altas y bravas montañas y graciosos valles que la dan tanto deleite.

Micilo: Dime, gallo, ¿cómo llaman los filósofos a la tierra redonda, pues vemos por la experiencia ser gibosa y por muchas partes prolongada por la muchedumbre de montañas que en ella hay?

Gallo: No dudes, Micilo, ser redonda la tierra considerada según su total y natural condición, puesto caso que en algunas partes esté alterada con montañas y bagíos de valles, porque esto no la quita su redondez natural; y así considera el proveimiento del sumo Hacedor que la fundó para el provecho de los hombres, que viendo haber en diversas partes diversos naturales y disposiciones de yerbas, raíces y árboles necesarios para la conservación de los hombres para cuyo fin los crió, dispuso las montañas altas para que allí con el demasiado calor y sequedad se críe un género de árboles y frutas que no nacerían en los valles hondos y sombríos; e hizo los valles porque nasciesen allí otros géneros de frutas, mieses y pastos por causa de la humedad, los cuales no nacerían en lo alto de la montaña. Arriba en la montaña, en unas hay grandes mineros de metales, maderas preciosas y especias odoríferas; yerbas saludables; y en otras fortísimas bestias y otros animales de admirable fiereza. Abajo en el valle nacen los panes, pastos abundantes y graciosos para los ganados, y los vinos muy preciados, y otras muy graciosas, frutas y arboledas. Ves aquí cómo todo lo dispuso Dios conforme a la utilidad del universo, como quien Él es. Ésta quiso que fuese inmóvil como centro y medio del universal mundo que crió; e hizo que elementos y cielos revoluyesen en torno della para la disponer mejor. Y después que en estas sus partes contemplé la tierra, decendí más en particular a mirar la vida de los mortales, y no solo en común, pero de particulares naciones y ciudades, escitas, árabes, persas, indos, medos, partos, griegos, germanos, italos e hispanos; y después descendí a sus costumbres, leyes y viviendas. Miré las ocupaciones de todos, de los que navegan, de los que van a la guerra, de los que labran los campos, de los que litigan en las audiencias forales, de las mujeres, y de todas las fieras y animales, y finalmente de todo lo que está sobre la tierra; y no solamente alcancé a ver lo que hacen en público, pero aun vía muy claro lo que cada cual haría en secreto: vía los muy vedados y peligrosos adulterios que se hacían en cámaras y retretes de príncipes y señores del mundo; los hurtos, homicidios, sacrilegios, incendios, traiciones, robos y engaños que entre hermanos y amigos pasaban, de los cuales si te hubiese decir en particular no habría lugar para los que tengo en intención; las ligas, los monipodios, pasiones por propios intereses; las usuras, cambios y tráfagos de mercaderes y merchanes trapazos de ferias y mercados.

Micilo: Gran placer me harías, gallo, si me dijeses algo de lo mucho que viéndolo te deleitó.

Gallo: Es imposible que tantas cosas te cuente, porque aun en mirar tanta variedad y muchedumbre causaba confusión. Parecía aquello que cuenta Homero del escudo encantado de Achiles, en el cual parecía la diversidad de las cosas del mundo, en una parte parecía hacerse bodas, en otra pleitos y juicios, en otra los templos y los que sacrifican, en otra las batallas, y en otra placeres y fiestas, y en otra los lloros de los difuntos. Pues piensa agora si de presente viésemos pasar todo lo que aquí digo qué cosa habría semejante a esta confusión, no parecía otra cosa, sino como si juntases agora aquí con poderoso mando todos cuantos músicos de cuantos instrumentos y voces hay en el mundo, juntamente con cuantos saben de bailar y danzar; y en un punto mandases que juntos todos comenzasen su ejercicio, y cada cual trabajase por tañer y cantar aquella canción que más en su juicio estimase, procurando con su voz, e instrumento sobrepujar al que tiene más cerca de sí. Piensa agora por mi amor, Micilo, qué donosa sería esta bailía y música si también los danzantes comenzasen hacer su bailía.

Micilo: Por cierto, en todo extremo sería confusa y digna de risa.

Gallo: Pues tal es la vida de los hombres sin orden ni concierto entre sí. Cada uno piensa, trata, habla y se ejercita según su condición particular y parecer, mientras en el teatro deste mundo dura la representación desta farsa; y después de acabada (que se acaba con la muerte) todas las cosas vuelven en silencio y quietud; y todos desnudos de sus disfraces que se vistieron para esta representación quedan iguales y semejantes entre sí, porque acabó la comedia, que mientras estuvieron en el teatro todo cuanto representaron era burla y risa; y lo que más me movía a escarnio era ver los grandes ánimos de príncipes y reyes contender entre sí y poner en campo grandes ejércitos, y aventurar al peligro de muerte gran multitud de gentes por una pequeña provincia, o por un reino, o por una ciudad; que hay diez y seis estrellas en el cielo, sin otras muchas que hay de admirable cantidad, que cada una dellas es ciento y siete veces mayor que toda la tierra; y toda junta la tierra es tan pequeña que si la mirasen de acá abajo fija en el cielo no la verían, y escarnecerían de sí mismos viendo por tan poca cosa cómo entre sí contienden; y lo que más de llorar es, el poco cuidado y arrisco que ponen por ganar aquel reino celestial, un reino tan grande que a un solo punto del cielo corresponden diez mil leguas de la tierra. No me parecía todo el reino de Navarra un paso de un hombre pequeño, Alemaña no un pie, pues en toda la isla de Inglaterra y en toda Francia no parecía que había que arar un par de bueyes un día entero; así miraba qué era lo que tanto hace ensoberbecer a estos ricos del mundo, y maravillábame porque ninguno posee tanta tierra como un pequeño átomo de los que los filósofos epicúreos imaginan, que es la cosa más pequeña que el hombre puede ver. Pues cuando volví los ojos a la Italia y eché de ver la ciudad de Milán, que no es tan grande como una lenteja, consideré con lágrimas por cuán poca cosa tanto príncipe y tanto cristiano cómo en un día se puso a riesgo. ¿Pues qué diré de Túnez y de Argel?, ¿pues qué aún de toda la Turquía?, pues toda la India de la Nueva España y Perú, y lo que nuevamente hasta salir al mar del Sur se navega no parece ser de dos dedos. ¿Pues qué si trato de las minas del oro y plata y metales que hay en el universo?, por cierto todas ellas desde el cielo no tienen cuerpo de una hormiga.

Micilo: O bienaventurado tú, gallo, que de tan dichosa vista gozaste. Pero dime, ¿qué te parecía desde lo alto la muchedumbre de los hombres que andaban en las ciudades?

Gallo: Parecían una gran multitud de hormigas que tienen la cueva junto a unos campos de mieses, que todas andan en revuelta y círculo, salir y entrar en la cueva, y las que más se fatigan con toda su diligencia traen un grano de mijo, o cada una medio grano de trigo, y con esta pobreza está cada cual muy ufana, soberbia y contenta. Semejantes son los trabajos de los hombres puestos en común revuelta y círculo en audiencias, en ferias, en debates y pleitos: nunca tener sosiego, y en fin todo es por un pobre y miserable mantenimiento. Como todo esto hube bien considerado dije a mi genio que me llevase adelante, porque ya no me sufría más, anhelaba por entrar en el cielo empíreo y ver a Dios; y así mi guía me tomó y subimos pasando por el cielo de Mercurio al de Venus, y de allí pasamos la casa del Sol hasta la de Mars, y de allí subimos al cielo de Júpiter, y después fuemos al de Saturno, y al firmamento y cielo cristalino, y luego entramos en el cielo empíreo, casa real de Dios.

Micilo: Antes que pasemos adelante, gallo, querría que me dijeses: estos elementos, cielos, estrellas, Luna y Sol ¿de qué naturaleza, de qué masa son?, ¿de qué materia son aquellos cuerpos en sí, que lo deseo mucho saber?

Gallo: Esa es la mayor bobedad que vuestros filósofos tienen acá, que dicen que todos esos cuerpos celestiales son compuestos de materia y forma, como es cada uno de nos, y dicen muchos dellos que son animados, lo cual es desvariar, por que no tienen materia ni composición. En suma, sabrás que todos ellos, los elementos puros, cielos, estrellas, Luna y Sol, no son otra cosa sino unos cuerpos simples que Dios tiene formados con su infinito saber, por instrumentos de la administración y gobierno deste mundo inferior para el cumplimiento de su necesidad. Éstos no tienen composición ni admistión en sí, ni hay materia que se revuelva con ellos estando en su perfección; y así te hago saber que los elementos simples y puros no los podéis los hombres usar, tratar, ni comunicar si no os los dan con alguna admistión: el agua simple y pura no la podríades beber si no os la mezclase naturaleza con otro elemento para que la podáis palpar y gustar, y así se ha de entender del fuego, aire y tierra, que si no estuviesen mezclados entre sí no los podríamos comunicar. Pues así como el puro elemento no tiene materia ni composición en sí, menos la tienen los cielos, estrellas, planetas, Luna y Sol. Tuvo necesidad el mundo de luz en el día, y para esto formó Dios el Sol; tuvo necesidad de luz en la noche, y para esto formó Luna y estrellas; tuvo necesidad de ayuda para la común nacencia y generación de las cosas y conservación, y para esto dio Dios a los planetas, Luna y Sol y otras estrellas y cielos virtud que en lo inferior puedan influir para esta necesidad. Y pasando por la región de Eolo, rey de los vientos, vimos una gran multitud de almas colgadas por los cabellos en el aire atadas las manos atrás, y muchos cuervos, grajos y milanos que vivas las comían los corazones; y entre todas estaba con muy notable dolor una que con gran furia y crueldad la comían el corazón y entrañas dos muy poderosos y hambrientos buitres, y pregunté a mi genio qué gente era aquélla, el cual me respondió que eran los ingratos que habían cumplido con sus amigos con el viento de palabras, pagándoles con engaño y muerte al tiempo de la necesidad; y yo le importuné me dijese quién fuese aquella desdichada de alma que con tanto afán padecía entre todas las otras, y él me respondió que era Andrónico, hijo del rey de Hungría, el cual entre todos los hombres del mundo fue más ingrato a la belleza de Drusila, hija del rey de Macedonia; y yo rogándole mucho que me dijese en qué especie de ingratitud ofendió, se sentó por me complacer y así comenzó: «Tú sabrás que el rey de Albania y Morea hizo gran ejército contra el rey de Lidia por cierta diferencia que entre ellos había sobre unas islas, que habían juntos conquistado en el mar Egeo; y por tener el rey de Hungría antigua liga y debida amistad con el rey de Albania, le envió su hijo Andrónico con algún ejército que le favoreciese, que tenía ya su real asentado en la Lidia; y un día, casi al puesto del Sol, saliendo Andrónico del puerto de Macedonia en una galera ligera para hacer su jornada, porque ya adelante había enviado al rey su gente, yendo ya a salir del puerto casi a mar alta vio que andaba por el mar un bergantín, ricamente entoldado con la cubierta de un requemado sembrado de mucha pedrería que daba gran resplandor a los que andaban por el mar; y como Andrónico fue avisado del bergantín mandó a los que iban al remo que se acercasen a él, y yéndose más acercando reconocieron más su riqueza, e ir damas de alta guisa allí; y así Andrónico como al bergantín llegó, por gozar de la presa mandó aferrar, y luego saltó en él, y con muy gallardo y cortés semblante se representó ante las damas, y cuando entre ellas vio a la linda Drusila que en el mundo no tenía par, que por fama tenía ya noticia della, y supo que se era salida por allí a solazar con sus damas sin caballero alguno, se le humilló con gran reverencia ofreciéndosele por su prisionero; y como él era mancebo y gentil hombre, y supo ser hijo del rey de Hungría, que por las armas era caballero de gran nombradía, ella se le rindió quedando concertados ambos que acabada aquella batalla donde iba volvería a su servicio, y se trataría con su padre el matrimonio que agora por palabras y muestra de voluntad delante de aquellas damas otorgaron entre sí, confiando la doncella que su padre holgaría de lo que ella hubiese hecho, porque en el extremo la deseaba complacer; y así dándose paz con algún sentimiento de sus corazones se apartaron, y siguiendo Andrónico su jornada, ella se volvió a su ciudad. Luego el día siguiente vinieron a Macedonia los más valerosos y principales del reino de Tracia, enviados por su rey, que estaban en un confín y comarcanos, los cuales venían a demandar al rey de Macedonia su hija Drusila por mujer para el hijo de su rey y señor; y lo que sucedió, porque ya creo que estás cansado de me oír, y es venido el día, en el canto que se sigue te lo diré. Por agora abre la tienda y comienza a vender».

Fin del duodécimo canto del gallo

Argumento del decimotercio canto del gallo
En el decimotercio canto que se sigue el autor prosiguiendo la subida del cielo describe la pena que se da a los ingratos.

Gallo: O malaventurados ingratos, aborrecidos de Dios que es suma gratitud, ved el pago que Dios y el mundo os da. Pues ayer te decía, Micilo, cómo Drusila no había acabado de dar su fe y palabra de matrimonio a Andrónico, cuando la demandó Raimundo, hijo del rey de Tracia, por mujer; pues agora sabrás que ni codicia de más señorío y reinos, ni de más riquezas, ni de más poder, la pervertió a que negase lo prometido a su amante, mas antes de cada día penaba más por él y le parecía haber mucho más errado y ser digna de tan gran pena por haberle dejado ir; y con esta firmeza e intención respondió a su padre descubriéndole el matrimonio hecho, al cual no podía faltar, y como el padre la amaba tanto despidió los embajadores diciendo que al presente no había oportunidad para el efecto de su petición; y como el soberbio rey de Tracia se vio así menospreciado, por ser el más poderoso rey que había en toda la Europa y por ser su hijo Raimundo muy agraciado príncipe y único heredero, y de todas las princesas deseado por marido, pero por la gran ventaja y valor de la hermosura de Drusila la demandó a su padre por mujer, y cuanto más se la negaron más él se aficionó a ella; y así propuso con gran ira de la conquistar por armas, de tal suerte que cuando ella no pudiese ser vencida a lo menos perdiese el reino y necesitarla hacerlo por fuerza, aunque no con intención de afrontar ni injuriar su valerosa persona; y así luego se lanzó en el reino de Macedonia con grande ejército quemando, talando y destruyendo todo el estado; y la desdichada Drusila cuando vio a su padre y hermanos con tanta aflicción, llorando maldecía su triste hado que a tal estado la había traído, y no saber con qué más cumplir con ellos que con rogarles la quitasen la vida, pues ella era la ocasión y causa de aquella tempestad, y por muchas veces se determinó a se la quitar ella a sí misma, sino que temía el estado miserable de la desesperación, y hacer pesar a su querido y amado Andrónico, porque confiaba dél que la amaba; y así sucedió que en una batalla campal que les dio Raimundo, por la gran pujanza de esfuerzo y ejército los venció y mató al rey de Macedonia y dos hijos suyos, de lo cual la desdichada Drusila se sintió muy afligida y le fue forzado huir del enemigo y su furia y recogerse en un castillo que era en el fin de su reino en los confines de Albania, que no tenía ya más que perder; y allí muy cubierta de luto y miseria esperaba lo que della Raimundo quisiese hacer, teniendo por mejor y más fácil perder su vida, pues ya le estimaba por muerte, antes que perder al su Andrónico la fe; y estando así desconsolada, huérfana y sola sin algún socorro, vino nueva al reino de Albania que el rey de Lidia había vencido en batalla a su rey, y tenía preso a Andrónico, hijo del rey de Hungría; y como Drusila tenía toda su esperanza en el fin de aquella batalla, pensando que como della saliese victorioso el rey de Albania vernía con Andrónico en su favor y que ambos bastarían para la restituir en su reino, como ya se vio la mísera sin alguna esperanza de remedio no hacía sino llorar, fatigándose amargamente, maldiciendo su suerte desdichada, no sabiendo a quién se acorrer. No tuvo la cuitada otra cosa de qué asir para el entretenimiento de su consolación sino considerar la causa tan bastante que tenía porque llorar, que le sería ocasión de morir, y así de acabar su dolor; y como Raimundo la importunaba acortándola de cada día más los términos de su determinación, ya como mujer aburrida, teniendo por cierto que ningún suceso podría venir que peor fuese que venir en manos de Raimundo siendo vivo su Andrónico, determinó ir por el mundo a buscar alguna manera como le libertar o morir en prisión con él; y así se vistió de los vestidos de uno de sus hermanos, y cortándose los cabellos redondos al uso de los varones de la tierra, se armó del arnés y sobre veste de su hermano sin ser sentida, ni comunicándolo con alguna persona, y un día antes que amaneciese se salió del castillo sin ser sentida de las guardas de fuera, porque a las de dentro ella las ocupó aquella noche como no la pudiesen sentir; y así con la mayor furia que pudo caminó para el puerto, donde halló una galera ligera que estaba de partida para la Lidia, en la cual se fletó pagando el conveniente salario al piloto, y con mucha bonanza y buen temporal, hizo su viaje hasta llegar al puerto de su deseado fin. Consolábase la desdichada en hollar la tierra que tenía en prisión todo su bien; y cuando llegó a la gran ciudad donde residía el rey teníase por muy contenta cuando vía aquellas torres altas en que pensaba estar secrestado su amor, y así a la más alta y más fuerte le decía: «O la más bienaventurada estancia que en la tierra hay, ¿quién te hizo tan dichosa que merecieses ser caja y bujeta en que estuviese guardado el precioso joyel que adorna y conserva mi corazón?, ¿quién te hizo bote en que encerrase conserva tan cordial?, ¡o si los hados me convirtiesen agora en piedra de tan feliz edeficio, porque a mi contento gozase de mi deseado bien!». Y diciendo estas y semejantes lástimas, llorando de sus ojos se entró en la ciudad y fuese derecha al palacio y casa del rey; y apeada de su caballo se entró a la sala real, donde hallando al rey, puesta de rodillas ante él, le habló así: «Muy alto y muy poderoso señor, a la vuestra alteza plega saber cómo yo soy hijo del rey de Polonia; y deseo ejercitarme en las armas para merecer ser colocado en la nombradía de caballero me ha hecho salir de mi tierra, y teniendo noticia que tan aventajadamente se platican las armas en vuestra corte soy venido a os servir, de manera que si mis obras fueren de caballero, ofrecida la oportunidad, terneme por dichoso tomar la orden de caballería de tan valeroso príncipe como vos; y si en vuestro servicio me recibís me haréis, señor, muy gran merced». Estaban delante la reina y su hija Sofrosina que era dama de gran beldad, y el hijo del rey, y como vieron a Drusila tan hermoso y apuesto doncel a todos contentó en extremo, y les plació su ofrecimiento, y a Sofrosina mucho más; y después que el rey su padre le agradeció su venida y buena voluntad, le ofreció todo aquel aprovechamiento que en su casa y reino se le pudiese dar, Sofrosina le demandó a su padre por su doncel y caballero, y su padre se le dio, y Drusila le fue a besar las manos por tan gran merced. Sofrosina estaba muy ufana de tener en su servicio un tan apuesto y hermoso doncel, porque ciertamente así como en su hábito natural de mujer era la más hermosa doncella que había en el mundo, y con su beldad no había caballero que la viese que no la desease, así por la misma manera en el hábito de varón tenía aquella ventaja que toda lengua puede encarecer, en tanta manera que no había dueña ni doncella que no desease gozar de su amor; y así Sofrosina decía muchas veces entre sí que si fuese a ella cierto que el su doncel era hijo del rey de Polonia, como él lo había dicho, que se ternía por muy contenta casar con él, tan contenta estaba de su postura y beldad; y así en ninguna cosa podía Sofrosina agradar a Drusila que no lo hiciese de corazón. Y un día hablando delante de algunos caballeros y reina su madre, de la batalla y de la muerte del rey de Albania, vinieron a hablar de la prisión de Andrónico hijo del rey de Hungría, y la reina dijo que ciertamente sería justiciado muy presto, porque mató en la batalla un sobrino suyo hijo de su hermana, y que su madre no se podía consolar por la muerte de su hijo sino con haber Andrónico de morir, y que para esto tenía ya la palabra del rey; y como Drusila esto oyó, pensó perder la vida de pesar, y con mucha disimulación se puso a pensar cómo podría libertar a su amante aunque ella muriese por él; y así como Sofrosina se recogió a su aposento púsose Drusila de rodillas ante ella suplicando la hiciese una merced, haciéndole saber en cómo ella había concebido gran piedad de Andrónico, por certificarle la reina su señora que había de morir, que le suplicaba le diese licencia para le visitar y consolar porque en ninguna manera se podría sufrir a estar presente en la ciudad a le ver morir. Sofrosina como entendió que en esto haría a Drusila gran placer, le dio luego un anillo muy preciado que ella traía en su dedo, y le dijo que se fuese con él al alcaide del castillo y le dijese que se le dejase ver y hablar. No te puedo encarecer el gozo que Drusila con el anillo llevó; y como llegó al castillo y le mostró al alcaide y reconoció el anillo muy preciado de su señora Sofrosina, y por lo que conocía de los favores que daba al su doncel, luego le hizo franco el castillo y le dio las llaves, y sin más compañía ni guarda le dijo que entrase en la torre de la prisión. Como Andrónico sintió abrir las puertas temióse si era llegada la hora en que le habían de justiciar, porque le pareció desusada aquella visita, y estaba confuso pensando qué podía ser, y aunque no tenía más prisiones que la fuerza de aquella torre afligíale mucho la soledad y el pensar la hora en que había de morir; y como Drusila entró en la prisión y reconoció al su amado Andrónico, aunque flaco y demudado todo, se le fue a abrazar y besar en la boca, que no se podía contener; y como Andrónico se sintió así acariciar de un mancebo en un estado tan miserable como aquel, estaba confuso y turbado, sospechoso que le lloraban el punto de su muerte; y cuando ya su Drusila se le dio a conocer y volvió en sí no hay lengua que pueda contar el placer que tuvieron los dos. Luego le contó por estenso cómo había venido allí, y cómo perdió sus padres, hermanos y reino, y el estado en que estaba en el favor de Sofrosina, y la confianza y crédito que se le daba en toda la ciudad, y cómo sabía ciertamente que había de morir y muy breve, sin poderlo ella remediar por ser mujer; y que por tanto convenía que luego tomando los hábitos que ella traía, que se los dio Sofrosina, la dejase en la prisión con los que él tenía vestidos, y que él se fuese a buscar cómo la libertar; en fin, pareciendo bien a ambos aquel consejo, y siendo avisado por Drusila de muchas cosas que convenía hacer antes que saliese de la ciudad (cómo se había de despedir de Sofrosina y cómo había de haber su arnés), vistiéndose las ropas que ella llevaba y tomando el anillo, y cerrando las puertas de la torre se salió, y dadas las llaves al alcaide con mucha disimulación se fue al palacio sin que alguno le echase de ver por ser ya casi a la noche, y entrando a la gran sala halló a Sofrosina con sus padres y corte de caballeros en gran conversación; y puesto de rodillas ante ella le dio el anillo, y por no dar Sofrosina cuenta al rey ni reina de ninguna cosa no le habló en ello más, pensando que estando solos sabría lo que con Andrónico pasó; y Andrónico sin más detenimiento se fue al aposento de Drusila conforme al aviso que le dio, y vestido su arnés y subiendo en su caballo se salió la puerta de la ciudad. Esperó Sofrosina aquella noche si parecía ante ella el su doncel, y como no le vio, venida la mañana le envió a buscar, y como le dijeron que la noche antes se había ausentado de la ciudad pensó haberlo hecho por piedad que tuvo de Andrónico por no le ver morir; y así trabajaba Sofrosina por que se ejecutase la muerte en Andrónico diciendo que luego volvería su doncel como supiese haberse hecho justicia; y así se sufrió, y respondía al rey y reina cuando preguntaban por él, diciendo que ella le envió una jornada de allí con un recado. Andrónico con la mayor priesa que pudo caminando toda la noche se entró en el reino de Armenia, porque supo que tenía gran enemistad con el rey de Lidia, y le dijo ser un caballero de Tracia, que había recibido un gran agravio del rey de Lidia, que le suplicaba le diese su ejército, y que él le quería ser su capitán, que él le prometía darle el reino de Lidia en su poder, y que solo quería en pago el despojo del palacio real y prisioneros del castillo; y así concertados caminó Andrónico para Lidia con el rey de Armenia y su ejército, y salido el rey de Lidia al campo con su ejército le mató Andrónico en una batalla y le entró la ciudad, y tomó en su guarda el palacio del rey, y se fue al castillo, y abierta la prisión sacó de allí a su Drusila con gran alegría y placer de ambos y gran gozo de besos y abrazos; y descubriendo su estado y ventura a todos, vistió a Drusila de hábitos de dama, que admiraba a todos su hermosura y belleza; y poniendo en poder del rey de Armenia a la reina de Lidia y todo el reino, y diciendo que quería a Sofrosina para dársela por mujer a un hermano suyo, la embarcó juntamente con todo el tesoro del rey. Luego como entraron en el mar les vino una tormenta muy furiosa, por la cual después de dos días, aportaron a una isla sola y desierta y sin habitación que estaba en el mar Egeo; iba Sofrosina muy miserable y cuitada llena de luto, y Andrónico se la iba consolando, y como era doncella y linda que no había cumplido catorce años bastó entre aquellos regalos y lágrimas mover el corazón de Andrónico con su hermosura y belleza; y así como enhastiado de la su Drusila pasó todo su amor en Sofrosina, que ya si a Drusila hablaba y comunicaba era con simulación pero no por voluntad; y así fingiendo regalar a Sofrosina de piedad, disimulaba su malicia encubierta, porque so color que la llevaba para su hermano la acariciaba para sí, pareciéndole no ser aquella joya para desechar; y así ardiendo su corazón con la llama que Sofrosina le causaba, suspiraba y lloraba disimulando su pena. Pues llegados al puerto de la isla, como Drusila llegó cansada de las malas noches y días del mar, saltó luego en tierra ya casi a la noche, y no queriendo Sofrosina salir del navío por su desgracia, habiendo cenado, Drusila mandó sacar al prado verde un rico pabellón con una cama, la cual recibió aquella noche los desiguales corazones de Andrónico y Drusila en uno; y como la engañada Drusila con el cansancio se adurmió, y el infiel de Andrónico la sintió dormida, poco a poco sin que le sintiese deleznándose por la cama se levantó junto a la media noche, y tomándola todos sus vestidos la dejó sola y desnuda en el lecho y se lanzó en el navío; y así mandó a los marineros y gente que sin más detenimiento levantasen vela y partiesen de allí, y con tiempo de bonanza y próspero viento vinieron en breve a tomar puerto en el reino de Macedonia a algunas villas que aún estaban por Drusila, porque Reimundo era ido a conquistar a Sicilia. La desdichada de Drusila como de su sueño despertó comenzó a buscar por la cama su amante, estendiendo por la una parte las piernas, y por la otra echando los brazos; y como no le halló, como furiosa y fuera de seso, saltó del lecho desnuda en carnes y sin sosiego alguno se fue a la ribera buscando el navío, y como no le vio, presumiendo aún dormir y ser sueño lo que vía se comenzó cruelmente a herir por despertar; y así rasgando su hermoso rostro, que el Sol oscurecía con su resplandor, y mesando sus dorados cabellos corría a una parte y a otra por la ribera como adivinando su mala fortuna. Daba grandes voces llamando su Andrónico, pero no hay quien la responda por allí, sino de pura piedad el eco que habita y resuena por aquellas concavidades. En grandes alaridos y miseria pasó la desdichada aquel rato hasta que la mañana aclaró, y así como el alba comenzó a romper, ronca de llorar, todo su rostro y delicados miembros despedazados con las uñas, tornó de nuevo a correr la ribera, y vio que a una parte subía un peñasco muy alto sobre el mar, en que con gran ímpetu batían las olas, y allí sin algún temor se subió, y mirando lejos, agora porque viese ir las velas hinchadas, o porque al deseo y ansia se le antojó, comenzó a dar voces llamando a su Andrónico, hiriendo con furia las palmas; y así cansada, llena de dolor, cayó en el suelo amortecida, y después que de gran pieza volvió en sí comenzó a decir: «Di, infiel traidor, ¿por qué huyes de mí, que ya me tenías vencida? Pues tanto te amaba esta desdichada ¿en qué podía dañar tus deleites? Pues llevas contigo el alma, ¿por qué no llevaste este cuerpo que tanta fe te ha tenido? O pérfido Andrónico, ¿este pago te mereció este mi corazón que tanto se empleó en ti, que huyendo de mí con tus nuevos amores me dejas aquí hecha pasto de fieras? O amor, ¿quién será aquella desventurada que sabiendo el premio que me das a mi fe, no quiera antes que amar ser comida de sierpes? ¿De quién me quejaré?: ¿de mí, porque tan presto a ti, Andrónico, me rendí desobedeciendo a mi padre y recusando a Raimundo?, ¿o quejarme he de ti, traidor fementido, que en pago desto me das este galardón? Júzguelo Dios; y pues mis obras fueron por la fe del matrimonio que no se debe violar, pues la tuya es verdadera traición, arrastrado seas en campo por mano de tus enemigos». ¿Quién contará el angustia, llanto, duelo, querella y desaventura de tanta belleza y mujer desdichada?, yo me maravillo cómo el cielo no se abrió de piedad viendo desnudos aquellos tan delicados miembros gloria de naturaleza, desamparada de su amante, hecha manjar y presa de fieras, esperando su muerte futura. No puedo decir más; porque me siento tal, que de pena y dolor reviento. Pues así con la gran ansia que la atormentaba se tornó a desmayar en el medio de un prado teniendo por cabecera una piedra; y porque Dios nunca desampara a los que con buena intención son fieles, sucedió que habiendo Raimundo conquistado el reino de Sicilia volvía victorioso por el mar, y aportando a aquella isla, aunque desierta, se apeó por gozar del agua fresca, y andando con su arco y saetas por la ribera solo, por se solazar, vio de lejos a Drusila desnuda, tendida en el suelo, y como la vio, aunque luego le pareció ser fiera, cuando reconoció ser mujer vínose para ella, y como cerca llegó y halló ser Drusila enmudeció sin poder hablar, pensando si por huir dél se había desterrado aquí cuando a su padre le mató. De lástima della comenzó a llorar, y ella volviendo en sí, se levantó del suelo y muy llena de vergüenza se sentó en la piedra. Parecía allí sentada como solían los antiguos pintar a Diana cuando junto a la fuente está echando agua a Anteón en el rostro, o como pintan las tres deesas ante Paris en el juicio de la manzana; y cuando trabaja encogiéndose cubrir el pecho y el vientre descúbresele más el costado: era su blancura que a la nieve vencía. Los ojos, pechos, mejillas, nariz, boca, hombros, garganta que Drusila mostraba se podía anteponer a cuantas naturaleza tiene formadas hasta agora, y después descendiendo más abajo por aquellos miembros secretos que por su honestidad trabajaba en cubrir, en el mundo no tenían en belleza par; y como acababa de llorar parecía su rostro como suele ser de primavera alguna vez el cielo, y como queda el Sol acabando de llover habiendo descombrado todo el nublado de sobre la tierra; y así Raimundo cautivo de su belleza le dijo: «¿Vos no sois, mi señora Drusila?». Al cual ella respondió: «Yo soy la desdichada hija del rey de Macedonia». Y luego allí le contó por estenso todo lo que por Andrónico su esposo pasó, y cómo viniéndose para su tierra la había dejado sola allí como ve. Él se maravilló a tanta fe haber hombre que diese tan mal galardón, y le dijo: «Pues yo, señora, soy vuestro fiel amante Raimundo de Tracia, y porque me menospreciastes me atreví a os enojar; yo tengo el vuestro reino de Macedonia guardado para vos, juntamente con mi corazón, y cuanto yo tengo está a vuestro mandar; yo quiero tomar la empresa de vuestra satisfación». Y diciendo esto saltó al navío y tomó unas preciosas vestiduras, y solo sin alguna compañía se las volvió a vestir y trájola al navío, donde dándola a comer algunas conservas la consoló; y dados a la vela la llevó a la ciudad de Constantinopla donde estaba su padre, el cual como supo que traía a Drusila y mucho a su voluntad recibió gran placer, y luego Raimundo se dispuso ir a tomar la satisfación de Andrónico que se había lanzado en algunas villas del reino de Macedonia, por ser marido de Drusila. Y como no era aún conocido no se pudo defender, que en breve Raimundo le venció, y como le hubo a las manos le hizo atar los pies a la cola de su caballo, y heriéndole fuertemente de las espuelas le trajo por el campo hasta que le despedazó todo el cuerpo, y así le pusieron por la justicia de Dios aquí al aire como le ves, en pena de su ingratitud. Y Raimundo en placer y contento de aquellos reinos se casó con Drusila, los cuales dos se gozaron por muchos años en su amor, y enviaron a Sofrosina para su madre a Lidia con mucho placer, y después el rey de Armenia, por ruegos del rey de Tracia, casó su hijo con Sofrosina y vivieron todos en prosperidad.

Micilo: Por cierto, gallo, el cuento me ha sido de gran piedad, y la pena es cual merece ese traidor. Agora procede en tu peregrinación.

Gallo: Luego como subimos al cielo empíreo, que es el cielo superior, nos alumbró una admirable luz que alegró todo el espíritu con un nuevo y particular placer, que no hay lengua ni entendimiento que sepa declarar. Era este cielo firme, que en ningún tiempo se mueve, ni puede mover, porque fue criado para eternal morada y palacio real de Dios; y con él en el principio de su creación fueron allí criados una inumerable muchedumbre de inteligencias, espíritus angélicos como en lugar propio y deputado para su estancia y a ellos natural. Como es lugar natural el agua para los pescados, y el aire para las aves y la tierra para los animales, hombres y fieras, este cielo es de inmensa e inestimable luz, y de una divina claridad resplandeciente sobre humano entendimiento y capacidad, por lo cual se llama Empíreo, que quiere decir fuego; y no porque sea de naturaleza y sustancia de fuego, sino por el admirable resplandor y glorioso alumbramiento que de sí emana y procede. Aquí está el lugar destinado ante la constitución del mundo para silla y trono de Dios, y para todos los que han de reinar en su divino acatamiento, la cual luz cuanto quiera que en sí sea clarísima y acutísima no la pueden sufrir los ojos de nuestra mortalidad, como los ojos de la lechuza que no pueden sufrir la luz y claridad del Sol; ni tampoco esta luz bienaventurada alumbra fuera de aquel lugar. En conclusión, es tan admirable esta luz y claridad que tiene a la luz del Sol y Luna, cielos y planetas ventaja sin comparación. Es tanta y tan inestimable la ocupación en que se arrebata el alma allí, que de ninguna cosa que acá tenga, ni deja, se acuerda allá; ni más se acuerda de padre, ni madre, parientes, amigos, hijos, ni mujer más que si nunca los hubiera visto, ni piensa, ni mira, ni considera mal ni infortunio que les pueda acá venir, sino solo tiene cuenta y ocupación en aquel gozo inestimable que no puede encarecer.

Micilo: O gallo, qué bienaventurada cosa es oírte, no me parece sino que lo veo todo ante mí. Pues primero que llegues a Dios a decirme el estado de su majestad, te ruego me digas la disposición del lugar.

Gallo: Eran unos campos, una llanura que los ojos del alma no los puede alcanzar el fin, eran campos y estaban cubiertos porque era casa real donde el rey tiene todos sus cortesanos de sí. Y mira bien agora, Micilo, que en aquel lugar había todas aquellas cosas que en el mundo son de estima, y que en el mundo pueden causar majestad, deleite, hermosura, alegría y placer, y otras muchas más sin cuento ni fin. Pero solo esto querría que con sola el alma entendieses; que todo aquello que allá hay es de mucho más virtud, excelencia, fuerza, elegancia y resplandor que las que en el mundo hay, sin ninguna comparación; porque en fin has de considerar que aquellas están en el cielo, nacieron en el cielo, adornan el cielo y aun son de la celestial condición para el servicio y acatamiento de Dios, y así has de considerar con cuánta ventaja deben a éstas exceder, en tanta manera que puedes creer, o presumir que aquello es lo verdadero y lo que tiene vivo ser, y que es sombra lo de acá, o ficción, o que lo del cielo es natural, y lo del mundo es artificial y contrahecho y sin algún valor, como la ventaja que hay de un rubí, o de un diamante hecho en los hornos del vidrio de Venecia, o Cadahalso, que no hay cosa de menos estima; y mira aun cuánta ventaja le hace un natural diamante que fue nacido en las minas de acá, que puesto en las manos de un príncipe no se puede apreciar ni estimar. Había por comunes piedras por el suelo de aquellos palacios y praderías esmeraldas, jacintos, rubíes, carbuncos, topacios, perlas, cafires, crisotoles y diamantes, y por entre éstas corrían muy graciosas y perenales fuentes, que con su meneo hacían espiritual contento que el alma solo puede sentir. Había demás destas piedras y gemas que conocemos acá otras infinitas de admirable perfección, y aún debes creer que por ser nacida allá cualquiera piedra que por allí estaba cien mundos no la podrían pagar, ¡tanta y tan admirable era su virtud! Así con este mismo presupuesto puedes entender y considerar qué era el oro de allí y todo lo demás, porque no es razón que me detenga en te encarecer la infinidad de cosas preciosas y admirables que había allí;

la multitud de árboles que a la contina están con sus flores y frutas; y cuanto más sabrosas, dulces y suaves que nunca humana garganta gustó. Aquella muchedumbre de yerbas y flores, que jazmines, olivetas, alelíes, albahacas, rosas, azucenas, clavellinas, ni otras flores de por acá daban allí olor; porque las privaban otras muchas más que había sin número por allí. En un gran espacio que por entendimiento humano no se puede comprehender estaba hecho un admirable teatro precisamente entoldado, del medio del cual salía un trono de divina majestad. Había tanto que ver y entender en Dios, que al juicio y entendimiento no le sobró punto ni momento de tiempo para poder contemplar la manera del edificio y su valor. Basta que así como quien en sueños se le representa un inumerable cuento de cosas que en confuso las ve en particular, así mientras razonábamos los miradores acerca del divino poder, eché los ojos y alcancé a juzgar ser aquel trono de una obra, de una entalladura, de un musaico, mocárave y tarece que la lengua humana le hace gran baja, ultraje e injuria presumirlo comparar, tasar o juzgar, que aun presumo que a los bienaventurados espíritus les está secreto, reservado solo a Dios, porque no hace a su bienaventuranza haberlo de saber. En este trono estaba sentado Dios, de cuyo rostro salía un divino resplandor, una deidad que hacía aquel lugar de tanta grandeza, majestad y admirable poder que a todos engendraba un terrible espanto, reverencia y pavor.

Micilo: O gallo, aquí me espanta donde estoy en oírtelo representar. Pero dime, ¿a qué parte tenía el rostro Dios?

Gallo: Mira, Micilo, que en esto se muestra su gran poder, majestad y valor, que en el cielo no tiene espaldas Dios, porque a todas partes tiene su rostro entero, y en ninguna parte del cielo el bienaventurado está que no vea rostro a rostro la cara a su majestad, porque en este punto está toda su bienaventuranza que se resume en solo ver a Dios; y es este previlegio de tan alto primor que donde quiera que está el bienaventurado, aunque estuviese acaso en el infierno, o en purgatorio se le comunicaba en su visión Dios, y en ninguna parte estaría que entero no le tuviese ante sí.

Micilo: Dime, ¿allá en el cielo víades y oíades todo lo que se hacía y decía en el mundo?

Gallo: Después que los bienaventurados están en el acatamiento de Dios ni ven ni oyen lo que se dice y hace acá, sino en el mismo Dios, mirando a su divina majestad relucen las cosas a los santos en él.

Micilo: Pues dime, ¿comunícales Dios todo cuanto pasa acá?, ¿ve mi padre y mi madre lo que yo hago agora aquí si están delante Dios?

Gallo: Mira, Micilo, que aunque te he dicho que todo lo que los bienaventurados ven mirando a Dios es no por eso has de entender que les comunica Dios todas las cosas que pasan acá, porque no les comunica sino aquellas cosas de más alegría y placer y augmento de su gloria, y no las cosas impertinentes que no les causase gozo su comunicación, porque no es razonable cosa que comunique Dios a tu padre que tú adulteras acá, o reniegas o blasfemas de su poder y majestad; pero alguna vez podrá ser que le comunique ser tú bueno, limosnero, devoto y trabajador. Quiero te dar un ejemplo porque mejor me puedas entender: pongamos por caso que estamos agora en un gran templo, y que en el altar mayor en el lugar que está el retablo estuviese un poderoso y grande espejo de un subtil y fino acero, el cual por su limpieza y polideza y perfección mostrase a quien estuviese junto a él todo cuanto pasa y entra en la iglesia, tan en particular que aun los afectos del alma mostrase de cuantos entrasen allí; entonces sin mirar a los que están en el templo, con mirar al espejo verías todas cuantas cosas allí pasan, aunque se hiciesen en los rincones muy ascondido; pero con esto pongamos que este espejo tuviese tal virtud que no te comunicase otra cosa de todas cuantas allí pasan sino las que te conveniesen saber, como si dijésemos que te mostrase los que entrasen allí a rezar, a llorar sus pecados, a dar limosna y adorar a Dios, pero no te mostrase ni vieses en él al que entra a hurtar los frontales, ni los que entran a murmurar de su prójimo, ni aun los que entran allí a tratar cambios y contratos ilícitos y profanos, porque los tales no aprovechan haberlos tú de saber; pues desta manera debes entender que es Dios un divino espejo a los bienaventurados, que todo lo que pasa en el mundo reluce en su majestad, pero solo aquello ve el bienaventurado que hace a su mayor bien, y no lo demás. Pero alguna vez acontece que es tanta la vanidad de las peticiones que suben a Dios de acá que muestra Dios reírse en las oír, por ver a los mundanos tan necios en su oración: unos le piden que les dé un reino, otros que se muera su padre para heredarle; otros suplican a Dios que su mujer le deje por heredero, otros que le dé venganza de su hermano. Y algunas veces permite Dios que redunde en su daño la necia petición, como un día que notablemente vimos que se reía Dios, y mirando hallamos que era porque había un mes que le importunaba una mujercilla casada que le trajese un amigo suyo de la guerra, y la noche que llegó los mató el marido juntos a ella y a él. De aquí se puede colegir a quién se debe hacer la oración, y qué se debe en ella pedir, porque no mueva en ella a risa a Dios; que pues las cosas van por vía de Dios a los santos, y en él ven los santos lo que pasa acá, será cordura hacer la oración a Dios.

Micilo: ¿No es lícito hacer oración a los santos, y pedirles merced?

Gallo: Si, lícito es, porque me hallo muy pecador con mil fealdades que no oso parecer ante Dios; o como hace oración la iglesia diciendo: «Dios, por los méritos de tu santo N. nos haz dignos de su gracia, y después merezcamos tu gloria». ¿Y vosotros pensáis que os quiere más algún santo que Dios?, no por cierto; ¿ni que es más misericordioso, ni que ha más compasión de vos que Dios?, no por cierto. Pero pedislo a los santos porque nunca estáis para hablar con Dios, y porque son tales las cosas que pedís que habéis vergüenza de pedirlas a Dios, ni parecer con tales demandas ante él, y por eso pedislas a ellos. Pues mirad que solo debéis de pedir el fin y los medios para él: el fin es la bienaventuranza, ésta sin tasa se ha de pedir. Pero aun muchos se engañan en esto, que no saben cómo la piden: es un hombre usurero, amancebado, homiliano, envidioso y otros mil vicios, y pide: «Señor dadme la gloria». Por cierto, que es mucha razón que se ría Dios de vos, porque pedís cosa que siendo vos tal no se os dará.

Micilo: Pues, ¿cómo la tengo de pedir?

Gallo: Mejorando primero la vida, y después decid a Dios: «Señor, suplicos yo que resplandezca en mí vuestra gloria»; porque en el bueno resplandece la gloria de Dios; y siéndolo vos darse os ha; y pues en los bienes eternos hay que saber cómo se han de pedir, cuánto más en los medios, que son los bienes temporales, que no así atreguadamente los habéis de pedir para que se ría Dios de vos, sino con medida, si cumplen como medios para vuestra salvación: ¿qué sabéis si os salvaréis mejor con riqueza que con pobreza?, ¿o mejor con salud que con enfermedad?

Micilo: Pues es así, gallo, como tú dices, que ninguna cosa, ni petición va a los santos sino por vía de Dios, y él se la representa a ellos, ¿por qué dice la iglesia en la letanía: Sancte Petre, ora pro nobis, Sancte Paule, ora pro nobis?, porque si yo deseasé mucho alcanzar una merced de un señor, superflua cosa me parecería escribir a un su criado una carta para que me fuese buen tercero, si supiese yo cierto que la carta había de ir primero a las manos del señor que de su privado, porque me ponía en peligro, que no teniendo gana el señor de me la otorgar rasgase la carta, y se me dejase de hacer la merced por solo no haber intercesor.

Gallo: Pues mira que esta ventaja tiene este príncipe celestial a todos los de la tierra, que por solo ver que hacéis tanto caudal de su criado y privado, y os estimáis por indignos de hablar con su majestad, tiene por bien otorgar la petición, aun muchas veces reteniendo la carta en sí; porque a Dios bástale entender de vos que sois devoto y amigo de su santo que ama él, y así por veros a vos en esta devoción os otorga la merced; y poco va que comunique con el santo que os la otorgó por amor dél, o por sola su voluntad.

Micilo: Por cierto, gallo, mucho me has satisfecho a muchas cosas que deseaba saber hasta aquí, y aún me queda mucho más. Deseo agora saber el asiento y orden que los ángeles y bienaventurados tienen en el cielo, y en qué se conoce entre ellos la ventaja de su bienaventuranza. Ruégote mucho que no rehúses ni huyas de complacer a mí, que tan ofrecido y obligado me tienes a tu amistad, pues de hoy más no señor, sino amigo y compañero, y aun discípulo me puedes llamar.

Gallo: No deseo, Micilo, cosa más que haberte de complacer. Pero pues el día es venido, quédese lo que me pides para el canto que se siguirá.

Fin del décimotercio canto del gallo

Argumento del decimocuarto canto del gallo

En el décimo cuarto canto que se sigue el autor concluye con la subida del cielo y propone tratar la bajada del infierno declarando muchas cosas que acerca dél tuvieron los gentiles historiadores y poetas antiguos.

Micilo: Ya estoy esperando, o gracioso gallo y celestial Menipo, que con tu dulce y elocuente canto satisfagas mi espíritu tan deseoso de saber las cosas del cielo como de estar allá, por lo cual te ruego no te sea pesadumbre haber de satisfacer mi alma que tanto cuelga de lo que la has hoy de decir.

Gallo: No puedo, Micilo, negar hoy tu petición, y así digo que si bien me acuerdo me pediste ayer te dijese el asiento y orden que los ángeles y bienaventurados tienen en el cielo, y en qué se conoce allá entre ellos la ventaja de su bienaventuranza, para lo cual debes entender que todo aquel lugar en que están ángeles y santos ante Dios está relumbrado de oro muy maravilloso, que excede sin comparación al de acá, juntamente con el resplandor inestimable que de su cogeta da el cielo en que está, como te dije en el canto pasado; y este lugar está todo adornado de muy preciosas margaritas convenientes a semejante estancia. Están, pues, todos aquellos moradores ocupados en ver a Dios, del cual como de una fuente perenal procede y emana sumo goco y alegría la cual nunca los da hastío, pero mientras más della gozan más la desean. En esto está su bienaventuranza, y la ventaja conócela en sí cada cual en la más o menos comunicación en que se les da Dios: cada uno está contento con ver a Dios, y ninguno tiene cuenta con la ventaja que otro le puede tener, porque allí ni hay delantera, ni lugar en que la preeminencia se pueda conocer: no hay asientos ni sillas, porque el espíritu no recibe cansancio sentado ni en pie, ni ocupa lugar, y do quiera que el bienaventurado está tiene delante y a su lado y junto a sí a Dios, y ninguno está tan cerca de sí mismo como está Dios dél. De manera que sillas y lugares y orden y preeminencia del cielo no está en otra cosa sino en el pecho de Dios, cuanto a su mayor o menor comunicación. Y todo lo demás que vosotros en este caso por acá decís es por vía de metáfora, o manera de decir, porque lo podáis mejor entender en vuestra manera de hablar. En esta presencia universal de Dios que te he dado a entender están en coros los santos ante su majestad, a los cuales todos mi ángel me guió por los ver: estaba en lo más cercano (a lo que me pareció) al trono y acatamiento de Dios la madre benditísima del Salvador, rodeada de aquella compañía de los viejos padres de la religión cristiana, doce apóstoles y discípulos de Cristo y evangelistas, rodeados de ángeles que con gran música y melodía de diversos instrumentos y admirables voces, continúan sin nunca cesar gloria a Dios; siguen a éstos grandes compañas de mártires con palmas en las manos y unas guirnaldas de roble celestial en las cabezas, que denotaba su fortaleza con que sufrieron los martirios por Cristo; por el semejante éstos estaban acompañados de la misma abundancia de música, y embelesados y arrebatados en la visión divina; estaba luego una inumerable multitud de confesores, pontífices, perlados, sacerdotes y religiosos que en vidas honestas y recogidas acabaron y se fueron a gozar de Dios. En un muy florido y ameno prado de flores muy graciosas y de toda hermosura y deleite estaba una gran compaña de damas, de las cuales, demás de su beldad, echaban de sí un admirable resplandor que privara todo juicio humano si de beatitud no comunicara; éstas, sentadas en torno en aquella celestial verdura, hacían gran cuenta de una principal guía que las entonaba y ponía en una música que con altísimo orden loaba a Dios; tenían todas muy graciosas guirnaldas en sus cabezas, entretejidas rosas, violetas, jazmines, alhelíes y de otro infinito género de flores nacidas allá que no se podían marchitar ni corromper. Dellas tañían órganos, dellas clavicordios, monacordios, clavicimbanos y otras diversas sonajas acompañadas con voces de gran suavidad; éstas, me dijo mi ángel, que era la bienaventurada Santa Úrsula con su compañía de vírgenes, porque demás de sus onze mil había allí otro inumerable cuento dellas. Aquí conocí las almas de mis padres y parientes y de otras muchas personas señaladas que yo acá conocí, que dejo yo agora de nombrar por no te ser importuno, a las cuales conocí por una cierta manera de alumbramiento que por su bondad Dios me comunicó; la cual es una manera de conocerse los bienaventurados entre sí para su mayor gozo y gloriosa comunicación. En esta alta y soberana conversación que tengo contado estuve ocho días por privilegio y don soberano de Dios.

  Micilo: Por cierto, gallo, mucho me has dicho, y tanto que humano pensamiento nunca tal concibió; bien parece que has estado allá, por lo cual bien te podremos llamar celestial. Dime agora que deseo saber, ¿allá en el cielo hay noches y días diferentes entre sí?

Gallo: No, pero después venido acá me saludaban mis amigos como ausente tanto tiempo, y por la cuenta que hallé que contaban en el mes, que allá todo es luz, claridad, alegría y placer; no hay tinieblas, oscuridad ni noche donde está Dios que es luz y lumbre eterna a los que viven allá. En estos ocho días vi, hablé y comuniqué con todos mis parientes, amigos y conocidos, y a todos los abracé con mucho placer y alegría; y me preguntaron por los parientes y amigos que tenían acá, y yo les decía todo el bien dellos con que más los podía complacer y deleitar, y no era en mi mano decirles cosas que los pudiese entristecer, aunque de ninguna cosa recibieran ellos turbación ya que se la dijera, porque allá están tan conformes con la voluntad de Dios que ninguna cosa que acá suceda los puede turbar, porque tienen entendido que procede todo de Dios, porque en Dios y ellos sola hay una voluntad y querer.

Micilo: Dime agora, gallo, ¿qué manera de habla y lenguaje usan allá?

Gallo: Mira, Micilo, que los bienaventurados que no tienen sus cuerpos allá no hablan lenguaje ni por voz esterior, porque ésta solo se puede hacer y formar por miembros que como instrumentos dio naturaleza al cuerpo para se dar a entender como lengua, dientes y paladar. Pero las almas que no tienen cuerpo, cada cual queriendo puede comunicar y manifestar sus concibimientos sin lengua a quien le place, tan claros como cada uno se puede a sí mismo entender; y así Cristo y la Virgen María y San Juan Evangelista que tienen sus cuerpos allá, hablan con voces como nosotros hablamos aquí, y así será después del juicio universal de todos los buenos que tiene consigo Dios, que hablarán como agora nosotros cuando después del juicio tuvieren sus cuerpos allá. Pero en el entretanto con sola su alma se pueden entender.

Micilo: Dime más, que deseo saber si esas almas desos bienaventurados, si algún tiempo vienen acá.

Gallo: Cuando yo subí allá muchas almas de buenos subieron a gozar en cuya compañía entramos en el cielo, pero al volver ninguna vi que volviese acá, porque creo que no sería cordura que siendo el alma del difunto libertada de tan cruel cárcel y mazmorra como es la del mundo, poseyendo tanto deleite y libertad allá, desee ni quiera volver acá. Bien es de presumir que el demonio muchas veces viene al mundo y hace ilusiones y apariciones diciendo que es algún difunto por infamarle, o por engañar a sus parientes.

Micilo: Pues dime, gallo: ¿qué decían allá en el cielo de las bulas e indulgencias?, que casi quieren decir los teólogos deste tiempo que el Papa puede robar el purgatorio absolutamente.

Gallo: Dejemos esas cosas, Micilo, que no conviene que se diga todo a ti; y sabe que otro lenguaje es el que se trata acá diferente del que pasa allá, que muchas cosas tiene en el cielo Dios y hace cuya verdad y fin reserva para sí, porque quiere él, y porque debe así de convenir para el suceso, orden y disposición del mundo y a la grandeza de su majestad, y nuestra salvación; por lo cual no deben los hombres escudriñar en las cosas la causa, fin y voluntad de Dios, pero débense en todo remitir a su infinito y eterno saber; y principalmente en las cosas que determina y tiene la iglesia y ley que profesas, no inquieras más porque es ocasión de errar. Y volviendo al proceso de mi peregrinación, sabrás que como hubimos andado todas las estancias y choros de ángeles y santos, me tomó el ángel de mi guía por la mano y me dijo: «Un gran don te otorga Dios como señalado amigo suyo, el cual debes estimar con las gracias que te ha hecho hasta aquí; y es que te quiere comunicar una visión de grandes y admirables cosas que están por venir». Y diciendo esto llegamos a un templo de admirable majestad, el cual sobre la puerta principal tenía una letra que a cuantos la leían mostraba decir: «Este es el templo de profecía y divinación». Era por defuera adornado de toda hermosura, edificado de jaspes muy claros, de ámbar y beril transparente más que vidrio muy precioso; era tan admirable su resplandor que turbaba la vista. Y como entramos dentro y vi tanta majestad no me pude contener sin me derrocar a los pies de mi ángel queriéndole adorar, y él me levantó diciéndome: «No hagas tal cosa, que soy criatura como tú. Levántate y adora al Criador y Hacedor de todo esto, que tan gran merced te concedió». Era fundado y adornado por dentro este divino templo de muchas piedras preciosas: de zafires, calcedonias, esmeraldas, jacintos, rubíes, carbuncos, topacios, perlas, crisotoles, diamantes, sardo y beril. Y luego se me representó en divina visión todo el poder de la tierra cuanto del oriente al poniente, medio día y septentrión se puede imaginar; y estando así atento por ver lo que se me mostraba, vi decender de lo alto de los montes

Rifeos a las llanuras de Tracia una grande y disforme bestia llena de cuernos y cabezas, con cuyo silvo y veneno tenía corrompida y contaminada la mayor parte del mundo: árabes, egipcios, siros y persas, hasta Trasilvania y Bohemia, teutónicos, anglos y gálicos pueblos; ésta trae cabalgando sobre sí un monstruoso serpiente que la guía y ampara, adornado de mil colores y nombres de gran soberbia, y éstos juntos son criados para examen, prueba y toque de los verdaderos fieles y secaces de Dios; y será el estado y señorío desta fiera más estendido por causa de las codicias y disensiones e intereses de los príncipes de la tierra, porque ocupados en ellos, tiene más lugar sin haber quien le haya de resistir. Llevaba este serpiente en su cabeza una gran corona adornada de muchas piedras preciosas, y vestido de púrpura y de muy ricos jaeces, y en la mano un cetro imperial con el cual amenaza sujetar todo el universo; llevaba en una divisa y estandarte una letra de gran soberbia que dice: «Ego regno a Gange et Indo usque in omnes fines terre», que quiere decir «Yo reino de los ríos Ganges e indus hasta los fines de la tierra»; llevaba las manos y ropas teñidas de sangre de fieles, y dábale a beber en vasos de oro y de plata a sus gentes por más las encruelecer. Entonces sonaron truenos, grandes terremotos y relámpagos que ponían gran temor y espanto, que parecía desolarse el trono y templo y venir todo al suelo, y tan grande que nunca los hombres vieron cosas de tan grande admiración, y fue tanta que yo caí atónito y espantado a los pies de mi ángel, el cual levantándome por la mano me dijo: «¿De qué te espantas y te maravillas?, pues mira con gran atención, que aunque este monstruo y bestia tiene agora gran soberbia agora, muy presto caerá»; y no lo acabó de decir cuando mirando vi salir de las montañas hespéricas un gran león coronado y de gran majestad, que con su bramido juntó gran muchedumbre de fieras generosas y bravas que están sobre la tierra, las cuales juntas vinieron contra el fiero serpiente resistiendo su furia; y a otro bramido que el fuerte león dio, juntó en los valles teutónicos todos los viejos fieles que había en la tierra; por cuya sentencia (aunque con alguna dilación) fue condenada la bestia y sus secaces a muerte cruel; y así vi que a deshora dio un terrible trueno que toda la tierra tembló, y decendiendo de la gran montaña un espantoso y admirable fuego los abrasa todos convirtiéndolos en zeniza y pavesa, en tanta manera que en breve tiempo ni pareció bestia ni secaz, ni aun rastro de haber sido allí; y así todo cumplido vi decendir de la alta montaña gran compaña de ángeles que cantando con gran melodía subieron a los cielos al león, donde le coronó Dios, y le asentó para siempre jamás junto a sí. Y acabada la visión me mandó Dios llamar ante su tribunal y que propusiese la causa porque había subido allá, porque cualquiera cosa que yo pidiese se me haría la razonable satisfacción.

Micilo: Querría que antes que pasases adelante me declarases esa tu visión o profecía: ¿quién se entiende por la bestia que decendió de aquellas montañas, monstruo y león?

Gallo: La interpretación deste enigma no es para ti, a los que toca se les dará. Vamos adelante que me queda mucho por decir. Como ante Dios fue puesto me humillé de rodillas ante su tribunal y luego propuse así: «Sacra y divina majestad, omnipotente Dios, porque no hay quien no enmudezca viendo vuestra incomparable celsitud, querría, señor, demandaros de merced, que de alguno de vuestros cortesanos más acostumbrados a hablar ante vuestra grandeza mandásedes leer esta petición; la cual estendiendo la mano mostré; y luego salió allí delante el Evangelista San Juan, que creo que lo tenía por oficio, y así en alta voz comenzó:

"Sacra y divina majestad, omnipotente Dios. Vuestro Icaromenipo, griego de nación, la más humilde criatura que en el mundo tenéis, beso vuestro sacro tribunal, y suplico a vuestra divina majestad tenga por bien de saber en cómo el vuestro mundo está en necesidad que le remedies, mientras no tuviéredes por bien de le destruir llegado el Juicio Universal; el tiempo del cual está según nuestra fe reservado a vuestro divino saber. Soy venido de parte de todos aquellos que en el mundo tenemos deseo de alcanzar la vuestra alta sabiduría y especular con nuestro miserable ingenio los secretos incumbrados de nuestra naturaleza, para lo cual sabrá Vuestra Majestad, que aunque de noche y de día por grandes cuentos de años no hagamos sino trabajar estudiando, no se puede por ningún ingenio, cuanto quiera que sea perspicacísimo, alcanzar alguna parte por pequeña que sea en estas buenas letras, artes y ciencias, porque han salido agora en el mundo un género de hombres somnoliento, dormilón, imaginativo, rijoso, vanaglorioso, lleno de ambición y soberbia, y éstos con gran presunción de sí mismos hanse dotado de grandes títulos de maestros filósofos y teólogos, diciendo que ellos solos saben y entienden en todas las ciencias y artes la suma verdad; riéndose a la contina de todo cuanto hablan, dicen, comunican, tratan, visten la otra gente del común, diciendo que todos devanean y están locos, sino ellos sólos que tienen y alcanzan la regla y verdad del vivir; y venidos al enseñar de sus ciencias muestran antes nos trabajan confundir que enseñar, porque han inventado unos no sé qué géneros de setas y opiniones que nos lanzan en toda confusión. Unos se llaman reales y otros nominales, que dejado aparte las niñerías y argucias de sofismas, actos sinchategoremáticos, reglas de instar, absolutamente debéis, señor, mandar destruir, y que ellos y sus autores no salgan más a luz. En la filosofía es vergüenza de decir la diversidad de principios naturales que ponen: insecables átomos, inumerables formas, diversidad de materias, ideas, tantas cuestiones de vacuo e infinito que no están debajo de número con que se puedan contar. En la teología ya no hay sino relaciones, segundas intenciones, entia rationis, verdaderas imaginaciones, en fin, cosas que no tienen ser. Es venido el negocio a tal estado que ya se glosan y declaran vuestra Escritura y Ley según dos opiniones nominal y real y según parece esta multiplicación de cosas todo redunda en confusión de los ingenios que a estas buenas ciencias se dan. En lo cual creo que entiende Satanás por la perdición y daño del común. En esto pues suplicamos a vuestra Sagrada Majestad proveáis que Lucifer mande a Satanás que sobresea y no se entremeta en causar tan gran mal, y los autores destas setas se prendan, y se les mande tener perpetuo silencio, y que sus libros y escrituras en que están sus bárbaras opiniones las mandéis quemar y destruir, que no parezcan más; y pedimos en todo se nos sea hecha entera justicia, para la cual imploramos el soberano poder de vuestra Divina Majestad"».

Luego como la petición fue leída proveyó Dios que yo y el mi ángel fuésemos por el infierno y notificásemos a Lucifer lo hiciese así como se pedía por mí, y mandó que se llevase luego de allí al mundo al consejo de la Inquisición y que lo cumpliesen e hiciesen cumplir conforme como yo lo demandé; el cual auto luego escribió San Juan en las espaldas de la petición, y la refrendó y rubricó de su mano como por Dios omnipotente fue proveído. Y luego abrazando a todos nuestros amigos, parientes y conocidos, despidiéndome de todos ellos nos salimos del cielo para nos bajar; y cuando nos fueron abiertas las puertas de los cielos para salir, hallamos junto a ellas infinita multitud de almas que con grandes fuerzas e importunidad nos estorbaban, que ellas por entrar no nos dejaban salir; hasta que un ángel con gran poder, furia y majestad las apartó de allí; y yo pregunté a mi ángel qué gente era aquella que con tanto deseo e importunidad hacían por entrar y no las abrían; y él me respondió que eran las almas de los que en el mundo tienen toda la vida buenos deseos de hacer bien, hacer obras de virtud, hacer penitencia y recogerse en lugares santos y buenos con deseo de se salvar, y en toda su vida no pasan de allí, ni hacen más que prometer y mostrar que desean hacer mucho bien sin nunca comenzar, ni aun se aparejar a padecer. A éstos tales danles la gloria en la misma forma, porque los ponen a la puerta del paraíso con el mismo deseo de entrar, y aquí tienen la mayor pena que se puede imaginar, porque tanto cuanto mucho desearon hacer bien sin nunca lo comenzar, tanto mucho más en infinito sin comparación les atormenta el deseo de entrar sin nunca los querer abrir; y en el tormento deste deseo provee Dios de su gran justicia y poder, porque en esta manera los quiere castigar para siempre jamás abrasándoles con el fuego de la justicia divina. Pues como del cielo salimos llevóme mi ángel y guía por un camino sin huella ni sendero, y aun sin señal de haber pisado ni caminado por él alguno, de que me maravillé, y preguntéle cuál fuese la causa de aquella esterilidad, y repondióme que no se continuaba mucho después que Cristo pasó por allí cuando resucitó, y la compaña de los santos padres que entonces sacó del limbo, aunque también le pasan los ángeles que se vuelven al cielo dejando después de la muerte sus cliéntulos y encomendados allá. Repliquéle yo: «¿dime, ángel, el purgatorio no está a esta parte?». Respondióme: «Sí está, pero aún los que de ahí pasan son tan pocos que no le bastan trillar ni asenderar». Por cierto, mucho deseo he tenido, Micilo, de llegar hasta aquí.

Micilo: En verdad yo lo deseaba mucho más, porque espero que con tu ingeniosa elocuencia me has de hacer presente a cosas espantosas y de grande admiración que deseamos acá los hombres saber. Espero de ti que harás verdadera narración como de cierta experiencia, y no de cosas fabulosas y mentirosas que los poetas y hombres prestigiosos acostumbran fingir por nos lo más encarecer.

Gallo: Mucho me obligas, o Micilo, a te complacer cuando veo en ti la confianza que tienes decirte yo verdad; y así protesto por la deidad angélica que en esta jornada me acompañó de no te contar cosa que salga de lo que realmente vi y mi guía me mostró, porque no me atreveré a hacer tan alto espíritu testigo de falsedad y ficción. Contarte he el sitio y disposición del lugar, penas, tormentos, furias, cárceles, mazmorras, fuego y atormentadores que a la contina atormentan allí. En conclusión, describirte he la suma y puesto del estado infernal, con aquellas mismas sombras, espantos, miedos, tristezas, gritos, lloros, llantos y miserias que los condenados padecen allí, y trabajaré por te lo pintar y proponer con tanta exageración y orden de palabras que te haré las cosas tan presentes aquí como las tuve yo estando allá. Pero primero quiero que sepas que no hay allá aquel Plutón, Proserpina, Aeaco y Cancerbero, ni Minos, ni Rhodamante, jueces infernales; ni las lagunas ni ríos que los poetas antiguos fingieron con su infidelidad: Flegeton, Cociton, Sthigie y Letheo; no los campos Elíseos de deleite diferentes de los de miseria, ni la barca de Acheron que pasa las almas a la otra ribera. Ni hay para qué vestir los muertos acá porque no parezcan allá las almas desnudas ante los jueces, como lo hacían aquellos antiguos, pues siempre que fueran a los sepulcros hallaran sus difuntos vestidos como los enterraron; ni tampoco es menester poner a los muertos en la boca aquella moneda que otros usaban poner porque luego los pasase Acheron en su barca, pues era mejor que no llevando moneda no los pasara en ningún tiempo y se volvieran para siempre acá, o que si las monedas que algunos difuntos llevaban no corrían ni las conocían allá por ser de lejos provincias, como acontece las monedas de unos reinos no valer en otros, necesario sería entonces no los pasar, lo cual sería aventajado partido a muchas que allí en el infierno vi. Todo esto, Micilo, cree que es mentira y ficción de fabulosos poetas e historiadores de la falsa gentilidad, los cuales con sus dulces y apacibles versos han hecho creer a sus vanos secaces y lectores; aunque quiero que sepas que esto que estos poetas fingieron no carece del todo de misterio algo dello, porque aunque todo fue ficción, dieron debajo de aquellas fábulas y poesías a entender gran parte de la verdad, grandes y muy admirables secretos y misterios que en el meollo y en interior querían sentir. Con esto procuraban introducir las virtudes y desterrar los vicios encareciendo y pintando los tormentos, penas, temores, espantos que los malos y perversos padecen en el infierno por su maldad; y así dijeron ser el infierno en aquellas partes de Sicilia, por causa de aquel monte ardiente que está allí llamado Etna, que por ser el fuego tan espantoso y la sima tan horrenda les dio ocasión a fingir que fuese aquélla una puerta del infierno, y también porque junto a este monte y cima dicen los historiadores que Plutón, rey de aquella tierra, hurtó a Proserpina hija de Ceres, que siendo niña doncella andaba por aquellos deleitosos prados a coger flores. Así con estos sus nombres y vocablos de lugares, ríos y lagunas que fingían haber en el infierno, significaban y daban a entender las penas, dolores y tormentos que se dan a las almas por su culpas allá. Así fingían que Acheron (que significa privación de gozo) pasa las almas por aquella laguna llamada Stigie, que significa tristeza perpetua; en esto dan a entender que desde el punto que las almas de los condenados entran en el infierno son privadas de gozo y consolación espiritual y puestos en tristeza perpetua, éste es el primero y principal atormentador de aquel lugar, en contrario del estado felicísimo de la gloria que es contina alegría y placer. También fingen que está adelante el río Flegeton que significa ardor y fuego, dando a entender el fuego perpetuo con que entrando en el infierno son atormentadas las almas por instrumento y ejecución de la justicia divina. Fingen más, que adelante está el río Letheo, que significa olvido, al cual llegan a beber todas las almas que entran allá, diciendo que luego son privadas de la memoria de todas las cosas que le pueda dar consolación. Y dicen que todos estos ríos van a parar en la gran laguna Cociton, que significa derribamiento perpetuo, dando a entender la suma de la miseria de los malaventurados que son perpetuamente derribados y atormentados, aunque principalmente significa el derribamiento de los soberbios. También dicen que este barquero Acheron hubo tres hijas en su mujer la noche oscura y ciega, las cuales se llaman Aletho, que significa inquietud, y Tesifone, que significa vengadora de muerte, y Megera, que significa odio cruel; las cuales tres hijas dicen que son tres furias, o demonios infernales, atormentadores de los condenados. En esto quisieron decir y dar a entender la guerra que cada alma consigo tiene entrando allí, y en estas tres hermanas se describen los males que trae consigo la guerra que son odio, venganza de muerte e inquietud; que son tres cosas que a la contina residen en el alma que está en el infierno, y aun acá en el mundo es la cosa de más daño y mal, porque demás de aquellos trabajos y miserias que consigo trae la guerra, que por ser todos los hombres que la siguen y en ella entienden el más perverso y bajo género de hombres que en el mundo hay, por tanto a la contina la siguen robos, incendios, latrocinios, adulterios, incestos, sacrilegios, juegos y continuas blasfemias; y demás del espanto que causa en el soltar de las lombardas y artillería, el relinchar de los caballos, la fiereza con que se acometen los hombres con enemiga sed y deseo de se matar, de manera que si en aquel encuentro mueren van perdidos con Lucifer. Demás de todos estos males que siguen la guerra hay otro mayor que es anexo a su natural, que es el desasosiego común, que toda aquella provincia, donde al presente está la guerra, tiene alterado los espíritus: que ni se usan los oficios, ni se ejercitan los sacrificios, cesan las labranzas del campo, y los tratos de la república, piérdese la honestidad y vergüenza, acométense infinitas injurias y desafueros y no es tiempo de hacer a ninguno justicia. En conclusión, es la guerra una furia infernal que se lanza en los corazones humanos, que los priva de razón, porque con razón y sin furia no se puede pelear. Esto quisieron entender y significar algunos de aquellos antiguos en aquellas sus ficiones, y todo lo demás es poético y fabuloso, y fingido para cumplir sus metros y poesías. Y otros ritos gentílicos como vestir los muertos y ponerles monedas en la boca y ofrecerles viandas diciendo que las comen allá en el infierno, todo esto es mentira y vanidad de gentiles errados por el demonio que los engañaba; y así todo tiene lo reprobado la cristiana religión conforme a la verdad que te contaré y oirás cómo yo lo vi, si me tienes atención; y porque el día es venido dejémoslo para el canto que se seguirá.

Fin del décimo cuarto canto del gallo

Argumento del décimo quinto canto del gallo

En el décimo quinto canto que se sigue el autor, imitando a Luciano en el libro que intituló Necromancia, finge decendir al infierno donde describe las estancias y lugares y penas de los condenados.

Gallo: Despierta, Micilo, y tenme atención, y contarte he hoy cosas que a toda oreja pongan espanto. No cosas que oí fingidas por hombres que con arte lo acostumbran hacer, pero decirte he aquellas que vi, comuniqué y con mis pies hollé, y vi a hombres padecer con grave dolor.

Micilo: Di gallo, que atento me ternás.

Gallo: Favorézcame hoy Dios la memoria que no me falte, para decir lo mucho que su majestad tiene allí para muestra de su justicia y gran poder, porque siquiera los malos por temor cesen de ofender. Pues viniendo al principio, por no dejar cosa por decir, sabrás que desde lo alto del cielo ya decendiendo a la tierra vimos unas bravas y espantosas montañas en muy grandes y ásperos desiertos que, según tuve cuenta con las disposiciones del Sol, cielo y tierra, era la seca Libia en tierra de los garamantas, donde estaba aquel antiguo oráculo de Júpiter Amón, la mesa del Sol y fuente de Tántalo; donde viven los sátiros, aegipanes, himatopodes, y psillos, monstruosas figuras de hombres y animales. Pues como aquí llegamos sin se nos abrir puerta ni ver abertura, sin que sierra ni montaña nos hiciese estorbo, nos fuemos lanzando por aquellas alturas y asperezas, lugares oscuros y sombríos. Como acontece si alguna vez vamos por una montuosa deesa cerrada de altos y espesos castaños, robles y encinas, si acontece caminar al puesto de una nublosa Luna, cuando la oscura noche quita los colores a las cosas, en este tiempo que a cada paso y sonido de los mismos pies resuena y retumba el solitario monte y se espeluzan y enerican los cabellos, comencé a caminar en seguimiento de mi guía. Estaban por aquí a las entradas gran multitud de estancias y aposentos de furias y miserias, y porque el mi ángel se me iba muy adelante sin parar, a gran corrida le rogué se parase y me mostrase en particular todas aquellas moradas. Luego entramos en unos palacios hechos en la concavidad de aquella áspera peña, lúgubres y de gran oscuridad. En lo más hondo y retraído desta casa habiendo pasado por muchas y muy desbaratadas cámaras y aposentos, asomamos la cabeza a un retrete, y a la parte de un rincón, a la muy quebrada y casi no visible luz, como a claridad de una candela que desde que comenzó a arder no se despabiló, y se quería ya apagar, aquí vimos estar sentada a un rincón una muy rota y desarrapada mujer. Ésta era el lloro y tristeza miserable, estaba sentada en el suelo puesto el codo sobre sus rodillas, la mano debajo de la barba y mejilla. Vímosla muy pensativa y miserable por gran pieza sin se menear, y como al meneo de nuestros pies miró, alcancé a la ver un rostro amarillo, flaco y desgraciado: los ojos hundidos y mejillas que hacían más larga la nariz, y de rato en rato daba un suspiro de lo hondo del corazón, con tanta fuerza y aflicción que parecía ser hecho artificial para solo atormentar almas con las entristecer. Es este gemido de tanta eficacia que traspasa e hiere el alma entrando allí, y con tanta fuerza que le trae cada momento a punto de desesperación; y ésta es la primera miseria que atormenta e hiere las almas de los condenados y es tan gran mal que sin otro alguno bastaba vengar la justicia de Dios. Tiene tanta fuerza esta miserable mujer en los que entran allí que aun contra nuestro privilegio comenzaba con nosotros a obrar y empecer. Pero el mi ángel lo remedió con su deidad, y pasando adelante vimos en otro retrete donde estaban los miserables cuidados crueles verdugos de sus dueños, que nunca hacen sino comer del alma donde están hasta la consumir, como gusano que roe al madero el corazón. Aquí moran las tristes enfermedades y la miserable y trabajosa vejez toda arrugada, flaca, fea y de todos aborrecida. Aquí habita el miedo enemigo de la sangre vital, que luego la acorrala y de su presencia la hace huir. Aquí reside la hambre que fuerza los hombres al mal, y la torpe pobreza, de crueles y espantosos aspectos ambas a dos. Aquí se nos mostró el trabajo quebrantado molido sin poderse tener. Vimos luego aquí al sueño, primo hermano de Atropos, aquella cruel dueña; y la muerte misma se nos mostró luego allí con una guadaña en la mano, codiciosa de segar. Estaban luego adelante las dos hermanas del desasosiego: guerra y mortal discordia. Por aquí nos salieron a recibir infinitos monstruos y chimeras; gorgones, harpías, sombras y lernas. Y estando así mirando todas estas miserables furias, que eran ciertamente cosa espantosa de ver sus puestos y figuras monstruosas, sentimos venir un gran tropel y ruido como que se había soltado una gran presa que estuviese hecha de muchos días de algún caudaloso brazo de mar; sonaba una gran huella de pies, murmuración de lenguas de diversas naciones, y como más se nos iban cercando entendíamos grandes blasfemias de españoles, alemanes, franceses, ingleses e italianos; y como sentimos que se nos iban más llegando y que comenzaban ya a entrar por donde nosotros estábamos, me apañó mi ángel por el brazo y me apartó a un rincón por darles lugar a pasar, que venía tan gran multitud de almas que no se podían contar, y cuanto topaban lo llevaban de tropel; y preguntando qué gente era aquella nos dijeron que el Emperador Carlos había dado una batalla campal al Duque de Güeldres, en la cual le había desvaratado el ejército y preso al Duque, y que en ella había muerto de ambas las partes toda aquella gente que iba allí.

Micilo: Pues, ¿cómo, gallo, todos fueron al infierno cuantos murieron en aquella batalla? Pues lícita era aquella guerra, a lo menos de parte del Emperador.

Gallo: Mira, Micilo, que ya esa guerra no fuese lícita según ley evangélica, basta serlo de autoridad eclesiástica para que se pueda entre príncipes cristianos proseguir; porque con este título ayuda para ellas con indulgencias su santidad. Pero mira que no todos los que mueren en la guerra van al infierno por causa de ser injusta la guerra, porque saber la verdad de su justicia no está a cuenta de los soldados, sino de los príncipes que la mueven; los unos por la dar y los otros por se defender, y principalmente si la mueve el supremo príncipe siempre se presume ser justa. Pero sabe que los soldados que mueren en la guerra van principalmente al infierno porque en universal los toma la muerte en pecados que los llevan allá: en juegos, blasfemias, hurtos, ninguna guarda en los preceptos de la iglesia, ni religión, enemistades, iras, enojos, pasiones, lujurias, robos, sacrilegios y adulterios. Y así duró este tropel de gente más de seis meses continos que no hacían a toda furia sino entrar porque decían que entonces el Emperador prosiguió la guerra entrando por Francia con gran mortandad y rigor hasta llegar a una ciudad que llaman Troya muy principal en aquel reino; y por otra parte entraba el rey de Inglaterra con grande ejército desolando a Francia sin haber piedad de ninguna criatura que en su poder pudiese haber. Maravillado estaba yo pensando dónde podía caber tanta gente, y entrando adelante vimos una entrada a manera de puerta que parecía diferenciar el lugar. Oíamos dentro gran ruido de cadenas, voces, lágrimas, suspiros y sollozcos, que mostraban gran miseria. Pregunté a mi ángel qué lugar era aquél, respondióme ser el purgatorio, donde se acaban de purgar los buenos para subir después a gozar de Dios; y también yo alcé la cabeza y leí ser aquello verdad en una letra que estaba sobre la puerta; y por no nos detener determinamos pasar adelante, y en esto sucedió que llegaron donde estábamos un demonio y un ángel que traían un alma, que según parece el ángel era su guarda y el demonio era su acusador, como cada uno de vosotros tiene en este mundo mientras vivís; y como llegaron donde estábamos paróse un poco el su ángel con el mío como a preguntarle dónde venía, el cual nos respondió que a traer este su cliéntulo al purgatorio, que había sesenta años que le guardaba en el mundo; y en el entretanto arrebató el demonio de aquella ánima y corriendo por un campo adelante la llevaba camino del infierno, y como el alma conoció por la letra que la pasaba del purgatorio comenzó a dar voces a su ángel que la defendiese; y así fue presto su ángel y alcanzándolos tuvo recio della, y convinieron ante nosotros como en juicio. decía el demonio que la había de llevar al infierno porque no había razón para la dejar en el purgatorio, principalmente porque la probó que la mayor parte de la vida había sido viciosa, comedor glotón y disipador de hacienda y tiempo, y distraído de la ley de Dios; y a esto la convenció a consentir. Pero por el contrario alegaron el alma y su ángel por su parte que, aunque todo esto fuese verdad, pero que a la contina tuvo cuenta con Dios y con su conciencia, confesando a los tiempos debidos sus pecados y haciendo penitencia dellos, y que así lo había hecho en el diceso y salida de la vida, recibiendo todos los sacramentos de la Iglesia, teniendo gran confianza en la pasión de Cristo con gran arrepentimiento de sus culpas; y así fue concluido por mi ángel serle perdonadas por Dios, y que solo quedaba obligada a alguna pena temporal del purgatorio; y así la dejó allí, y nosotros luego comenzamos a caminar por unos campos llanos muy grandes cuanto nuestros ojos y vista se podía estender.

Micilo: Pues dime, gallo, ¿no dices que estaba todo oscuro y en tinieblas?, ¿de dónde teníades luz para ver?

Gallo: Oscuro es todo aquel lugar a solos los condenados por la justicia de Dios, pero para los otros todos provee Dios allí de luz, porque do quiera que esté el justo tiene bastante claridad para perspicacísimamente ver; y desde lejos comenzamos a oír la grita y miseria de las almas, el ruido de los hierros y cadenas, los golpes y furia de los atormentadores, el sonido y tascar del fuego, humo y centellas que de aquellos lugares de miseria salían. Era tan grande y tan temerosa la desventura de aquel lugar que mil veces me arrepentí de venir allí, y quisiera dejar de presentar la petición, sino que el ángel me esforcó y no me quiso volver. Ya se desparcían por aquellos campos (aunque aún estábamos lejos del lugar de las penas) tantas cuadrillas de demonios, tan feos y de tanto espanto que aun del previllegio que llevábamos no me osaba fiar, temiendo si había yo de quedar allí; y una vez se llegó un demonio a me travar, ¡o Dios inmortal en cuánta confusión me vi que casi perdí el ser! Es tan sucia, tan contagiosa, tan hidionda su conversación, y alanza de si tanta confusión y mal, que me parece que una de las principales penas y males de aquel lugar es su compañía y conversación. Porque así como en el cielo aquellas almas benditas de su naturaleza hasta el mismo suelo que hollamos, y el aire que corre por allí consuela, alegra, aplace, y os anima y esfuerza para vivir en toda suavidad, así por el contrario en el infierno los demonios de su natural, el lugar, y el todo lo que allí veis tiene toda tristeza y desconsolación, y tanta que no la podéis sufrir, porque todo está allí criado, enderezado y puesto para tormento y castigo, para satisfacer la justicia de Dios después que pasó el pecador su ley.

Micilo: ¿No hay puerta que guarde estas almas aquí?

Gallo: No tiene necesidad de puerta porque para cada alma hay veinte mil demonios que no se les puede ir, ni nunca momento están sin las atormentar: el uno las deja y el otro las toma, de manera que nunca cesan para siempre jamás, ni ellos se pueden cansar, ni ellas morir, sino siempre padescer. Así llegamos a un río admirable, espantoso y de gran caudal, que corría con gran furia un licor negro que a parecer y juicio nuestro era pez y cufre, y éste ardía un fuego el más fuerte y eficaz que nunca se vio, o que Dios crió. Calentaba a gran distancia y aun a infinita a los condenados a él sin le poder resistir ni sufrir sin mortal pasión. Corría de oriente a poniente sin cesar, en éste había inumerable cuento de almas que nunca faltan allí; y pregunté al mi ángel qué río era aquél tan espantoso, y él me respondió que era el que los antiguos llamaron Flegeton, en el cual entran todas las almas que entran en el infierno, porque éste es el fuego que tiene fuerza en las almas, por ser instrumento de la justicia de Dios. Este fuego las abrasa y quema do quiera que están para siempre jamás. Ninguna alma puede pasar adelante sin entrar por él, porque no tiene puente ni barca, y si el alma quisiese volar la quemaría aquel fuego las alas y caería en él. Por las riberas deste río están infinitos coxixos, sierpes, culebras, cocodrilos, áspides, escorpiones, alacranes, hemorrhois, chersidros, chelidros, cencris, amodites, cerastas, scithalas, y la seca dipsas, amphisebena sierpe de dos cabezas y natrix, y jaculos que con las alas volan gran distancia; están aquí las sierpes phareas, porphiro, pester, seps y el basilisco. También están aquí dragones y otros poncoñosos animales, porque si acaso acontece salirse alguna alma del río pensando respirar por la ribera con algún alivio y consolación, luego son heridas destas venenosas serpientes y coxixos que las hacen padecer doblado tormento y mal; y así de algunos que salieron te quiero contar su arrepentimiento. Aconteció salir a la ribera delante de nosotros un viejo capitán español que conocimos tú y yo, el cual acertó a pisar una dipsas, sierpe cruel, y ella vuelta la cabeza le picó, y luego en un momento se estendió por todo él la poncoña de un fuego que le roía los tuétanos y un calor que le corrompía las entrañas, y aquella pestelencia le chupaba el rededor del corazón y partes vitales, y le quemaba el paladar y lengua con un sed imensa y sin comparación, que todo su ser no había dejado punto de humor que sudar, ni lágrima con que llorase, que todo se lo había ya la poncoña resolvido; y así como furioso corría por los campos a buscar las lagunas que en las entrañas le pedía el ardiente veneno. Pero aunque se fuera al río Tanais, Ródano, y al Po, y al Nilo, Indus, Eúfrates, Danubio y Jordán no le mataran todos estos ríos un punto insensible de su ardiente sed; y así desesperado de hallar aguas se volvió a zapuzar en su río de donde salió. Pregunté qué pecado había causado tal género de tormento y respondióme mi ángel que éste había sido en el mundo el más insaciable y vicioso bebedor de vino que nunca en el universo se vio, y que por tanto se atormentaba así. Dende a poco acertó a salir a la ribera otra alma, y una sierpe pequeña llamada seps le picó en la pantorrilla, y aunque en picando saltó afuera, luego se abrió en torno de la picadura una boca que mostraba el hueso por donde había sido la mordedura, todo nadando en podre, y así se le resolvió y derritió la pantorrilla, morcillos y muslos destilando del vientre una podre negra, y reventóle la tela en que el vientre y entestinos están y cayeron con las entrañas. En fin, las ataduras de los nervios y contextura de los huesos y el arca del pecho, y todo lo que está ascondido en derredor de las vitales partes, y toda la compostura del hombre fue abierta de aquella peste; y todo lo que hay natural en el hombre se dejaba bien ver, que no parecía sino una muerte pintada, sino que miramos que con estar todo deshecho y convertido en podre nunca acabó de morir, pero así fue tomado ante nosotros por un demonio y fue arrojado por los aires en Flegeton. Ésta me dijo mi ángel que era el alma de una dueña muy delicada y regalada que con unturas curiosas y odoríferas curaba su cuerpo y adelgazaba sus cueros, y que con semejantes tormentos son fatigados los que en tales ejercicios se ocupan en el mundo para satisfacer la lacivia de su carne. Desde ahí a poco salió del río otra alma que como escapada de una prisión o tormento muy bravo iba por el campo huyendo pensando poderse librar, y acaso le picó una sierpe llamada pester y al momento paró, y se le encendió el rostro como fuego, y se comenzó toda a hinchar que en breve tiempo vino a estar tan redonda que ningún miembro mostraba su forma ni fación, sino toda ella se hizo redonda como una pelota y mucho mayor de estatura que ella vino allí, y por cima desta hinchacón por todos partes le salían unas gotas de sudor de una espuma dañada que la ponzoña le hacía votar, y ella estaba allá dentro zabullida en su cuerpo que le tenía dentro del pellejo abscondida como a caracol, y estaba dentro en sí herviendo como una olla de agua puesta a un gran fuego; así la hervía aquella encendida ponzoña dentro en las entrañas, hasta que subiendo en demasía la creciente de la hinchazón, dando un gran sonido a manera de trueno, reventó, saliéndole aquella pestelencial podre por muchas partes con tan fuerte hediondez que por ninguna vía se podía sufrir; y luego llegó un demonio atormentador que la cogió por una pierna y la volvió por el aire arrojar en el medio del río. Ésta nos dijo aquel demonio ser el alma de un muy hinchado y soberbio juez que con tiranía trabajaba tropellar a todos en el mundo sin hacer justicia, pero a todos atropellaba haciéndoles agravio y sinrazón. A otra alma que iba huyendo del fuego y prisión mordió una serpiente llamada hemorrois en un brazo y luego súbitamente saltó dél al suelo y quedó toda el alma acrebillada de agujeros pequeños y muy juntos, por los cuales la poncoña les salía envuelta en sangre, de manera que por todos los poros le manaba con gran continuación, y las lágrimas que por los ojos le salía era de aquella emponcoñada de sangre; y por las narizes y boca le salía un grande arroyo sin nunca cesar; todas las venas se abrieron y súbitamente se desangró, y con gemidos muy doloridos parecía morir sin poder acabar; y así tomándola un demonio sobre sus espaldas se lanzó al fuego con él. Ésta era un alma de un médico que en el mundo con gran descuido sin estudio ni consideración usaba de la medicina por solo adquirir honra y riquezas, principalmente usaba de la sangría con peligro de los pacientes sin miramiento alguno. Luego fue mordida por una serpiente llamada áspide una alma de un solícito cambiador despierto y vivo para atesorar, la cual en siendo mordida se adormeció de un sueño y luego cayó en el suelo; aún le parecía a la desventurada alma haber acertado en alguna suerte que la pudiese dar algún momento de descanso, pues el punto que dormiese podría no sentir, y así no padecer, y aún juzgamos que le era buen trueque, pues no habiendo dormido con sosiego en el mundo por adquirir riquezas venía a dormir aquí, pero engañóse, porque llegó a ella un demonio atormentador que a su pesar la despertó, porque tanto cuanto más el veneno del áspide la adormecía el demonio la despertaba con un cruel aguijón de tres puntas de acero; en esto padeció la desventurada alma por gran pieza el más cruel y desgraciado tormento que con ninguna lengua humana se puede encarecer; porque con ningún género de muerte ni tormento se puede comparar. Estando pues mirando esta tragedia cruel, llegó al río una gran multitud de almas que querían pasar, las cuales todas venían hermosas, agraciadas y bien dispuestas al parecer, y miré que cada una dellas llevaba un ramillete en la mano, cuál de encina, cuál de castaño, roble y ciprés; yo pregunté a mi ángel qué compañía era aquélla de almas que estaban allí, porque me pareció ser para el infierno de demasiado solaz. Él me respondió, que todas eran almas de mancebas de clérigos, yo le pregunté: «Pues, ¿qué significan aquellos ramilletes que llevan en las manos, pues en ellas no denotan la virginidad?»; y él me respondió que desde la primitiva Iglesia habían sido las mancebas de los abades mulas del diablo para acarrear leña para atizar el fuego del infierno, y que por ser entonces pocas, aunque traían grandes cargas, no lo podían abastar, y agora les mandaban que llevase cada una un solo ramillete con el cual por ser tantas bastaban proveer con gran ventaja lo que antes no se podía con mucho bastecer; y así las arrebataron sus demonios atormentadores y las metieron en el río Flegeton. En fin, mi ángel me tomó por un brazo y fácilmente me pasó de la otra parte de la ribera, y plugo a Dios que, aunque era gran distancia, fue sin alguna lisión; y cierto el mi ángel acertó a me pasar sin me lo decir, porque presumo de mí que no quisiera pasar allá, porque según lo que vimos antes que pasásemos parecióme que no me atreviera a pasar; pero el mi ángel lo hizo bien. Púsome en un gran campo. ¡O Dios inmortal!, ¿qué te diré?, ¿por dónde comenzaré?, ¿qué vi?, ¿qué sentí?, mi ángel, ¿qué me mostró? ¿Duermes acaso, Micilo? Agora te ruego me prestes tu atención.

Micilo: O gallo, cuán engañado estás conmigo, pues me preguntas si duermo. Cosas me cuentas que aun con ser picado del áspide un puro flemático no podría dormir. Despierto estoy y con gran atención, porque es tan grande el espanto y miedo que me han metido en el cuerpo esas visiones, sierpes, demonios, penas, tormentos que viste allí, que si me vieses habrías de mí piedad: enericados los cabellos, fría la sangre, sin pulso y sin pestañear. En fin, estoy tal que de temor he cesado del trabajo, por tanto di, que así te quiero oír.

Gallo: Porque ya casi viene la mañana oye, que solo proporne lo que adelante oirás. Parecióme como en aquel gran campo me apeé un poderoso y estendido real, cual me acuerdo haberle visto por Jerjes, rey de persas, en la segunda expedición que hizo contra atenienses después de muerto su padre Darío; en el cual ejército juntó un millón y cien mil hombres. En aquel día que Jerjes se subió en una alta montaña por ver su ejército que estaba por un gran llano tendido por chozas, ramadas, tiendas y pabellones, que a una parte había fuegos, a otra humos, a otra comían y bebían los hombres, y a otra se mataban; en fin, espantado el mismo Jerjes de ver tanta multitud lloró considerando que dentro de cien años ninguno había de quedar de aquella multitud. Así me pareció, Micilo, ser aquel campo del infierno, donde había una inimaginable distancia, en la cual vagaba inumerable cantidad de demonios y almas. Había un ruido, una grita, una confusión que no sé a qué te la pueda comparar, porque en el mundo nunca tal se vio. Había llamas, fuegos, humos, golpes de espada, de segures y hachas; sonido de grillos y cadenas, lágrimas, lloros y voces, ¡O Dios inmortal!, cuando aquí me vi no sé con qué palabras te lo pueda encarecer, ¡tanta era la confusión y espanto!;

en fin, no me osaba soltar un momento de la mano del mi ángel, porque del mismo suelo que hollaba tenía temor. Había horcas de diversas maneras en que estaban almas, unas colgadas por los pies, otras por la cabeza, otras por medio del cuerpo, otras por los cabellos. Había hoyas muy hondas llenas de culebras, sierpes, lagartos, sapos, alacranes, áspides y otros animales ponzoñosos, donde los demonios echaban grandes cantidades de almas. Otros nadaban por ríos y lagunas de pez, azufre y resina, ardiendo sin se hundir ni nunca poder llegar a la orilla; y en otras lagunas de fuego eran echadas otras que en cayendo se hundían sin más las poder ver, lo cual provenía de la gravedad de los pecados de parte de sus circunstancias. En otros lugares se daban tormentos muy crueles de agua de toca, de garrote y de cordel, y a otras atormentaban levantándolas atadas por las muñecas atrás y subidas con fuertes cordeles por carrillos y poleas en lo alto, colgadas unas grandes pesas de hierro de los pies, y soltándolas con furia venían a caer sin llegar al suelo. De manera que aquel gran peso las descoyuntaba todos los miembros con grandísimo dolor. A otras hacían cabalgar en caballos de arambre, que en lo huero del cuerpo estaban llenos de fuego que los abrasaba hasta las entrañas, que los hacían renegar de sus padres maldiciéndolos juntamente con el día en que fueron engendrados y nacidos. Estaban infinitas almas de mujeres vagabundas lujuriosas y viciosas, atadas a unos palos y trocos de árboles y acotadas por demonios con pulpos, anguillas y culebras, hasta abrirles las entrañas, gimiendo miserablemente. Almas de rufianes, ladrones y soldados atados por los pies a fieros caballos, potros y yeguas sin rienda ninguna eran llevadas arrastrando con gran furia por montañas y sierras de grandes pedregales y asperezas. A las almas de los blasfemos renegadores sacaban las lenguas por el colodrillo, y luego allí delante dellos se las picaban en unos tajones con unas agudas segures, y así se las hacían comer y que las mascasen, moliéndolas entre sus dientes con grave dolor. Las almas de los vanos lisonjeros de príncipes y señores, y de truhanes y chocarreros las traían los demonios gran pieza por el aire jugando con ellos a la pelota sin dejarlas sosegar un momento, y después las arrojaban en lo más hondo de aquellas ardientes lagunas. Estaba tan admirado de ver tan espantosa tragedia y miseria infernal que casi andaba fuera de mí, y así con un descuido notable, que de mí mismo no tenía acuerdo ni atención, me senté en un trozo de un árbol seco y chamuscado que estaba allí; y así como descargué mis miembros como hombre algo cansado, gimió el madero mostrando que por mi causa había recibido aflicción y dijo: «Tente sobre ti, que harta miseria tengo yo». Y como lo oí espeluzáronseme los cabellos quedando robado del calor natural, temiendo que algún demonio súbitamente me quería sorber; y así apartándome afuera por me purgar de alguna culpa si en mí hubiese le dije: «Diosa, o deidad infernal, quien quiera que tú seas perdona mi ignorancia, que por poco aviso he faltado a tu debida veneración. Dime, yo te suplico, quien seas, que con digna penitencia te satisfaré, y si eres alma miserable háblame con seguridad, que yo no soy furia que a tu miseria deseo añadir». Y ella dando un gemido de lo íntimo del corazón dijo: «Yo soy el alma de Rosicler de Siria, la más infeliz y malhadada doncella que nunca en el mundo fue, pues por amor a quien me engendró me fue a mí misma tan cruel que peno aquí con acérrimo dolor para siempre jamás». Mi ángel la importunó nos dijese la pena que padecía allí, y ella con gran fatiga prosiguió. Y porque el día es ya venido, en el canto y mañana que se sigue oirás lo demás.

Fin del decimoquinto canto del gallo

Argumento del decimosexto canto del gallo
En el decimosexto canto que se sigue el autor, en Rosicler hija del rey de Siria, describe la ferocidad con que una mujer acomete cualquiera cosa que le venga al pensamiento si es lisiada de un lascivo interés, y concluye con el descendimiento del infierno imitando a Luciano en los libros que de Varios diálogos intituló.

Gallo: ¿Qué has, Micilo, que tales voces das? Despierta y sosiega tu corazón que parece que estás alterado.

Micilo: O gallo, en cuánta congoja y aflicción me vi, y de cuánta miseria has usado comigo en me despertar, porque soñaba que era llevado por todos esos lugares espantosos de penas y tormentos que propusiste en el canto de ayer, y soñaba que por la gran actividad y fuerza que tiene aquel acérrimo y espantoso calor con que abrasa el fuego infernal era imposible entrar allí alguno sin se contaminar, ahumar, chamuscar o quemar; y así en sueño me vi en un gran campo tan rodeado de llama que el resuelgo me faltaba, que por un momento que tardaras se me acabara el vivir.

Gallo: Pues oye agora y verás cuánta diferencia hay de verlo a soñarlo, como de lo fingido, sombra a lo verdadero y real; verás con cuanta facilidad se ofende Dios mientras viven los malos aquí, y con cuánto rigor se satisface la suma justicia después; verás la malicia humana cuán en el extremo se colocó en el sexo femenil, y los homicianos e incestuosos en el rigor que van a pagar. Y venidos, pues, donde dejamos el canto de ayer, si bien me acuerdo, te dije que por importunidad de mi ángel proponía Rosicler la pena que padecía allí, y así la desdichada nos dijo: «Sabréis que éste es el lugar donde son atormentadas las almas miserables de los avarientos usureros, cambiadores, renoveros, negociadores, que a tuerto y a derecho no hacen sino llegar gran suma de dineros para satisfacer su insaciable codicia; y cada día son traídas aquí éstas y otras muchas almas de otros diversos géneros de pecadores, las cuales con gran tormento son aquí picadas tan menudas como sal con unas hachas y segures sobre mi cuerpo, como sobre un tasón. Bien podéis pensar el dolor que me hacen cada vez que hieren sobre mí». «Dinos agora la causa de tanto mal», dije yo, «porque según he oído decir descansan los afligidos dando parte a otros de su pasión, principalmente si presumen que en alguna manera los que se le oyeren sienten su mal.» Respondióme la desventurada alma: «¡Ay! que a las infernales almas es al revés, porque después que entramos aquí, cada momento se nos ofrece a la memoria la culpa y causa de nuestra infelicidad con que nos atormenta más Dios. Pero por os complacer yo os lo quiero decir aunque augmenta las llagas y renuévase el dolor recontando la causa del mal; pero el mal no se puede augmentar a quien tiene el supremo que se puede padecer, como yo. Pues sabed que yo fue hija de Narciso, rey de Damasco y de toda la Siria, principalmente de aquella próspera y deleitosa provincia decapolitana, que así se llama por las diez ricas ciudades y antiquísimas que en ella hay: Damasco, Filadelfea, Scitoplis, Gadara, Hipodron, Pella, Galasa, Gamala y Jope; yo era por maravilla en el extremo hermosa doncella y deseada de todos los poderosos príncipes del mundo y a todos los menosprecié porque mis tristes hados lo permitiendo y mi infeliz suerte lo ayudando fue presa de amores de Narciso mi padre, que en hermosura y disposición no había en el mundo varón de su par, y por serle yo única hija y heredera me amaba más que a sí de amor paterno. Pero por mi desventurada suerte todos cuantos placeres y regalos me hacía era para en daño y miseria mía, porque todos redundaban en augmento de mi malicia. Agora os quiero contar hasta dónde llegó mi desventura. Sabréis que por tener yo fama de tan graciosa doncella vino a la corte de mi padre un gracioso y valiente caballero, hijo del rey de Escocia, con voluntad de se casar comigo si lo tuviese yo por bien, y trabajar por su esfuerzo y buenos hechos merecerme la voluntad; el cual como me vio fue de fuertes cadenas preso, y encendido de nuevo amor de mí, por lo cual procuró con todas sus fuerzas por me servir y agradar ejercitándose en señalados hechos en las armas; y así mi padre por ennoblecer su corte y ejercitar su caballería, a la contina tenía justas y torneos echando bando por todas las tierras del mundo que viniesen los caballeros andantes y de nombradía, a verse en las armas lo que valía cada cual, y como Dares (que así se llamaba el príncipe de Escocia) me servía, y pretendía ganarme por sus señalados hechos, a la contina se aventaja a todos cuantos a la corte y fiestas venían, dando mucha honra a mi padre y enobleciéndole y afamándole su casa por el mucho valor de su persona. De manera que demás de estar contento mi padre de Dares, demás de ser hijo del rey de Escocia, por sus grandes hechos y ardid en las armas deseaba que yo le quisiese por marido y que fuese comigo su sucesor. Pero como yo tenía puesto mi corazón tan asentado en Narciso mi padre, los hechos de Dares y su gentileza, ni ser hijo de rey no me movía la voluntad a le estimar, antes me era ocasión de aborrecerle con coraje, deseando que en las justas y torneos le sucediese peor; y así muchas veces le eché cuadrillas de caballeros y puestos doblados que le acometiesen con furia para le haber de matar, y buenaventurada, ardid y esfuerzo hacía sobrepujar a todos en armas y valentía, de manera que a la contina salía de la contienda victorioso y vencedor; y en todo esto recibía mi padre infinito pesar por verme tan desgraciada y tan desabrida con Dares, trabajando con palabras de me le encomendar cada y cuando se ofrecía la oportunidad, en sala ante caballeros cuando se razonaba del suceso del torneo, o justa de aquel día; y yo tenía tan situado mi amor en mi padre en tanta manera que cuando me persuadía con palabras que favoreciese a Dares me atormentaba cruelmente con mortal rabia, pensando que procuraba echarme a otro por aborrecerme él, y teníame por desdichada e indigna de su amor, pues a quien tanto le amaba mostraba tan cruel extremo de ingratitud; y así un día entre otros muchos concebí en mi pecho tanta desesperación que suspirando con gran ansia de lo profundo del ama me salí de la sala de la presencia de mi padre determinada de me matar, y ciertamente lo hiciera sino que mi padre sintiéndome alterada se fue tras mí a mi aposento, y mostrando de mi gran pesar me mandó echar en una cama donde con besos muy dulces por entonces me dejó algo sosegado el corazón. Y Dares con licencia de mi padre y favor suyo mostraba cuanto podía amarme y tenerme en lo íntimo de sus entrañas solicitándome a la contina con los ojos, suspiros, alma y muestras que él más podía; y con sus cartas y criados manifestaba lo que dentro el alma sentía; y cuanto más él lo publicaba tanto yo más le daba a entender el aborrecimiento y odio que le tenía; y él por me convencer trabajaba a la contina mucho más, haciendo a mi padre muchos servicios de gran afrenta y peligro, porque con el ejército de mi padre dentro de un año ganó a Silicia y a Caria y a Pamfilia, Tarso y Comagena, y me lo dio todo a mí añadiendo lo al estado y señorío de mi padre. Pero todo esto le aprovechó poco, porque pidiéndome a mi padre que me diese por su mujer, le respondió que sabría mi voluntad, y como mi padre me hablase le respondía con muchas lágrimas que no me quería casar, y que si él me forzaba como padre le aseguraba que otro día vería el fin de mi vida; y como mi padre le declaró mi voluntad a Dares se le encajó en el pensamiento que mi padre no tenía voluntad de dármele por su mujer, porque tenía por cierto serle yo tan obediente hija que si él me lo mandase lo haría; y así sin más esperar, se despidió jurando con gran solenidad de se satisfacer con gran pesar y vergüenza de mi padre; y así se fue en Escocia y dentro de breve tiempo trajo gran ejército sobre la ciudad de Damasco y región decapolitana, y en tanta manera nos conquistó que dejándole todo el reino nos fue forzado recogernos en la ciudad de Jope que sola nos había de todo el señorío dejado. Aquí nos puso en tanto aprieto y necesidad que no teníamos ya qué comer, ni esperanza de salud, y yo siempre pertinaz en el odio y aborrecimiento que dél había concebido, y mi padre llorando a la contina mi obstinación y mal destino; como el amor paterno le constreñía padecía por no me contradecir, y por verle tan amargamente llorar su miseria y abatimiento me derroqué en una perversa y obstinada determinación, asegurar a Dares en su real y cortarle la cabeza. Y así trabajé sosegar a mi padre con palabras diciendo que yo le quería hacer placer y salir a Dares al real y dármele por mujer, y si me menospreciase ofrecérmele por su sierva, o manceba. Y así venida la noche adorné mi cuerpo y rostro de los más preciosos paños y joyas que tenía, y con una sola criada de quien me confié, me fue al real de Dares y como llegué a las guardas y me conocieron me recibieron con gran reverencia, y con presteza lo hicieron saber a su señor teniendo por muy cierto que sería muy alegre con tales nuevas, porque desta conquista no pretendía alcanzar otra empresa ni interés más que haberme por mujer a mí; y como Dares supo que yo estaba en su real se levantó muy presto de una silla donde estaba razonando con sus capitanes y principales de su ejército, y me salió a recibir a la puerta de su tienda y pabellón, acompañado de todos aquellos varones que estaban con él, y como a mí llegó me dijo: "¿De manera señora que forzada has de tener piedad?, ya yo no te la debo", y yo le respondí: "Pues yo te la vengo a demandar contra la dureza y obstinación de mi padre, porque sabiendo que ya no tenemos en quién esperar, ya que él por ser viejo tiene aborrecida la vida quiérola gozar yo, que esto por mi voluntad ya fuera muchos días ha hecho, sino que las doncellas tenemos obligación de obedecer". Entonces todos aquellos caballeros y príncipes que allí estaban como me vieron se espantaron de mi hermosura, juzgando por dichoso a Dares si de tal doncella era poseedor, y decían entre sí que a cualquiera peligro se podían los hombres arriscar por me haber, y con esto se volvían a mí diciendo: "Cuerdamente has hecho, señora, pues así has comprado la vida con tu venida, porque agora no te puede negar su favor el nuestro príncipe"; y con esto rendido Dares de mi beldad me lanzó en sus retretes y secretas estancias donde se confirmó en su fe con palabras que descubrían su afición. Pues con esperanza que tenía que esta noche tomara posesión y gozo de su tan deseado bien, mandó aparejar sus preciados estrados y mandó disponer con mucha abundancia el comer y beber, e hizo un suntuoso convite aquella noche a todos aquellos sus príncipes y capitanes; de manera que con aquel regocijo que todos tenían bebieron demasiado, y también por cierta confección que yo llevaba, que con la bebida mezclé se desbarató, que se dormía en tanta manera que de sueño no se podía contener; y así mandó que se fuesen todos a su sosiego y nos dejasen solos sin pensamiento de más guerra, pues ya se le había rendido la fuerza y homenaje; y así como yo le sentí tan dormido y tan vencido y fuera de juicio por el efecto del vino, y tan confiado de mí, ayudada de mi doncella (que solas habíamos quedado con él) le tomé su espada de la cinta y le corté con ella la cabeza; y como era el primer sueño en todos los del real, todas las guardas estaban dormidas y sin cuidado por haber todos comunicado aquella noche el vino en abundancia. Así lanzando la cabeza de Dares en una caja que allí hallamos, dejando el vaso que dentro tenía, que era el en que agoraba Dares, nos salimos por medio del real sin que de ninguno fuésemos sentidas y nos fuemos para la nuestra ciudad de Jope, donde siendo recibida de mi padre y haciéndole saber mi atrevimiento le pesó, y por ser ya hecho se proveyó a lo que se debía hacer, que luego se mandó poner a punto toda la gente de la ciudad, y fue puesta al muro la cabeza de Dares en una lanza; y luego como amaneció se dio con furia en el real, que todos dormían sin cuidado pensando que por mí estaban hechas paces perpetuas; y así en breve tiempo fueron todos los capitanes y principales del ejército puestos a cuchillo, y a la otra gente que despertó procuró con huida ponerse en salvo. Pues como mi padre tuvo destruidos sus enemigos y cobrado su reino quiso se aconsejar comigo qué debría de hacer; y como yo desdichada tenía determinada mi malicia, y a la contina crecía en mi perversa obstinación sacábale de cualquiera determinación que concibiese de me casar, teniendo esperanza de efectuar con él mi incestuosa voluntad, y ya no dando lugar a más dilación me determiné una noche en el mayor silencio, estando mi padre en su lecho sosegado y dormido, aseguradas las guardas de su persona que le entraba a visitar como hija, entré a su lecho pensando lanzarme en él, confiada que cuando despertando me hallase con él abrazada holgaría con mi conversación; y así como junto a su cama me despojé de todos mis paños, como comencé a andar con la ropa de la cama para me lanzar, despertó con furia y sospechando estar en poder de sus enemigos tomó su espada, y antes que yo tuviese lugar de manifestármele me hirió tan fieramente que me sacó la vida; y así en pena del efectuado homicidio y del deseado incesto fue traída aquí donde padezco la pena que habéis oído para siempre jamás.» Cuando acabó Rosicler su tragedia yo quedé maravillado de ver tan hazañosos acometimientos en pecho feminil; y luego vimos llegar gran compaña de demonios que traían muchas almas atormentar en aquel tasón, y preguntando qué almas eran respondieron ser Luthero, Zuinglio, Osiander, Regio, Butzero, Rotenacker, Oecolampadio, Felipe Melampto, heresiarcas en Alemania, con otra gran compaña de sus secaces; los cuales fueron tomados por los demonios y puestos sobre Rosicler, y con unas hachas y segures los picaron allí tan menudos como sal, y ellos siempre doliéndose y gimiento entre sí; y después de muy picados y molidos los echaban en unas gran calderas de pez, azufre y resina que con gran furia hervían en grandes fuegos, y allí se tornaban a juntar con aquel cocimiento y asomaban por cima las cabezas con gran dolor forzando a salir, y los demonios tenían en las manos unas ballestas de garrucho, y asestando a los herir al soltar se zapuzaban en la pez ferviente, y algunos heridos con grave dolor se quejaban y tornaban a salir con las saetas lanzadas por el rostro, y los demonios los tornaban otra vez y otra vez a herir, y algunos salían que de nuevo volvían al tormento en diversas otras maneras; y así se procedía con ellos para siempre sin fin.

Micilo: Agora, gallo, muy maravillado estoy de ver cómo se despedazaban estas almas, pues los cuerpos que podían ser despedazados estaban sepultados en Alemaña y las almas solas allí.

Gallo: Pues ese es mayor género de tormento, que el alma en el infierno padezca sola los mismos tormentos que el cuerpo pueda padecer, lo cual ordena y hace la justicia de Dios para su mayor punición. Pasando adelante por estos espantosos y sombríos campos vimos infinitas estancias de diversos tormentos de pontífices, cardenales, patriarcas, arzobispos, obispos, perlados, curas y rectores eclesiásticos que habían pasado en el mundo las vidas en error y deleite. En otros miserables y apartados lugares había gemidos y lloros de reyes, príncipes y señores injustos y tiranos: unos asados en parrillas, otros en asadores y otros cruelmente despedazados. Aquí vimos a aquel desasosegado Francisco francés, enemigo de la paz en contina guerra y contienda, y lleguéme a él y díjele (por que allá en el infierno no se tiene respecto a ninguno), «O cristianísimo, ¿acá estás?». Él me respondió con un gran suspiro: «Como lo ves, Menipo». «Yo me maravillo, porque cristiano quiere decir el que sigue a Cristo, y cristianísimo el que más le sigue de todos, pues si el que más sigue a Cristo está acá, ¿cuánto más el que no le siguiere?» Y él me respondió: «O Menipo, que allá en el mundo cómpranse los títulos, buenos nombres por dinero, y después poséense con gran falsedad; plugiera a Dios que yo fuera el más pobre hombre del mundo, y que por algún infortunio yo perdiera todo mi reino, y forzado viniera a mendigar, antes que venir aquí». Luego adelante vi aquel mi grande amigo Calidemes griego, al cual como llegué le dije: «¿Acá está tú también, Calidemes?», y él me respondió: «Sí, Menipo, como ves». Yo le dije: «Dime, por mi amor, cuál fue la causa de tu muerte»; y él luego me comenzó a decir: «Ya sabes, Menipo, que yo tenía gran amistad y conversación con aquel gran rico Teodoro natural de Corinto, al cual serví y obedecí porque como él era viejo y rico, y sin heredero, había prometido dejarme por sucesor, y como en una enfermedad hizo testamento deseaba que se muriese; pero vino a convalecer, de lo que me pesó, y así concertéme con el paje que nos daba a beber que le echase en el vaso de su bebida un veneno que le di, y mandéle que se le diese a beber cuando lo demandase, prometiéndole hacerle heredero juntamente comigo; y un día que comimos de banquete y festividad como demandó a beber Teodoro y dijo que me diesen luego a mí, sucedió que tomó el paje por yerro el vaso mío con que yo había de beber y diósele al viejo, y a mí diome que bebiese el que estaba aparejado con veneno para el viejo; y luego como yo le bebí, porque con la sed bebí las heces del suelo no pensando que el mozo se podía engañar, y yo luego caí en el suelo muerto, y el viejo vive agora muy alegre». Y como yo le oía este acontecimiento reíme del suceso como haces agora tú, de lo cual Calidemes se afrontó y me dijo: «¿Así ríes y burlas del amigo, Menipo?»; yo le respondí: «O Calidemes, ¿y ese acontecimiento es para no reír?, ¿púdose nunca a hombre dar pago tan justo como se dio a ti? Pero dime, el viejo Teodoro, ¿qué dijo cuanto te vio caer?». Él me respondió: «Maravillóse cuando así súbito me vio morir, pero cuando del paje supo el caso del yerro del vaso, también él se rió». Yo le dije: «Por cierto bien hizo, porque si aguardaras un poco, ello se viniera a hacer conforme a tu deseo, y así pensando aventajarte atajaste el vivir y heredar». Y estando en esto luego llegó a hablarme Chyron, mi grande amigo, aquel que fue tenido por medio dios por su gran saber, al cual en llegando le abracé maravillándome, porque pensé que le dejaba vivo acá, y él me dijo: «¿De qué te maravillas, Menipo?»; yo le dije: «De verte tan presto acá, que no pensé que eras muerto. Dime Chiron, cómo fue tan súbita tu muerte»; y él me respondió: «Yo me maté porque tenía aborrecida la vida». Díjele: «Mucho deseo tengo de saber qué mal hallaste en la vida, pues solo tú aborreces lo que todos aman y grangean»; y él me respondió: «Pues esto has de saber, Menipo, que aunque todo el popular vulgo tenga la vida del mundo por muy buena yo no la tengo simplemente por tal, mas antes la tengo por variable y de mucha miseria, porque como yo tanto viviese en el mundo usando tanto tiempo de las mismas cosas, del Sol, de la noche, del comer, del beber, del dormir, del desnudar, del vestir, oír cada día las mismas horas del reloj por orden recíproco, importunaban mis orejas en tanta manera que ya la aborrecía, y enhastiado de tanta frecuencia, por hallarme cansado me quise acabar pensando venirme acá a descansar de tan incomportable trabajo, porque en la verdad yo hallo que el deleite ni descanso no consiste en gozar perpetuamente de las mismas cosas, pero conveniente en tiempos usar de la diversidad y mudanza dellas»; yo le respondí: «Pues dime, o sabio Chiron, ¿sientes te mejorado en esta vida que tienes en el infierno?». Él me respondió: «Aunque no mejorado, no me tengo por muy agraviado, Menipo, porque si acá recibe tomento y pena el alma no me era menor tormento la importunidad que me daba el cuerpo por la necesidad que tenía de regalarle y sobrellevarle allá, y esta ventaja hay acá, la igualdad en que vivimos todos, porque no hay pena a que se iguale la obligación que se tiene en el mundo a tenerse respecto entre sí los hombres: a los parientes, a los amigos, a los vecinos, a los perlados, a los príncipes, reyes y señores; en conclusión, universalmente unos a otros; acá siempre estamos en un ser, libertados de aquellas pesadumbres de allá». Y yo le dije: «Mira, Chiron, pues eres sabio no te contradigas en lo que una vez dijeres, porque es gran descuido; porque si tú dices que dejaste el mundo porque te daba hastío usar a la contina de las mismas cosas, mucho más te enhastiarás aquí, pues en las mismas has de estar para siempre jamás». Respondióme: «Así lo veo yo agora por experiencia que me engañé, Menipo, pero ya, ¿qué quieres que haga?». Y como le vi vencido por no le dar más miseria con mi importunidad le dije: «Solo esto quiero, Chyron, que vivas contento con la suerte que posees, y en aquello prestes paciencia que sin mayor mal evitar no se puede». Y así desapareció de ante mí aquella alma. Estaban por allí religiosos apóstatas, falsos profetas y divinadores, zarlos, cuestores, y otra gran trulla de gente perdida. Estaban letrados, abogados, jueces, escribanos y oficiales de audiencias y chancillerías. Vimos tanto que no hay juicio que te lo baste describir en particular, basta que cuanto yo puedo te sé decir que va tanta diferencia de lo oír a lo ver, como de la apariencia a la existencia, como de lo vivo a lo pintado, como de la sombra a lo real. En fin, quiero decir, que con todas las fuerzas humanas no se puede pintar con la lengua, ni encarecer tanto el dolor y miseria que padecen allí los condenados que en cantidad de una muy pequeña hormiga, o grano de mijo se pueda sentir por ningún entendimiento cuanto quiera que tenga la posible atención. Se decir que cuando me hubiere mucho fatigado por decir más, no habré dicho una mínima parte de lo infinito que allí hay. Y así vimos a deshora en una alta roca un alto y muy fuerte castillo de doblado muro que con gran continuación ahumaba, donde nos dijeron habitar Lucifer; y así guiamos para allá. Frecuentaban mucho los demonios entrar y salir, que no parecía sino casa de una chancillería, o de universal contratación, porque era tanta la multitud y concurso de demonios y almas que con gran dificultad podimos romper. Entramos unas puertas de fino diamante a un gran patio, donde en el fin de una gran distancia estaba un gran trono que me pareció ser edificado del fuerte e inviolable mármol, donde estaba sentado Lucifer. Era un gran demonio que en cantidad era muy mayor, más terrible, más feo y más espantoso que todos los otros sin comparación; tenía un gran cetro de oro en la mano, y en la cabeza una poderosa corona imperial, y todos le tenían gran obediencia. Pero tenía muy gruesas cadenas que con muy fuertes candados le ataban y amarraban en la fuerza de aquel mármol del teatro donde estaba sentado, que mostraba en ningún tiempo se poder mover de allí. Dicen que estos candados le echó Cristo cuando entró allí por los santos padres al tiempo de su resurrección, y que entonces le limitó el poder, porque antes de la muerte de Cristo todo el universo tenía usurpado Lucifer, y a todos los hombres llevaba al infierno para siempre jamás. Puestos allí ante el juez infernal había tanta grita, tantas quejas, tantas demandas que no sabía cuál oír, porque es aquel lugar natural vivienda de la confusión. Pero el Lucifer los mandó callar y dijeron unos demonios ancianos: «Señor, ya sabéis cómo está este vuestro infierno muy cargado de presos que ya en él no pueden caber, y la mayor fatiga que tenemos es con la gran muchedumbre de ricos cambiadores, usureros, mercaderes, merchanes y renoveros, trapazeros que acá están, que cada día hemos de atormentar tanto que ya no lo podemos cumplir; porque no hay género de pecadores de que más vengan acá después que creó Dios el mundo, que ya sabéis que éstos no se pueden salvar como Cristo lo autorizó diciendo ser tan posible su salvación como es posible entrar un camello por el ojo de un aguja, que es harta imposibilidad. De manera que por esta sentencia desde que Dios crió el mundo hasta ahora no viene otra gente más común acá, y principalmente como en este caso de los ricos el mundo va de peor en peor, de cada día vernán más, porque agora vernos por experiencia que la codicia de los hombres es en el mundo de cada día mayor y mayor sed por enriquecer; porque agora se casa un mancebo ciudadano con 1.000 ducados de dote, y viste y adorna a su mujer con todos ellos, y luego toma las mejores casas que hay en su pueblo con la mitad de censo por se acreditar, y haciendo entender que es rico con aquellas casas y familia, mozos y mulas luego se hace cambiador de ferias, y con esto come y juega mejor, y luego no se ha de hallar la mercadería sino en su casa, porque fiado, o mohatrado, o cohechado, o relanzado, él lo ha de tener por tener con todos que entender, dar y tomar. El ruán, la holanda, el angeo, la tapizería y otras cosas cuantas de mercadería son, todas las ha de tener como quiera que a su casa puedan venir. En fin, por negociar, por trapazar, por trampear todo lo ha de tener con codicia que tiene de ser rico y ser estimado ante todos los otros; de manera que hallaréis un hombre solo que no hay mercadería que no trate con esta sola intención, y así ninguno se escapa que no venga acá, y por ir el negocio en esta manera puede venir tiempo que no podamos caber en el infierno, ni haya demonios que los basten atormentar, porque cada cual cuanto quiera que sea vilísimo jornalero se presume adelantarse a otros enobleciéndose con negocios, porque de cada día se augmentan las usuras, los cambios, las merchanerías, trampas, y engaños, trapazando ferias y alargándolas. En fin, señor, es grande su codicia, en tanta manera que han hallado e inventado maneras para se condenar que nosotros no las podemos entender. Por lo cual, señor, debéis suplicar a Dios os ensanche el infierno, o enviadlos al mundo a purgar». Como Lucifer hubo bien oído este caso acerca del negocio de los desventurados ricos, considerando bien el hecho como convenía, publicó una sentencia por la cual, en efecto, mandó que todas las almas de los ricos que de cuatro mil años a esta parte estaban en el infierno fuesen lanzadas en cuerpos de asnos y saliesen al mundo a servir a hombres pobres; y luego por esta sentencia fueron tomadas por los demonios infinito número de almas y llevadas por diversas provincias del mundo: en la Asia a los indos, hybernios, hyrcanos, batrianos, parthos, carmanios, persas, medos, babilones, armenios, sauromatas, masagetas, capadoces, frigios, lydos, syros y árabes; en África fueron llevadas a los egipcios, trogloditas, garamantas, etíopes, cartaginenses, numidas y masilienses; y después en toda Europa fueron llevadas a los escitas, traces, getas, macedones, corintos, albanos, sclavones, rosios, daces, húngaros, tudescos, germanos, anglos, italos, galos e hispanos. Y todas aquellas almas fueron lanzadas en cuerpos de asnos y dadas en posesión de pauperrísimos aguaderos, azacares, recueros, trajineros y jornaleros miserables, los cuales todos con muchos palos y poco mantenimiento los atormentaban con grave carga, miseria y dolor. Y luego como Lucifer hubo despachado este negocio mirando por nosotros nos quiso proveer en nuestra petición; la cual leída la besó y puso sobre su cabeza, y mandó a Satanás así la obedeciese como le era mandado por Dios; y como hubimos negociado despedímonos del Lucifer, y él mandó a Asmodel, que era un demonio anciano y muy gran su privado y familiar, que nos sacase del infierno sin rodeo alguno y nos pusiese en el mundo donde residía entonces el Consejo real, lo cual hizo con gran diligencia, que al presente residía en Valladolid. Y un día de mañana procuramos presentar la petición en el Consejo de la Inquisición de su majestad, y vista por los del Consejo nos respondieron que se vería y proveería lo necesario y que conveniese; y andando por alguno de aquellos señores, por hablarlos en sus casas, nos decían que era escusado esperar provisión, porque hallaban que si quitasen estas superfluidades de las ciencias no se podría el mundo conservar, porque los sabios y maestros no ternían que enseñar, y por el consiguiente no podrían ganar de comer.

Micilo: Espantado estoy de ver quánto mejor obedecen los diablos que los hombres.

Gallo: Pues como vimos que iba la cosa tan a la larga lo dejamos de seguir, y el mi ángel como me hubo guiado en toda esta jornada me dijo: «Mira, Menipo, yo he hecho este camino por tu contemplación, por quitarte de pena, que bien sabía yo en lo que había de parar. Agora te quiero decir la suma de mi intención: sabe que el mejor y más seguro estado de los hombres en el mundo es de los idiotas, simples populares que pasan la vida con prudencia; por lo cual déjate de hoy más de gastar tiempo en la vana consideración de las cosas altas y que suben de tu entendimiento, y deja de inquirir con especulación los fines y principios y causas de las cosas. Menosprecia y aborrece estos vanos y cautelosos silogismos que no son otra cosa sino burla y vanidad sin provecho alguno, como lo has visto por experiencia en esta jornada y peregrinaje, y de aquí adelante solamente sigue aquel género de vida que te tenga en las cosas que de presente posees lo mejor ordenado que a las leyes de virtud puedas, y como sin demasiada curiosidad ni solicitud en alegría y placer puedas vivir más sosegado y contento». Y así el mi ángel me dejó, y yo desperté como de un grave sueño muy profundo, espantado de lo mucho que había visto como te lo he narrado por el orden que has oído y yo mejor he podido.

Micilo: O gallo, Dios te agradezca el placer y honra que me has hecho con tu felicísima narración. De hoy más no quiero otro maestro, otro filósofo, ni más sabio consejero que a ti, para pasar el discurso de la vida que me queda, y ruégote que no me dejes, que juntos pasaremos aquí nuestra vida; que según tengo entendido por tu experimentada narración es la mejor y más segura.

Gallo: Ya te he contado, Micilo, hasta agora mi dichosa y admirable peregrinación, en la cual por su espanto y terribilidad te he tenido suspenso y algo desasosegado, según me ha parecido, por lo cual de hoy más te quiero contar cosas graciosas y suaves, con que en donaire y placer pases mejor el trabajo del día. Ofréceseme, quiero te contar, agora un suave y gracioso convite, una opulenta y admirable copiosidad de una misa nueva, en que siendo clérigo en un tiempo me hallé. decirte he tanto regocijo de aquellos clérigos, tanto canto, tanto baile, tanta alegría que no se puede encarecer más; y después decirte he una fragosa y arriscada tragedia que calentando el vino las orejas de los abades sucedió. Confío que con esto saldarás el espanto en que te he puesto hasta aquí. Agora abre la tienda, que en el canto que se sigue lo proseguiré.

Fin del décimo sexto canto del gallo

Argumento del décimo séptimo canto
En el décimo séptimo canto que se sigue el autor sueña haberse hallado en una misa nueva en la cual describe grandes acontecimientos que comúnmente en semejantes lugares suelen pasar.

Micilo: Despierta, gallo, que parece ser hora para que con tu promesa me restituyas en mi prístina alegría, porque el peregrino y nuevo proceso y manera de decir de tu prodigiosa narración infernal me tiene tan espantado que por ninguna contraria manera de decir pienso volver en mí para oír y hablar con mi primera libertad; y es así que, aunque por su admiración el cuento mueve a atención contina, hácese más estimar cuando se considera el crédito que se debe a tu ser por haber sido celestial, porque no parece ni se puede decir que solo me le has contado por darme deletación, como hacen los fabulosos inventores de mentiras en las monstruosas y prodigiosas narraciones que escriben solo por agradar y dar a los lectores ociosos con que puedan entretener el tiempo aunque sea con vana ocupación; porque me dicen que han sido muchos filósofos autores de semejantes obras, como Cthesias y Jamblico, de los cuales el uno ha escrito cosas admirables de las Indias, y el otro del mar océano, sin que ninguno dellos hubiese visto, ni en algún autor leído cosa de las que cada cual dellos escribió, pero fue tan grande su elocuencia y admirable manera de decir que cuanto quiera que manifiestamente escriban ficción, por escribir en aquel estilo hicieron graciosa y estimada su obra. Dicen que ha habido otros que con ingenio espantoso han contado de sí grandes viajes y peregrinaciones, fiereza de bestias y diversidad de tierras y costumbres de hombres, sin haber ninguna cosa de las que describen en el mundo, y por la dulzura del decir los han tenido en veneración; como aquel ingenioso poeta Homero escribió de su Ulises haber visto animales, y monstruosos gigantes Polifemos con solo un ojo en la frente, que se tragaban los hombres enteros y vivos, y esto sin los haber engendrado hasta hoy naturaleza. Desto estoy bien seguro, que tu no imitas a éstos en tu pasada historia, porque no es de presumir que infames los celícolas como tú con mentirosa narración, por tanto despierta y prosigue que yo te oiré. Cuéntame aquella sangrienta batalla, aquel suceso campal que ayer me prometiste decir, pues de tu promesa no te puedes excusar.

Gallo: Por cierto, Micilo, mucho estoy arrepentido en haberte propuesto esa sacrílega tragedia, pues en ella hago ser público el desorden y poca templanza con que esta gente consagrada toma semejantes ayuntamientos; los cuales les habían de ser vedados por sus perlados y jueces, y a éstos querría yo ser destos relator, porque lo podrían remediar, antes que no a ti; porque en contártelo solo doy ocasión con mi lengua a que habiendo tú placer, te rías y mofes de aquella consagrada caterva que está en la tierra en lugar de la divina majestad. De manera que si yo me hubiere flaca y fríamente en el persuadir y demostrar este acontecimiento, corro peligro en mi persona de tibio orador; y cuando por el contrario en el encarecer y exagerar me mostrare elocuente será para augmentar tu risa y mofa, haciendo en infamia de aquella religiosa gente. Por tanto, mira Micilo si es más conveniente a hombre bien acostumbrado como tú importunarme que te cuente semejantes acontecimientos; porque a mí me parece ser obligado a los callar.

Micilo: O gallo, quiero que sepas que cuanto más niegas mi petición tanto más augmentas en mí el deseo de te lo oír, por lo cual procediendo en la costumbre de nuestra buena conversación y tu gracioso decir, podrás comenzando luego ganar el tiempo que se podría con la dilación perder.

Gallo: Agora, pues así quieres y tanto me importunas, yo te quiero obedecer; pero con una condición que jures de no lo publicar fuera de aquí.

Micilo: Agora comienza, que yo lo prometo, que no será más público por mí, ni seré causa que otro lo sepa. Dime por orden todas las cosas: qué fue el fundamento de la fiesta, y qué personas fueron allí en el convite, y qué pasó en el suceso.

Gallo: Pues comenzando por el principio sabrás que la causa fue una misa nueva; porque Aristeneto cambiador, hombre rico, tenía un hijo que se llamaba Zenón, hombre estudioso y sabio, que no sé si lo conociste. Este mancebo por tener ya edad conveniente para elegir estado vino a cantar misa y para esto el padre de su parte convidó todos sus parientes, vecinos y amigos, juntamente con sus mujeres, y el misacantano, de su parte, llamó a todos sus preceptores que habían sido de las ciencias, gramática, lógica, filosofía y teología, y después con éstos convidó a todos los curas y beneficiados casi desta ciudad que eran muchos, y con éstos había dos religiosos de cada orden.

Micilo: Yo nunca vi compañía de tanta santidad.

Gallo: Pues viniendo al proceso de la historia sabrás que el día señalado, que fue un domingo primero de mayo, que es el más apacible y gracioso del año, convenimos luego por la mañana todos los convidados a casa de Aristeneto para acompañar a Zenón hasta el templo; fuemos con gran solenidad de canción de clérigos, y gran música de instrumentos, rabel, vihuela, salterio, y otras agraciadas sonajas que tañían hombres que para semejantes autos se suelen alquilar. Cuando fue acabada aquella divina celebración de la misa, con el orador que con ingenio discantó el mérito y grandeza de la dignidad, ofrecimos todos al misacantano, volvímonos juntos con la misma música a casa de Aristeneto, donde despedidos aquellos que solo fueron convidados para el acompañamiento, se llegó Aristeneto a la oreja y me dijo que me quedase a comer allí con él. Dios sabe cuánto me holgué, porque cierto no sobraba en mi casa la ración, principalmente porque después que en el templo ofrecí no fue mucho lo que en la bolsa me quedó. Fuemos lanzados todos a un gran palacio muy adornado y dispuesto para el convite, en el cual había dos mesas a la larga de la sala: la una que iba a la una pared, y otra por otra; en la frontera de la sala había otra mesa como cabecera de las otras dos, en la cual se sentó en el medio el misacantano tomando a su mano derecha a su padre Aristeneto, y a la otra mano estaba su padrino que era aquel Cleodemo, antiguo y honrado varón que fue cura de San Julián.

Micilo: ¡O qué monarcha y príncipe de sacerdotes me has contado!

Gallo: A los lados ocupaban esta mesa de la cabecera, a la una mano el guardián de San Francisco y su compañero, y a la otra el prior de Santo Domingo con su compañero de gran autoridad. En la mesa de la mano derecha se sentaron por orden los maestros y clerecía, que fueron muchos en número; y a la otra mano se sentaron los casados, cada cual con su mujer; y cuando fuemos todos sentados luego se comenzaron las mesas a servir con grande abundancia de frutas del tiempo.

Micilo: ¿Pues entre los dos perlados de San Francisco y Santo Domingo no hubo diferencia sobre la mano a que cada cual se había de sentar?

Gallo: Mucho antes con ellos se consultó y difinió. Entre los dos curas de San Isidro y San Miguel hubo un poco de contienda, porque prefiriendo Aristeneto en el asiento el de San Isidro al de San Miguel por ser más viejo, se levantó en pie el de San Miguel porque presumía de filósofo y dijo: «si a ti, Aristeneto, te parece que el cura de San Isidro se ha de preferir a mí, engáñaste; y por no lo consentir me voy y os dejo libre el convite, porque aunque él sea viejo, por dos razones se me debe a mí la ventaja, pues dice Salomón que la ciencia son canas en el hombre cuanto quiera que sea mozo».

Y así tomó por la mano su muchacho y comenzó a fingir querer caminar y luego el cura de San Isidro dijo: «Nunca plega a Dios que por mí dejes de te holgar»; y apartándose afuera le hizo lugar en la delantera y él se asentó atrás.

Micilo: Presto convenieron esos dos por gozar.

Gallo: Y luego dijo Zenothemo como maestro de gramática ser aquello ejemplo de la figura histeron proteron, de lo cual tomaron ocasión para reír.

Micilo: Pues entre los casados, ¿no se ofreció cosa que pudieses notar?

Gallo: Los casados solamente tenían ojo y atención en aquellos hombres sabios y religiosos notándolos de ambiciosos, glotones y de poco sosiego, fingiéndose todos tener cuenta con el plato, pero más la tenían con lo que entre los clérigos pasaba, porque como todos al principio comenzamos a comer de aquellos sabrosos y bien aparejados manjares, todos mirábamos al cura de San Miguel que todo cuanto delante le servían lo daba al mochacho que tenía tras sí, pensando que ninguno lo vía, y el mochacho lo echaba en una talega. Él comía con insaciable agonía y lanzaba en los pechos y fatriguera medias limas y naranjas, y algunas guindas que rodaban por la mesa. Daba a mochacho piernas de perdiz y de pato, pedazos de vaca y de carnero, y algunos suelos de pastel y pedazos de pan y torta; diole el pañizuelo, la copa en que bebía, hasta el cuchillo y el salero le dio. Desto reían todos los casados y sus mujeres, que les era muy gran pasatiempo. Estando, pues, todos ocupados en esto con gran solaz y deleite, porque ya había llegado de mano en mano hasta la mesa de Aristeneto y misacantano que mucho se reían dello, sucedió que entró por la puerta de la sala Alcidamas, cura de San Nicolás, sin ser llamado, y puesto en medio de la sala el rostro a Zenón y a Aristeneto dijo: «Señores, perdonadme que no vengo más temprano a vuestro placer porque agora como salí a ofrecer en mi iglesia me dijo un feligrés mío que hacíades esta fiesta, y así luego me apresuré por acabar presto la misa, que aun no me sufría a desnudarme la casulia por venir a honraros por ser tan vuestro amigo, que los tales no hemos de aguardar a ser convidados, pero sin ser llamados ser de los primeros».

Micilo: Por cierto, cosa digna de risa me cuentas.

Gallo: Cada cual le comenzó a decir su donaire dando a entender su desvergüenza, pero él lo disimuló por gozar del convite, porque luego acudió Aristeneto encareciendo su buena amistad y acusando su descuido y el de su hijo, pues de convidarle se habían olvidado; y así le mandó dar una silla y que se sentase en aquellas mesas entre aquellos hombres reverendos y honrados. Alcidamas era un mancebo grande, membrudo, robusto y de grandes fuerzas, y así como le pusieron delante la silla la arrojó lejos de sí que casi la quebró, y diera con ella al cura de Santispíritus, y dijo que las dueñas y hombres regalados se habían de sentar a comer en silla y no un hombre mozo y robusto como él, que por allí quería comer paseándose, y que si acaso se cansase, que él se sentaría en aquella tierra sobre su capa. Respondióle Aristeneto: «Así sea pues te place». Todo esto hacía Alcidamas mostrando querer regocijar la fiesta y dar placer a los convidados pensando él de sí mismo ser gracioso fingiéndose loco y beodo; y así rodeaba en pie por todas las mesas mirando por los mejores manjares, como lo hacen los músicos chocarreros en los convites de fiesta; así comía Alcidamas donde más le placía si vía cosa que bien le pareciese mezclándose con aquellos que servían las copas y manjares, y como a las veces se aprovechase de las copas que estaban llenas en la mesa, y las veces de las que pasaban, hallábase beber doblado; y así con el vino demasiado comenzó a más salir de sí, decía malicias y atrevimientos en todos los que en el convite estaban, mofaba de aquellas copas de plata, mesas, sillas, tapices y grande aparato llamando a Aristeneto el grande usurero, engrandecía con malicia su grande ingenio e industria, pues por su buena solicitud prestando y cambiando, había adquirido tan grande hacienda. Y Aristeneto ya mohíno y afrontado que lastimaban los donaires mandó a dos criados suyos que le tomasen y echasen fuera de casa y cerrasen las puertas porque no los afrontase más. Pero como Alcidamas lo sintió apartóse a un lado, y con un banco que estaba vacío juró que le quebraría en la cabeza del que llegase; y así de consejo de todos fue que agora le dejasen, esperando tiempo más oportuno para hacer la presa necesaria. Pero de cada momento se fue empeorando, diciendo injurias a los frailes, y después pasando a los casados los afrontaba y vituperaba en sus mujeres. Y así pensándolo remediar Aristeneto dándole muy bien a beber y que con esto le haría su amigo, así mandó a un criado suyo que tomase una gran copa de vino añejo y muy puro y se la diese, no pensando que fuera ocasión de mayor mal, como fue. Pero tomando Alcidamas el vaso con ambas manos, porque era grande, se volvió con él a la mesa de los casados y en alta voz, que todos en silencio le oyeron, hablando con la mujer de Aristeneto, madre de misacantano: «Señora Magencia (que así se llamaba) yo bebo a ti, y mira que has de beber otro tanto del vaso como yo bebiere, so pena que no lo bebiendo se arroje lo que quedare sobre ti»; y alcando la copa bebió della casi un azumbre y luego la mandó tornar a enchir, y estendiendo el brazo la dio a Magencia, diciéndola que si no bebía incurrería en la pena puesta y que la habrá de ejecutar; y Magencia encogiéndose con gran vergüenza, diciendo que no acostumbraba beber, reusó el vaso con miedo que Alcidamas no la afontase; y temiendo lo mismo los convidados trabajaron por le apartar fuera, pero él juró por sus órdenes que si no daba un fiador que bebiese por ella que se lo había de derramar acuestas; y el cura de San Miguel, que alcanzaba buena parte deste menester se levantó, y dando a entender que lo hacía por defender a la señora huéspeda y empedir que no la afrontase Alcidamas, pues éste se levantó de su lugar y saliendo en el medio de la sala dijo a Alcidamas: «Dame acá la copa que yo quiero cumplir por la señora Magencia», y así tomando el vaso en sus manos bebió un terrible golpe, que a juicio de todos igualó. Pero Alcidamas que estaba ya sentado en el suelo, recostada la cabeza sobre el brazo derecho dijo a grandes voces: «Mostradme el vaso, que quiero ver si cumplió conforme a su obligación». Y levantándose en pies todos los pechos desabrochados, y perdido el bonete de la cabeza, tomó el vaso en sus manos, y afirmando con juramento que no había cumplido el fiador amagó determinado de arrojar sobre Magencia lo que en el vaso quedó, pero el cura de San Miguel pareciéndole que estaba obligado a responder saltó por cima las mesas, dejadas las lobas y pantufos, y tomó por los cabellos a Alcidamas y hízole por fuerza volver para sí, y Alcidamas hirió de un tan fiero golpe con el vaso al cura de San Miguel que, dándole en la frente, hizo un arroyo de sangre y de vino mezclado que todos nos pensamos anegar. Luego viérades las haces de ambas partes revueltas, porque los unos favoreciendo a Alcidamas, y los otros al cura de San Miguel que no había quien los pudiese apartar, porque contra Alcidamas se levantaron Hermón, cura de Santo Tomé, y Eucrito, cura de San Dionisio, y Eustochio, cura de San Martín, porque a todos había injuriado con sus donaires; y por el contrario, en favor de Alcidamas, por ser sus vecinos y amigos viejos se levantaron el sacristán de San Miguel y el cura de San Juan y el cura de San Pedro y el cura de Santa Marina.

Micilo: ¿Que allí vino el cura de San Pedro?, no faltarían gargajos e importunidad con su vejez.

Gallo: Allí vino con asco y desgracia de todos; que en una silla le trajeron porque estava muy enfermo. Revolviéronse todos trabados por los cabellos que no parecía sino la pelea de los Andabatas, digo que aquellos que entran en el palenque a se matar sin poderse unos a otros ver. Andaban los jarros, los saleros, las sillas y bancos arrojadas de la una parte a la otra tan espesos como granico. En fin, se levantaron Aristeneto y el padrino Cleodemo, y el prior y guardián, y en conclusión todos aquellos maestros y sabios, y de la otra parte los casados, aunque estaban confusos de ver lo que pasaba; los cuales todos metiéndose en el medio los apartaron y pusieron en paz, y llevaron luego a curar al cura de San Miguel, porque Alcidamas le descalabró mal cuando con la copa le dio. Luego Alcidamas se tendió en el suelo que parecía a Hércules como le pintan los antiguos en el monte Pholo acabando de pelear con aquella bravosa hydria, sierpe famosa; y muy sosegados, igualadas las mesas se tornaron todos a sentar, y luego Zenotemo, maestro de la gramática, comenzó a cantar una ensalada en romance y latín que necesitaba a que las damas cerrasen las orejas y aun los ojos por no ver pervertida la gravedad de tanto maestro. Pero como es costumbre en los tales lugares en el proceso de la comida cantar los clérigos semejantes donaires a su misacantano, no parece que les hacía asco aquel lenguaje a sus paladares; y así a este tono si uno lo comenzaba sucio, el otro lo ensuciaba más, y así acabando Zenothemo su canción prosiguió el cura de San Isidro, con toda su vejez, un cantar que no hay lengua tan desvergoncada que fuera de allí le pueda referir.

Micilo: Maldita sea costumbre tan mala y tan corrupta y deshonesta, y tan indigna de bocas y lenguas de hombres que han de mostrar la regla del bien hablar y vivir. No se debrían en esto los perlados descuidar.

Gallo: En este tiempo había en la sala mucha paz, porque ya Alcidamas se comenzó a dormir, y por las partes inferiores y superiores comenzó a roncar con gran furor. Entonces dijo el prior: «salva res est», y de consejo de todos fue que le atasen pies y manos por poder pasar su fiesta más en paz; y así se levantó Dionico, maestro de capilla de la iglesia mayor, con otros seis cantores que estaban allí, los cuales todos puestos en calcas y jubón le ataron con una cuerda fuertemente las manos y pies.

Micilo: Nunca de cantores se pudo tan buen consejo esperar.

Gallo: Ni por esto Alcidamas despertó. Dionico con sus seis compañeros quedando así en medio de la sala comenzaron a cantar y bailar: cantaban cantares del mismo jaez y peor, y después celebraron la fiesta de los matachines, hacían puestos y visajes tan desvergoncados y sucios que aun acordándome agora estoy por vomitar, porque vinieron los compañeros a poner sus bocas, rostros y manos en partes y lugares que por reverencia del sacerdocio de que eran todos señalados no lo quiero decir, y aun no me querría acordar. Pues como éstos acabaron su sucia y desautorizada fiesta se fueron a sentar cada cual en su lugar, y procedió el comer y beber, que aun no se había dado fin.

Micilo: Dime por tu amor, gallo, desto todo que estos clérigos hacían, ¿qué sentían y hacían los casados?

Gallo: Todos dejaban de comer y miraban en los clérigos con gran atención. Las dueñas con sus pañizuelos fingiendo limpiarse el sudor cubrían sus rostros no queriendo de empacho ver aquellas sucias maneras de festejar, porque aun viles joglares se desdeñarían tratarlas, por no perder crédito con el auditorio. Estando en esto que todos callaban, entró un mochacho en medio de la sala, y saludando con el bonete en la mano a Aristeneto en alta voz le dijo: «Señor Aristeneto, mi amo Etemocles, cura de Santo Eugenio, me mandó que delante de todos cuantos están en este convite te leyese este carta que te envía; por tanto, mira si me das licencia». Aunque Aristineto, pensó si sería bueno tomar la carta al mochacho y después leerla, en fin de consejo de todos aquellos varones graves que estaban a los lados se le dio licencia para la leer, y principalmente porque todos la deseábamos oír; y así el mochacho en alta voz, callando todos, comenzó:

«Muy noble Aristeneto. Este tu Etemocles, antiguo capellán y padre de confesión, como a hijo muy querido te envía a saludar, y no quiero que tengas presunción que por esto que te escribo, y a tal tiempo, sea yo muy codicioso de convites, porque mi vida pasada, y de otras veces que ya me has convidado ternás entendida mi templada condición, y también lo tienen mucho antes bien conocido de mí otros muy más ricos que tú, que de cada día me convidan a sus cenas y comidas, y las rehúso porque sé bien los desmanes y desbarates que en semejantes congregaciones y lugares se suelen ofrecer. Pero agora muévome a te escribir porque como la afrenta me has hecho pública y en ese lugar donde estás, es mucha razón que públicamente y en ese lugar donde estás me hayas de satisfacer. A todos es notorio, señor Aristeneto, ser yo tu confesor desde que agora diez años te quisiste morir, que público fue en esta ciudad que yo solo hallándote usurero público cambiador, porque no te negasen la sepultura sagrada como a tal, te hice prestar caución, y pregonar públicamente que porque estabas en el artículo de morir viniesen a tu casa todos cuantos a tu hacienda por cambios, o intereses usurarios, tuviesen hación y derecho, que tú se lo querías restituir; y como éste fuese tan famoso consejo y único para tu salud fue por todos devulgado por consejo mío, que era tu confesor; y después que tú tornaste a convalecer fue infamado con peligro y jatura de mi honra por verte todos a volver a cambiar, diciendo que tenía la culpa yo; y todo esto sufrí y pasé por conservar tu buena amistad, y es público que yo solo contra todo el común sustenté, que en nombre y como criado de otro, podías usurar no usurando por ti; y agora sobre todas estas mis injurias y pública amistad has procurado en tu convite nuevos amigos, de hombres que aunque mil veces los des de comer no aventurarán por ti sus conciencias como yo, si no pregunta al prior y guardián y a los otros letrados y curas que tienes ahí cómo te sabrán sustentar, cómo se puede sufrir, sin ser usurero ser en ferias, ni aun en la ciudad cambiador. Pues bien, sabes que esto yo lo he defendido al perlado por ti, pues acuérdate que tienes tú publicado en esta ciudad que tienes 20.000 ducados por mí; diciendo tu a todos que confesándome tú que los habías ganado con 50.000 maravedís que tu suegro en dote te dio, los poseías tú por solo no te los mandar yo restituir, lo cual todo era injuriarme a mí; pues, ¿parécete que en todas estas cosas me das buen pago de nuestra pública amistad? Paréceme a mí que no, porque, en fin, no han de pensar sino que en mí hay méritos de tu ingratitud, y por tanto te pido que pues públicamente me afrentas sin darte yo a ello causa, públicamente me hagas la satisfación, y ante todos cuantos ahí están en tu convite me vuelvas en mi honra; si no de aquí protesto que ni ante Dios ni ante los hombres en mi vida te lo perdonaré. Al mochacho mandé que aunque le des torta, o jarro de vino, o capón, o perdiz, o pernil de tocino no lo tome, so pena que le daré de coces y se lo haré volver, porque no pienses satisfacer con tan pocas cosas tan grande injuria como me has hecho. Ni tampoco te puedes escusar diciendo que te olvidaste por haber hecho tiempo que no me viste, pues ayer te hablé dos veces, una a tu puerta pasando yo, y otra en el templo de Santiago donde yo dije misa y tú la oíste. No alargo más por no ser molesto con larga carta a los que procuras ser gracioso con tu convite, del cual salgas tan próspero como yo satisfecho de mi injuria. Vale.»

Como el mochacho hubo leído la carta se la demandó Aristeneto, y díjole: «Anda y di a tu señor Etemocles que así lo haré como me lo envía a mandar». Y así se fue el mochacho quedando la carta en Aristeneto, la cual le demandé, que la deseaba ver porque a mi parecer es la más donosa que yo nunca vi. Comenzaron todos a murmurar sobre la carta cada cual según su ingenio, los unos decían que era muy aguda, a lo menos los amigos de Etemocles, y decían que era muy sabiamente escrita, que bien parecía ser de letrado; los contrarios decían que no era muy cuerda y que era maliciosa y acusaban a Etemocles de hombre glotón, y decían que la había escrito como afrontado por no le haber convidado a la fiesta y comida. Estando todos ocupados en esta diversidad de juicios entró en la sala uno de aquellos chocarreros que para semejantes cenas y convites se suelen alquilar, disfrazado de joglar, y con un laúd en la mano entró con un puesto tan gracioso que a todos hizo reír, y con graciosa industria comenzó a dar a todos placer. Representó ingeniosamente la procesión que hacen los portugueses el día de Corpus Cristi, y predicó el sermón que ellos suelen predicar el día que celebran la batalla del Aljubarrota. Después, tañendo con su laúd, comenzó en copla de repente a motejar a todos cuantos estaban en la mesa, sin perjudicar ni afrontar a ninguno. Y reyendo donaires se comenzaron entre sí a alborotar en tanta manera que dieron ocasión a que despertase Alcidamas de su profundo sueño, y como despertó y él se echó de ver atado, y vio que el joglar se reía con todos y todos con él, dijo con una voz muy horrenda lo que dijo aquel Syleno: «Solvite me», y así el joglar dejando el laúd procuró por le desatar; y como Alcidamas se vio desatado tomó del laúd antes que el joglar le pudiese tomar y dale tan gran golpe con él sobre la cabeza que volándole en infinitas piezas dio con el joglar en el suelo sin juicio ni acuerdo de sí, y con el mástil y trastes que le quedó en la mano, como vio que sus tres enemigos se reían, Hermón, Eucrito y Eustochio, curas antiguos y muy honrados, dio a cada uno su palo que a todos descalabró mal, y de aquí partió para la mesa principal e hirió al guardián y prior, y ya eran levantados los amigos de los tres heridos que se venían para Alcidamas a se vengar; y de la otra parte el joglar que, volviendo en sí, tomó un palo que halló a un rincón y haciendo campo por entre todos viene rostro a rostro con Alcidamas tirándose muy fuertes golpes ambos a dos. Vieras un consagrado sacerdote cura dar y recibir palos de un joglar, cosa por cierto dina de lágrimas; y porque todos estaban injuriados, no había quien entre ellos se quisiese meter, ni aun osase, tanta era la furia con que se herían y andaban trabados. Vieras una batalla tan sangrienta y cruel como de la Farsálica puedes imaginar: las mujeres y niños dando gritos echaron a huir a la calle, por lo cual alterado todo el pueblo acudió a los socorrer. Departidos todos hallamos que estando trabados Alcidamas con el joglar le había rompido la boca y descalabrado con el laúd, y que el joglar había dado a Alcidamas con el palo un gran golpe que le descalabró mal. De manera que todos aquellos curas fueron por el semejante heridos, cual en la cabeza, cual en el rostro; por lo cual fue necesario que todos los llevasen a sus posadas a los curar. Pues echada toda aquella gente arriscada fuera de la sala, se alcaron las mesas y se tornaron los que quedaron a sosegar. Pero como el diablo nunca sosiega de meter mal y de dar ocasión a que suceda siempre peor, sucedió que Cleodemo, padrino, volviendo a la carta de Etemocles, porque sintió afrontado a Aristeneto y aun a aquellos religiosos que junto a sí tenía, dijo: «¿Qué os parece, señores, de las elegantes razones de Etemocles?, piensa que no entendemos su intención y dónde va a parar su elocuencia; por cierto, si Aristeneto le enviase agora una torta y un jarro de vino con que le matase la hambre yo le asegurase la amistad». En esto Zenothemides, que era cura de San Leandro, que tenía la perrocha junto a la de Santo Eugenio, respondió por su vecino Etemocles, y dijo: «Por cierto, Cleodemo, mal miras lo que dices, pues sabes bien que a Etemocles no le falta muy bien de comer y beber, y que no tiene necesidad de la ración de Aristeneto como tú». Dijo Aristeneto: «Señores no riñáis, ni toméis pasión, que la carta venía elegante y muy cuerdamente escrita y como de letrado, y yo me conozco culpado por lo cual protesto purgar mi pecado satisfaciendo a mi acreedor». Dijo Cleodemo: «Por cierto, poca obligación tiene Zenothemides de responder por Etimoclides, principalmente porque en lo que yo he dicho ninguna injuria le hice, pues de todos es conocido Etimoclides bien de cuantos aquí están, y no me maravillo que responda por él, pues ambos tienen hecho liga y monipodio en el trato de sus feligreses, y así han jurado ambos a dos de no enterrar a ninguno en su feligresía sin que primero le envíen prenda por el tañer y sacar la cruz». Respondió Zenothemides: «Por cierto, peor es lo que tú haces, Cleodemo, que los tienes en la cárcel hasta que te hayan de pagar quejándote al juez»; y diciendo esto se levantó de donde estaba sentado y se vino para él, y Cleodemo tenía la copa en la mano que quería beber, y díjole Zenothemides: «En esa arte es más cierto, Cleodemo, que morirás tú que no piloto en el mar». Y como Cleodemo tuvo a Zenothemides junto a sí le dio con la copa de vino en el rostro, que le envistió todo dél, y luego Zenothemides tomó a Cleodemo por la sobrepelliz y le trajo al suelo y hízole dar con el rostro y cabeza en un banco, de que mal le descalabró. En fin, los frailes y misacantano y los demás los apartaron, y fue necesario que Cleodemo se fuese luego a su casa a curar, y también Zenothemides se fue. Pues purgada la casa de todos aquellos arriscados y belicosos capitanes, porque todos fueron de tres recuentos heridos y sacados del campo, como te he contado...

Micilo: ¿No supiste si el perlado los castigó? Porque cierto en un tan desbaratado acontecimiento había con grandes penas de proveer.

Gallo: Supe que ese otro día los había el vicario llevado a la cárcel a todos y que se sentenció que ninguno había incurrido en irregularidad, porque se averiguó ninguno estar en su juicio y libre poder. Pero, en fin, a cada uno dellos condenó cual en 6 ducados, y a otros a 10 para la cámara del obispo que la tenía necesidad de se trastejar.

Micilo: ¡O qué cosa tan justa fue!

Gallo: Pues quedando la otra gente así muy confusos y embobados de ver en gente de tanto ejemplo tanto desmán, todos los seglares se salieron cada cual con su mujer sin saludar al huésped ni ser sentidos de alguno. Luego Dionico, maestro de capilla, y todos sus compañeros pensaron qué hacer por volver la fiesta a su debido lugar, y como fue echada la bendición y oración de la mesa, llegóse Dionico al misacantano con la mano llena de tizne de una sartén y entiznóle todo el rostro que no le quedó cosa blanca; y como no tenía padrino le tomaron por fuerza y lleváronle fuera de la casa, a la puerta donde estaba el medio pueblo, y vistiéronle un costal abierto por el suelo que se acababa de vaciar del harina, y salió Dionico a la calle en alta voz diciendo: «Ecce homo».»

Micilo: Propiamente lo pudo decir.

Gallo: Pues así le subieron en un asno y le llevaron con gran denuesto por todo el lugar.

Micilo: Dime, gallo, en el entretanto que estas cosas pasaban, ¿qué pensabas tú?

Gallo: En el entretanto que estas cosas se celebraban pensaba yo otras muchas: lo primero que consideraba era que aquel nuevo ungido por sacerdote representaba al verdadero Cristo, sacerdote eterno según el orden de Melchisedech, y allí en aquel mal tratamiento se me representó todo el que Cristo padeció por mí en sus vituperios, injurias y tormentos, en tanta manera que no me pude contener sin llorar, y dolíame mucho porque era tanta la ceguedad de aquellos vanos sacerdotes que sin templanza alguna proseguían en aquella vanidad con tanta disolución, perdida la majestad y reverencia debida a tan alta dignidad y representación de nuestro Dios; y para alguna consolación mía pensé ser aquello como vejamen de doctor, porque aquel nuevo sacerdote no se ensoberbezca por ser de nuevo admitido a tan alta dignidad; y después desto consideraba en todo lo que en la comida había precedido entre aquellos que tenían el título y preeminencia en la autoridad y letras, pensando que no hay cosa más preciosa en ellas que procurar el que las estudia componer la vida con ellas.

Micilo: Por cierto que me has admirado, gallo, con tu tan horrenda historia, o por mejor decir, atroz tragedia. ¡Cuán común cosa es faltar los hombres de su mayor obligación! Supliquemos a nuestro Señor los haga tan buenos que no erremos en los imitar, y merezcan con su oficio impetrar gracia de nuestro Señor para sí, y para nos, y avivemos de hoy más a todos los perlados que, pues, en la iglesia son pastores deste ganado no permitan que en los tales autos y celebridades de misas nuevas haya estos ayuntamientos, porque no vengan a tanto desmán.

Gallo: Ya, Micilo, quiero dejar guerras y contiendas, y heridas y muertes de hombres, con las cuales te he escandalizado hasta aquí, y quiero que agora oyas la más alta y más felicísima navegación que nunca a hombres aconteció. Oirás una admirable ventura que te quiero contar, la cual juntamente con el próspero suceso te dará tanto deleite que holgarás de lo oír. Y pues es ya venido el día abre la tienda, que en el canto que se sigue lo oirás.

Fin del décimo séptimo canto

Argumento del décimo octavo canto
En el décimo octavo canto o sueño que se sigue el autor muestra los grandes daños que en el mundo se siguen por faltar la verdad del mundo de entre los hombres.

Micilo: Pues por tu buenaventura, gallo o Pitágoras, o como más te quisieres llamar, de todas las cosas tienes experiencia que en el cielo y en la tierra pueden acontecer, deseo agora mucho de ti saber me declares una admirable duda que gravemente atormenta mi espíritu sin poder hallar quién me satisfaga con bastante respuesta: ¿de dónde proviene en algunos una insaciable codicia de mentir en cuanto hablan, en tanta manera que a sí mismos con sumo deleite se saborean, como sepan que todo es vanidad cuanto dicen, y con suma eficacia tienen en atención los ánimos de los oyentes?

Gallo: Muchas cosas son, o Micilo, las que fuerzan algunas veces los hombres a mentir. Como es en los belicosos y hombres de guerra se tiene por ardid saber con mentira engañar al enemigo, como en esta arte fue muy sagaz e industrioso Ulises; y también lo usan los codiciosos de riquezas y honras mundanas por vender sus mercaderías y aventajarse en sus contrataciones. Pero aunque todo esto sea así te ruego me digas la ocasión que a saberlo te mueve.

Micilo: Todo eso se sufre que me has dicho por ofrecerse en esos casos intereses que a mentir les mueve. Pero donde no se les ofrece interés de más que saber su apetito, ¿de dónde les viene la inclinación a tan nefando y odioso vicio? Que hay hombres que en ninguna cosa ponen más arte, cuidado e industria que en mentir sin algún interés como al presente te quiero contar. Bien conoces a Demofón nuestro vecino.

Gallo: ¿Es este rico que está en nuestra vecindad?

Micilo: Ese mismo. Ya sabes que habrá ocho días que se le murió su mujer, pues a esta causa por ser mi vecino y amigo que siempre me convidó a sus cenas y celebridades, quísele ir la noche pasada a visitar y consolar en su viudez.

Gallo: Más propiamente dijeras dar la buena pro haga.

Micilo: Pues habíame dicho que con el gran pesar que tenía de la muerte de su mujer estaba enfermo, y así le hallé en la cama muy afligido y llorando, y como yo entré y le saludé me recibió con alguna liberalidad mandándome sentar en una silla que tenía cerca de sí, y después que le hube dicho aquellas palabras que se suelen decir en el común: «señor, pésame de la muerte de vuestra mujer y de vuestro mal», comencéle a importunar me dijese qué era la causa que de nuevo le hacía verter lágrimas, habiendo ya algunos días que se le había muerto la mujer. A lo cual me respondió que no se le ofrecía cosa que más nueva le fuese que habérsele muerto la mujer, su compañera, la que él tanto amaba en esta vida y de que perpetuamente se debía acordar della; y díjome que estando allí en su cama solo la noche pasada en consideración de su soledad y miseria y de su amada Felicia, que así se llamaba su mujer, pesándole mucho por una desgracia que le había hecho poco antes que murió, y es que rogándole que le renovase ciertas joyas de oro que tenía y faldrillas hechas otro tiempo, no lo había hecho, y que estando muy apesarado por no le haber complacido, le apareció increpándole porque habiéndole sido en todo muy cumplido y liberal, había sido muy corto en lo que tocaba a su honra, porque en su entierro y obsequias no la había acompañado el cabildo mayor y cantores con música, y porque no la habían tañido las campanas con solenidad, que llaman empino, y que la llevaron al templo en unas comunes andas habiéndola de llevar en ataúd; y otras cosas dijo del paño que las andas cubría, si era de brocado, luto o seda; lo cual todo pareciéndole muy grande disparates y liviandades me reí diciendo que se consolase mucho, que buen remedio tenía tornando de nuevo a hacer las obsequias. Y por parecerle que yo no lo creía lo trabajó apoyar con grandes juramentos, y porque vía que mientras él más juraba menos le creía yo, se levantó en camisa de la cama y se abajó inclinado de rodillas en el suelo, señalándome con el dedo las señales de sus pies que allí había dejado e imprimido; y estaba todo el suelo tan llano y tan igual que no se hallara un cabello de diferencia aunque tuviérades ojos de lince; y así por me persuadir su sueño se tornó a la cama donde sentado y mandándome incorporar con almohadas que le tuviesen, procedió en cosas tan monstruosas y tan sin orden acerca de su sueño y visión, y en loor de su mujer que no habrá en el mundo tan vano juicio que las crea, hasta que quebrada la cabeza de sus vanidades me despedí dél y me vine acostar.

Gallo: Verdad es, Micilo, que esas cosas que Demofón ahí te contó no son de creer de razonable juicio, porque ya te dije lo que hay en la verdad acerca de las ánimas de los difuntos. Pero mira bien no incurras tú en un género de incredulidad que tienen algunos hombres, que ninguna cosa les dicen por fácil y común que sea que la quieran creer, pero maravillándose de todo, se espantan y santiguan, y todo dicen que es mentira y monstruosidad; lo cual todo es argumento de poca experiencia y saber, porque como no han visto nada, ni han leído nada, cualquiera cosa que de nuevo vean les parece ser hecha por arte de encantamiento o embaimiento, y por el semejante, cualquiera cosa que de nuevo oyan que les digan se encogen, espantan y admiran, y tienen por averiguado que la fingen siendo mentira por burlar dellos y los engañar. Los sabios, los que todo lo han visto, los que todo lo han leído, todo lo menosprecian, todo lo tienen en poco, y así pasando adelante lo ríen y mofan y tachan y reprehenden, mostrando haber ellos visto mucho más sin comparación. Así agora tú considera que no es peor extremo, no creer nada, que creerlo todo, y piensa que ninguna cosa puede imaginar el entendimiento humano que no pueda ser, y que maravilla es que todo lo que puede ser, sea de hecho y acontezca. Pues así agora yo, Micilo, me temo si no quieres creer cosa de cuantas hasta agora te he dicho, y pienses y sospeches que todo ha sido mentira y fingido por te dar pasamiento; y así creo que menos creerás un admirable acontecimiento que agora te quería contar, porque junto con lo que hasta aquí te he contado excede en admiración sin comparación alguna a lo que Demofón tu vecino te persuadió haber visto.

Micilo: Mira, gallo, que entendido tengo que todas las cosas verdaderas que se dicen, si bien se quieren mirar, muestran en sí una verosimilitud que fuerzan al entendimiento humano a las creer; porque luego rehice en ellas aquella deidad de la verdad que tienen en sí, y después desto tiene gran fuerza la autoridad del que las dice, en tanta manera que aun la misma mentira es tenida por verdad. Así que por todas estas razones soy forzado a que lo que tú dijeres te haya yo de creer; por lo cual, di, yo te ruego, con seguridad y confianza que ninguna cosa que tú dijeres dudaré, principalmente que no hay maravilla alguna que me maraville después que vi a ti siendo gallo hablar nuestra lengua; por lo cual me persuades a creer que tengas alguna deidad de beatitud, y que por ésta no podrás mentir.

Gallo: Por cierto yo querría cesar, o Micilo, de mi narración por haberla interrumpido con alguna señal de duda; dejaras en verdad de gozar de la más alta y más felicísima historia que nunca hasta agora ingeniosísimos historiadores han escrito, y principalmente por narrártela yo que soy el que la pasé. Pero por la seguridad que al crédito y fe me tienes dada quiero proceder, porque no quiero privarte del gusto y deleite admirable que en oírla gozarás, y verás después que la hayas oído de cuánto sabor te privaras si por ignorar antes lo que era menospreciaras de lo oír; y conocerás cuánto amigo te soy y buen apaniguado, pues no estimando la injuria que me hacías con tu dudar te comunico tan gran beatitud. Por tanto préstame atención, que hoy verás cuán elegante retórico soy. Tú sabrás que en un tiempo siendo mancebo y codicioso de ver, vino nueva en Castilla que se habían ganado en las partes ocidentales aquellas tierras de las Indias, México, Nueva España y Perú, que nuevamente ganó aquel animoso Marqués del Valle, Cortés; y por satisfacer en alguna manera el insaciable ánimo de mi deseo que tenía de ver tierras y cosas nuevas, determinéme de embarcar, y aventurarme a esta navegación; y así en este mismo deseo me fue para la ciudad e isla de Cáliz donde se hacía el flete más conveniente y natural Donde llegando hallé diez compañeros que con el mismo afecto y voluntad eran venidos allí, y como en aquella ciudad venían muchos de aquella nueva tierra y nos decían cosas de admiración, crecíanos más el apetito de caminar. decíannos el natural de las gentes, las costumbres, atavío y disposición, la diversidad de los animales, aves, frutas y mantenimientos y tierra. Era tan admirable lo que nos decían, juntamente con lo que nos mostraban los que de allá venían, que no nos podíamos sufrir; y así juntándonos veinte compañeros todos mancebos y de una edad, hecho pato entre nosotros inviolable de nunca nos faltar, y celebradas las cerimonias de nuestra amistad con juramento solene, fletamos un navío vizcaíno velero y ligero, todos de bolsa común; y con próspero tiempo partimos un día del puerto, encomendados a Dios. Y así nos continuó siete días siguientes hasta que se nos descubrieron las islas fortunadas que llaman de Canaria, donde tomado nuestro fresco, después de vista la tierra, con próspero viento tornamos a salir de allí; y caminando por el mar al tercero día de nuestro camino, dos horas salido el Sol, haciendo claro y sereno el cielo, dijeron los pilotos ver una isla de la cual no tenían noticia ni la podían conocer, de que estaban admirados y confusos por no se saber determinar, poniéndonos en gran temor; y así a deshora admirábanse más turbados de ver que la isla caminaba más veniendo ella hacia nosotros, que caminábamos nosotros para ella. En fin, en breve tiempo nos venimos tanto juntando, que venimos a conocer que aquella que antes nos parecía isla era un fiero y terrible animal: conocimos una ballena de grandeza increíble, que en sola la frente con un pedazo de cerro que se nos descubría sobre las aguas del mar juzgábamos haber cuatro millas. Venía contra nosotros abierta la boca soplando muy fiera y espantosamente, que a diez millas hacía retener el navío con la furia de la ola que ella arrojaba de sí; de manera que viniendo ella de la parte del poniente, y caminando nosotros con próspero levante nos forzaba calmar, y aun volver atrás el camino. Venía desde lejos espumando y turbando el mar con gran alteración. Ya que estuvimos más cerca, que alcanzamos a verla más en particular, parecíansele los dientes de terrible grandeza, de hechura de grandes palas, blancos como el fino marfil. Venimos adelante a juzgar por la grandeza que se nos mostró sobre las aguas, ser de longura de dos mil leguas. Pues como nos vimos ya en sus manos y que no le podíamos evadir, comencámonos a abrazar entre los compañeros y a darnos las manos con grandes lágrimas y alarido, porque víamos el fin de nuestra vida y compañía sin remedio alguno estar en aquel punto; y así dando ella un terrible empujón y abriendo la boca nos tragó, tan sin embaraco ni estorbo de dientes ni paladar que sin tocar en parte alguna, con gavia, velas y jarcia, y munición y obras muertas, fuemos colados y sorbidos por la garganta de aquel monstruoso pez sin lisión alguna del navío hasta llegar a lo muy espacioso del estómago, donde había unos campos en que cupieran otras veinte mil. Y como el navío encalló quedamos espantados de tan admirable suceso, sin pensar qué podía ser, y aunque luego estuvimos algo oscuros porque cerré el paladar para nos tragar, pero después que nos tuvo dentro y se sosegó traía abierta la boca, de manera que por allí nos entraba bastante luz, y con el aire de su contino resolgar nos entretenía el vivir a mucho descanso y placer. Pareció me que ya que no quiso mi ventura que yo fuese a las Indias por ver allá, que era ésta convenible comutación, pues fortuna nos forzaba en aquella cárcel a ver y gustar de admirables cosas que te contaré; y mirando alrededor vimos muy grandes y espaciosos campos de frescas fuentes y arboledas de diversas y muy suaves flores y frutas; y así todos saltamos en tierra por gustar y ver aquellas estancias tan admirables. Comenzamos a comer de aquellas frutas y a beber de aquellas sabrosas y delicadas aguas, que nos fue muy suave refección. Estaban por allí infinitos pedazos de hombres, espinas y huesos de pescados, y otros enteros que nos empidían el andar; tablas y maderos de navíos, áncoras, gavias, mástiles, jarcia, munición y artillería, hombres y otros muchos animales que tragaba por se mantener. Pero salidos adelante de aquella entrada a un grande espacio que alcanzamos a ver más de quinientas leguas, desde un alto monte vimos grandes llanos y campos muy fértiles, abundantes y hermosos: había muchas aves de diversos colores adornadas en sus plumas que eran de gracioso parecer; había águilas, garzas, papagayos, ruiseñores, sirgueros y otras especies, diferencias de graciosas aves de mucha hermosura. Pues proveyendo que algunos compañeros se quedasen a la guarda del navío, y dejándoles la necesaria provisión, la mayor cantidad de nosotros fuemos de acuerdo que fuésemos a descubrir la tierra por la reconocer. Discurriendo, pues, por aquella deleitosa y fertilísima tierra, al fin de dos días, casi al puesto del Sol, descendiendo de una alta montaña a un valle de mucha arboleda, llegamos a un río que con mucha abundancia y frecuencia corría vino muy suave, tan hondo y tan caudaloso que por muchas partes podían navegar navíos muy gruesos, del cual comenzamos a beber y a gustar, y algunos de nuestros compañeros se comenzaron de la bebida a vencer, y se nos quedaban dormidos por allí que no los podíamos llevar. Todas las riberas de aquel suave y gracioso río estaban llenas de muy grandes y fertilísimas cepas cargadas de muy copiosas vides, con sus pámpanos y racimos muy sabrosos y de gran gusto; de los cuales comenzamos a cortar y comer, y tenían algunas de aquellas cepas figura e imagen de mujeres que hablando en nuestra lengua natural nos convidaban con agraciadas palabras a comer dellas, prometiéndonos mucho dulzor. Pero a todos aquellos que convencidos de sus ruegos y halagos llegaban a gustar de su fruto los dormían y prendían allí, que no eran libres para se mover y las dejar, ni los podíamos arrancar de allí. Destas, de su frecuente manar, destilada un contino licor que hacía ir al río muy caudaloso; aquí en esta ribera hallamos un padrón de piedra de dos estados alto sobre la tierra, en el cual estaban unas letras griegas escritas que mostraban ser de gran antigüedad, que decían haber sido éste el peregrinaje de Bacho. Pasado este gracioso río por algunas partes que se podía vadear, y subida una pequeña cuesta que ponía diferencia entre este valle de Bacho, descendimos a otro no menos deleitoso y de gran sabor, de cuyo gusto y dulzor nos parecía beber aquella bebida que decían los hombres antiguos ser de los dioses por su grande y admirable gusto, a la cual llamaron el néctar y ambrosía. Éste tenía una prodigiosa virtud de su naturaleza, que si alguno escapado del río de Bacho pudiese llegar a beber deste licor era maravillosamente consolado y sano de su embriaguez, y era restituido en su entero y primero juicio, y aun mejorado sin comparación. Aquí bebimos hasta hartar, y volvimos por los compañeros y cual a brazo, cual acuestas y cual por su pie, los trajimos allí, y sanos caminamos con mucho placer. No lejos desta suave y salutífera ribera vimos salir humo, y mirando más con atención vimos que se descubrían unas caserías pobres y pajizas, de lo cual nos alegramos mucho por ver si habitaba por allí alguna gente como nosotros, con que en aquella prisión y mazmorra nos pudiésemos entender y consolar; porque en la verdad nos parecía ser aquello una cosa fantaseada, o de sueño, o que por el rasgo nos la describía algún ingenioso pintor. Pues con esta agonía que por muchos días nos hacía andar sin comer ni beber, sin nos defatigar, llegamos cerca de aquellas casas, y luego en la entrada hallamos una vieja de edad increíble, porque en rostro, meneo y color lo monstró ser así. Estaba sentada entre dos muy perenales fuentes, de la una de las cuales manaba un muy abundante caño de miel, y de la otra corría otro caño muy fértil y grueso de leche muy cristalino, las cuales dos fuentes bajadas a un vallico que estaba junto allí se mezclaban y hacían ambas un río caudal. Estaba la dueña anciana con una vara en la mano, con la cual con gran descuido hería en la fuente que tenía a su mano derecha que corría leche, y a cada golpe hacía unas campanillas, las cuales corriendo por el arroyo adelante se hacían muy hermosos requesones, nazulas, natas y quesos como ruedas de molino, los cuales todos cuando llegaban por el arroyo abajo, donde se mezclaba la fuente del miel, se hacían de tanto gusto y sabor que no se puede encarecer. Había en este río peces de diversas formas que tenían sabor del miel y leche. Y como nosotros la vimos espantámonos por parecernos una prodigiosa visión, y ella por el semejante en vernos como vista súbita y no acostumbrada se paró. Pues cuando volvimos en nosotros, y con esfuerzo cobramos el huelgo que con el espanto habíamos perdido, la saludamos con mucha humildad, dudosos si nos entendiese nuestra lengua, y ella luego con apacible semblante dando a entender que nos conocía por de una naturaleza nos correspondió con la misma salutación, y luego nos preguntó: «Decid hijos, ¿cuál ventura os ha traído en esta tierra, o cuál hado o suerte os cencerró en esta cárcel y mazmorra?». A la cual yo respondí: «Señora, no sabemos hasta agora decir si nuestra buena o mala fortuna nos ha traído aquí, que aún no hemos bien reconocido el bien o mal que en esta tierra hay; solo sabemos ser tragados en el mar por un fiero y espantoso pez, donde lanzados creemos que somos muertos, y para experiencia o más certidumbre desto, nos salimos por estos campos por ver quién habitaba por aquí; y ha querido Dios que os encontrásemos, y esperamos que será para nuestra consolación, pues vemos no ser nosotros solos los encarcelados aquí. Agora querríamos de ti, señora, saber quién eres, qué haces aquí, si eres nacida del mar o si eres natural de la tierra como nosotros; y si de alguna parte de divinidad eres comunicada profetízanos nuestra buena, o mala ventura, porque prevenidos nos haga menor mal». Respondió la buena dueña: «Ninguna cosa os diré hasta que en mi casa entréis, porque veo que venís fatigados. Sentaros heis y comeréis, que una hija mía doncella hermosa que aquí tengo os lo guisará y aparejará». Y como éramos todos mozos y nos habló de hija doncella y de comer, todos nos regocijamos en el corazón, y así entrando la buena vieja en su casa dijo con una voz algo alta cuanto bastaba su natural: «Hija, sal acá, apareja a esta buena gente de comer». Luego como entramos y nos sentamos en unos poyos que estaban por allí salió una doncella de la más bella hermosura y disposición que nunca naturaleza humana crió; la cual, aunque debajo de paños y vestidos pobres y desarrapados representaba celestial dignidad, porque por los ojos, rostro, boca y frente echaba un resplandor que a mirarla no nos podíamos sufrir, porque nos hería con unos rayos de mayor fuerza que los del Sol, que como tocaban el alma éramos así como pavesa abrasados, y rendidos nos postramos a la adorar. Pero ella haciéndonos muestra con la mano, con una divina majestad nos apartaba de sí, y mandándonos sentar con una presta diligencia nos puso uvas y otras frutas muchas y suaves, y de unos muy sabrosos peces; de que perdiendo el miedo que por la reverencia teníamos a tan alta majestad comimos y bebimos de un precioso vino cuanto nos fue menester; y después que se levantó la mesa, y la vieja nos vio sosegados, comenzó a regocijarnos y a demandarnos le contásemos nuestro camino y suceso; y yo como vi que todos mis compañeros callaban y me dejaban la mano en el hablar, la conté muy por estenso nuestro deseo y codicia con que vivíamos muchos años en la tierra, y nuestra junta y conjuración, hasta el estado en que estábamos allí, y después le dije: «Agora tú, madre bienaventurada, te suplicamos nos digas si es sueño esto que vemos, quién sois vosotras y cómo entrastes aquí». Con una alhagüeña humildad que de contentarnos mostraba tener deseo dijo: «¡O hijos y huéspedes amados, todos parece que tenemos la misma fortuna, pues por juicio y voluntad de Dios somos lacados aquí aunque por diversas ocasiones como oiréis. Sabed que yo soy la Bondad si la habéis oído decir por allá; que me crió Dios en la eternidad de su ser, y esta mi hija es la Verdad que yo engendré, hermosa, graciosa, apacible y afable, parienta muy cercana del mismo Dios; de su cogeta a ninguno desagradó, ni desabrió si primero me quisiese a mí. Enviónos Dios del cielo al mundo siendo nacidas allá, y todos los que me recibían a mí no la podían a ella desechar, pero amada y querida la amaban como a sí; y así moramos entre los primeros hombres en las casas de los príncipes y reyes, que con nosotras gobernaban y regían sus repúblicas en paz, quietud y prosperidad; ni había malicia, codicia, ni poquedad que a engaño tuviese muestra. Andábamos muy regaladas, sobrellevadas y tenidas de los hombres: el que más nos podía hospedar, y tenía en su casa, se tenía por más rico, más poderoso y más valeroso. Andábamos vestidas y adornadas de preciosas joyas y muy alto brocado. No entrábamos en casa donde no nos diesen abundantemente de comer y beber, y pesábales porque no recibíamos más; tanto era su buen deseo de nos tener. Topábamos cada día a la riqueza y a la mentira por las calles por los lodos arrastradas, baldonadas y escarnecidas, que todos los hombres por nuestra devoción y amistad gritaban y corrían, y las echaban de su conversación y compañía como a enemigas de su contento y prosperidad. De lo cual estas dos falsarias y malas compañeras recibían grande injuria y vituperio, y con rabia muy canina buscaban los medios posibles para se satisfacer; juntábanse cada día en consulta ambas y echábanse a pensar y tratar cualesquiera caminos, favoreciéndose de muchos amigos que traían entre los hombres encubiertos y solapados que no osaban parecer de vergüenza de nuestros amigos. Estas malditas bastaron en tiempo a juntar gran parte de gente que por industria de una dueña pariente suya que se llama codicia los persuadieron ir a descubrir aquellas tierras de las Indias, donde vosotros decís que íbades caminando, de donde tanto tesoro salió. Éstas se las enseñaron y guiaron, dándoles después industria, ayuda y favor como pudiesen en estas tierras traer grandes piezas y cargas de oro y de plata, y joyas preciosas que de los de aquella tierra estaban menospreciadas y holladas reconociendo su poco valor. Estas perversas dueñas los forzaron a aquel trabajo teniendo por averiguado que estos tesoros les serían bastante medio para entretener su opinión y desarraigarnos del común concebimiento nuestra amistad con la cual estábamos nosotras enseñoreadas en la mayor parte de la gente hasta allí; y así fue que como fueron aquellos hombres que ellas enviaron en aquellas partes y comenzaran a enviar tesoros de grande admiración, luego comenzaron todos a gustar y a poseer grandes rentas y hacienda; y así andando estas dos falsas hermanas con aquella parienta casi de casa en casa les hicieron a todos entender que no había otra nobleza, ni otra felicidad sino ser rico un hombre, y que el que no poseía en su casa a la riqueza era ruin y vil; y así se fueron todos corrompiendo y depravando en tanta manera que no se hablaba ni se trataba otra cosa en particular ni en común. Ya, desdichadas de nosotras, no teníamos dónde nos acoger, ni de quién nos favorecer; ninguno nos conocía, ni amparaba, ni recibía, y así andábamos a sombra de tejados aguardando a que fuese de noche para salir a reconocer amigos, no osando salir de día, porque nos habían avisado algunos que andaban estas dos traidoras buscándonos con gran compañía para nos afrontar do quiera que nos topasen, principalmente si fuese en lugar solo y sin testigos; y así nosotras, madre e hija, nos fuimos a quejar a los señores del Consejo real, diciendo que estas falsarias se habían entremetido en la república muy en daño y corruptela della, y porque a la sazón estaban consultando acerca de remediar la gran carestía que había en todas las cosas del reino, les mostramos con argumentos muy claros e infalibles, ser la causa habernos echado todos de sí, la Bondad y Verdad, madre e hija, y haber estas perversas hermanas, Riqueza y Mentira, y la Codicia; las cuales si se remediaban y se echaban fuera, nos ofrecíamos y obligábamos a volver todas las cosas a su primer valor y antiguo, y que en otra manera verían cómo necesariamente irían las cosas de peor en peor; y nos quejamos que nos amenazaban que nos habían de matar porque así éramos avisadas, que con sus amigos y aliados que eran ya muchos nos andaban buscando procurando de nos haber. Y los señores del Consejo nos oyeron muy bien y se apiadaron de nuestra fortuna y nos mandaron dar carta de amparo, y que diésemos información cómo aquéllas nos andaban a buscar para nos afrontar, y que harían justicia. Y con esto nos salimos del Consejo, y yendo por una ronda pensado ir más seguras por no nos encontrar con nuestros enemigos, fuemos espiadas y salteadas en medio de aquella ronda, y saliendo a nosotras nos tomaron por los cabellos a ambas, y trajéronnos por el polvo y lodo gran rato arrastrando, y diéronnos todos cuantos en compañía llevaban muchas coces, puñadas y bofetadas, que por ruin se tenía el que por lo menos no llevaba en las manos un buen golpe de cabellos, o un pedazo de la ropa que vestíamos; en fin, nos dejaron con pensamiento que no podíamos mucho vivir. Y así como de sus manos nos vimos sueltas, cogiendo nuestros andrajos, cubriéndonos lo más honestamente que pudimos nos salimos de la ciudad, no curando de informar a justicias, temiéndonos que en el entretanto que informábamos nos tornarían a encontrar, y nos acabarían aquellas malvadas; y así pensando que en aquellas tierras de Indias nuevas quedaban sin aquellos tesoros, y las gentes eran simples y nuevas en la religión, que nos acogerían allá, embarcamos en una nao; y agora parécenos que pues la tierra no nos quiere sufrir nos ha tomado en sí el mar, y ha echado esta bestia que tragándonos nos tenga presas aquí, rotas y despedazadas como veis». Y maravillándonos todos deste acontecimiento, las pregunté cómo era posible ser en tan breve tiempo desamparadas de sus amigos, que en toda la ciudad ni en otros pueblos comarcanos no hallasen de quién se amparar y socorrer. A lo cual la hija suspirando, como acordándose de la fatiga y miseria en que en aquel tiempo se vio, dijo: «O huésped dichoso, si el corazón me sufriese a te contar en particular la prueba que de nuestros amigos hice, admirarte has de ver las fuerzas que tuvieron aquellas malvadas; témome que acordándome de tan grande injuria fenezca yo hoy. Tú sabrás que entre todos mis amigos yo tenía un sabio y anciano juez, el cual engañado por estas malvadas y aborreciéndome a mí, por augmentar en gran cantidad su hacienda, torcía de cada día las leyes, pervertiendo todo el derecho canónico y cevil, y porque un día se lo dije, dándome un empujón por me echar de sí, me metió la vara por un ojo que casi me lo sacó, y mi madre me le tornó a derezar; y porque a un escribano que escribía ante él le dije que pasaba el arancel me respondió que si por la tasa del arancel en la paga de los derechos se hubiese de seguir no ganaría para capatos, ni para pan; y porque le dije que por qué interlineaba los contratos, enojándose me tiró con la pluma un tildón por el rostro, que me hizo esta señal que ves aquí que tardó un mes en se me sanar. Y de allí me fue a casa de un mercader y demandéle me diese un poco de paño de que me vestir, y él luego me lo puso en el mostrador, en el cual, aunque de mi naturaleza yo tenía ojos más perspicaces que de lince, no le podía ver, y rogándole que me diese un poco de más luz se enojó; demandéle el precio rogándole que tuviese respecto a nuestra amistad, y luego me mostró un papel que con gran juramento afirmó ser aquél el verdadero valor y coste que le tenía, y que por nuestra amistad lo pagase por allí; y yo afirmé ser aquéllos lejos de mí, y porque no me entendió esta palabra que le dije me preguntó qué decía, al cual yo repliqué que aquél creía yo ser el costo cargando cada vara de aquel paño cuantas gallinas y pasteles, vino, puterías y juegos y desórdenes habían hecho él y sus criados en la feria, y por el camino de ir y venir allá».

Micilo: Y lo mismo es en todos cuantos oficios hay en la república, que no hay quien supla las costas, comer y beber, juegos y puterías de los oficiales en la feria y do quiera que están; y halo de pagar el que dellos va a comprar.

Gallo: De lo cual recibió tanta injuria que tomando de una vara con que medir en la tienda me dio un palo en la cabeza que me hirió mal, y después tendida en el suelo me dio más de mil, que si no me socorrieran las gentes que pasaban, que me libraron de sus manos, me acabara la vida con su rabiosa furia; y quedó jurando que si me tomaba en algún lugar o volvía más allí, que me acabaría, y así yo nunca más volví allá. De allí me llevó mi madre a un cirujano, al cual rogó con gran piedad que me curase, y él le dijo que mirase que le había de pagar, porque la cura sería larga y tenía hijos y mujer que mantener, y porque no teníamos qué le dar, me lo untó mi madre con un poco de aceite rosado, y en dos días se me sanó. Fueme por todos aquellos que hasta entonces yo había tenido en mi familiaridad, y hallélos tan mudados que ya casi no los conocía sino por el nombre, porque había muchos que yo tenía en mi amistad que eran armeros, malleros, lanceros, especieros, y en otros géneros de oficios llanos y humildes contentos con poco, que no se quería apartar del regaco de mi madre, unidos comigo; los cuales agora aquellas falsarias los tenían encantados, locos, soberbios y muy fuera de sí, muy sublimados en grandes riquezas de cambios y mercaderías, puestos ya en grandes honras de regimientos con hidalguías fingidas y compuestas ocupados en ejercicios de caballeros, en justas y juegos de cañas, gastando con gran prodigalidad la hacienda y sudor de los pobres miserables. Éstos en tanta manera se extrañaron de mí que no los osé hablar, porque acaso airados no me hiriesen y vituperasen como habían hecho otros. Y porque parece que los eclesiásticos habían de permanecer en la verdadera religión y que me acogerían, me fue a la iglesia mayor, donde concurren los sacerdotes y clerecía, donde solía yo tener muchos amigos; y andando por ella a buscar clérigos no hallé sino grandes cuadrillas de monas o simios que me espantaron; los cuales con sus roquetes, sobrepellices y capas de coro andaban paseándose por allí, y otros cantando en el coro. Maravillábame que unos tan graciosos animalejos criados en la montaña imitasen tan al natural todos los oficios y ejercicios de sacerdotes a lo menos en lo exterior; y viniendo a mirarlos debajo de aquellos vestidos y ornamentos benditos descubrían el vello, golosina; latrocinio, cocar y mofar, rusticidad y fiereza que tienen en la montaña. Acordéme haber leído de aquel rey de Egipto, de quien escribe Luciano que quiso enseñar a danzar una gran cuadrilla de simios o monas, y para esto los vistió todos de grana, y andando un día metidos en el teatro en su danza con un maestro de aquel ejercicio, al cual los encomendó, se allegó a lo ver un filósofo que conocía bien el natural de aquel animalejo, y echóles unas nueces en el medio del corro donde andaban danzando, y los simios como conocieron ser nueces, fruta apropiada a su golosina, desamparando el teatro, corro y maestro se dieron a tomar de la fruta, y mordiendo y arañando a todos los que en el espectáculo estaban, rasgando sus vestidos echaron a huir a la montaña. Y aún yo no lo pude creer que aquéllos eran verdaderos simios o monas, si no me llegara a uno que representó más santidad y dignidad, al cual tentándole con la tenta en lo interior, rogándole que pues era sacerdote y me parecía más religioso, me dijese una misa por mis difuntos, y púsele la pitanza en la mano, y él muy hinchado me dio con el dinero en los ojos diciendo que él no decía misa en todo el año, y que se mantenía él y una gran familia que tenía de la renta de su dignidad; y como yo le oí aquello no pude disimular tan bárbaro género de hipocresía y soberbia, viendo que siendo mona representaba una persona tan digna y tan reverenda en la iglesia de Dios, que decían ser arcediano. Acordéme de aquel asno cumano, el cual viéndose un día vestido de una piel de león, quería parecer león asombrando con grandes roznidos a todos, hasta que vino uno de aquellos cumanos que con un gran leño nudoso le hirió tan fuertemente que le desengañó haciéndole entender que era asno y no león, y así le abajó su soberbia y locura; y así yo no me pude contener que no le dijese: «Pues señor, ¿el arcedianazgo depone el sacerdocio que no podáis decir misa?»; y él se enojó tanto que me convino huir de la iglesia, porque ya miraba por sus criados que me hiriesen. En estos y semejantes cuentos nos estuvimos gran parte del día hasta que su madre le mandó que no procediese adelante porque recibía dello mucha pena; y yo enamorado della me ofrecía su perpetuo servicio pareciéndome que en el mundo no había cosa más perfeta que desear, y así pensé si querría, por vivir en aquella soledad y prisión, dárseme por mujer; pero no me atreví hasta mirarlo mejor. Y así nos salimos todos en su compañía por aquellos campos, fuentes y praderías por tomar solaz, porque eran aquellas estancias llenas de gusto y deleite, no había por allí planta alguna que no fuese de dulzura admirable por ser regadas por aquellas dos fuentes de leche y miel. En esta conversación y compañía nos tuvieron muchos días muy a nuestro contento, y acordándonos de nuestros compañeros que dejamos en el navío pensamos que sería bueno irlos a buscar y traerlos a aquella deleitosa estancia, porque gozasen de tanta gloria, y así demandando licencia a la madre e hija, guiándonos como por señas al camino, volvimos por los visitar prometiendo volvernos luego a su compañía; y así comenzamos a caminar, y pasando aquellos dulces y sabrosos ríos venimos al de Bacho, el cual pasando por los vados, hallamos ya casi por moradores naturales a nuestros compañeros, casados con aquellas cepas que dije estar por aquellas riberas, que tenían figura y natural de mujeres, de las cuales no los podimos desapegar sin gran dificultad y trabajo, porque los tenían ya cogidos con gran afición. Pero con gran cuidado trabajamos despegarlos de allí, y porque nos temimos no acertar a la casa de la Verdad, acordamos probar a salir de aquella prisión y cárcel, pensando que si saliésemos con ello sería una cosa admirable, y que terníamos más que contar que de las Indias, si allá fuéramos, ni de los siete milagros del mundo; y así pensé una industria que cierto nos valió, y fue que yo hice poner a punto de navegar todo el navío, y compañeros, e hice luego embarcar todo lo necesario para caminar, y cuando todo estuvo a punto hicimos ingenios con que llegamos el navío hasta meterle por la garganta de la ballena, y como la juntamos al pecho que le ocupamos la entrada al paladar nos lanzamos todos en el navío, y con fuertes arpones, lanzas, picas y alabardas comenzamos a herirla en la garganta; y como acontece a cualquiera de nosotros si tiene en la garganta alguna espina que acaso tragó de algún pez que le fatiga, que comienza de toser por la arrancar, así la ballena cuanto más la heríamos más se afligía con toser, y a cada tos nos echaba cincuenta leguas por la garganta adelante, porque cierto nosotros la dábamos gran congoja y fatiga que no podía sosegar, y tanto continuó su toser que nos lanzó por la boca a fuera muy lejos de sí sin algún daño ni lisión; y como escarmentada y temerosa del pasado tormento y pena, huyó de nosotros pensando haber escapado de un gran mal; y así dando todos muchas gracias a Dios guiamos por volver a nuestra España deseosos de desengañar a todos que se ha ido la Verdad huyendo de la tierra; por lo cual no te maravilles, Micilo, si no te la dijo tu vecino Demofón, y si no la vieres ni oyeres en el mundo de hoy más.

Micilo: ¡O soberano Dios, qué me has contado hoy!, ¿que es posible, gallo, que está hoy el mundo sin la Verdad?

Gallo: Como oyes me aconteció.

Micilo: Por cierto cosa es de admiración y me parece que si el mundo está algún tiempo así, en breve se destruirá y se acabará de perder. Por tanto, supliquemos con lágrimas de grande afecto a Dios nos quiera restituir en tan soberano bien de que somos privados hasta aquí. Y agora, pues es venido el día, deja lo demás para el canto que se seguirá.

Fin del décimo octavo canto

Argumento del décimo nono canto del gallo
En el décimo nono canto que se sigue el autor trata del trabajo y miseria que hay en el palacio y servicio de los príncipes y señores, y reprehende a todos aquellos que teniendo alguna habilidad para algún oficio en que ocupar su vida, se privan de su bienaventurada libertad que naturaleza les dio, y por vivir en vicios y profanidad se sujetan al servicio de algún señor.

Gallo: Micilo.

Gallo: Muchas son las cosas, o Micilo, que en breve te he narrado, en diversos estados de la vida acontecidas: caídas y levantamientos, yerros, engaños de todas las condiciones de los hombres, las cuales como hombre experimentado te lo he trabajado con palabras pintar, tanto que en algunos acontecimientos te ha parecido estar presente, por te complacer y agradar, y por hacer el trabajo de tu vida que con tu flaqueza se pudiese compadecer; y ya querría que me dijeses qué te parece de cuanto te he mostrado, cuanto sea verdad el tema de mi decir que tomé por fundamento para te probar cuanto esté corrompida la regla y orden de vivir en los hombres y cuán torcido vaya todo el común. Deseo agora de ti saber cuál es el estado que en el mundo te parece más contento y más feliz, y de dónde se podría decir que mi tema, fundamento y proposición tenga menos cabida y de que no se pueda de todo en todo verificar. Habla, yo te ruego, tu parecer, porque si por falta de experiencia te pareciere a ti que de algún estado no se pueda con justa razón decir, yo trabajaré como bien experimentado de te desengañar. Y quiero que hoy pasemos en nuestra conversación mostrándote que ya en el mundo no haya estado ni lugar que no esté depravado, y en que el hombre pueda parar sin peligro y corrozo de su vivir.

Micilo: Por cierto, gallo, yo puedo con gran razón gloriarme de mi felicidad, pues entre todos los mortales alcancé tenerte a ti en mi familiar conversación, lo cual tengo por pronóstico de mi futura beatitud. No puedo sino engrandecer tu gran liberalidad, de la cual has comigo usado hasta aquí, y me admira tu experiencia y gran saber, y principalmente aquella elocuencia con que tantas y tan diversas cosas me has narrado; en tanta manera que a todas me has hecho tan presente como si pasaran por mí. He visto muy bastantemente la verdad de tu tema y proposición, en que propusiste probar todos los hombres tener engaño y en ningún estado haber rectitud. Pregúntasme agora te diga qué duda o perplejidad haya en mi espíritu de que me puedas satisfacer. Ciertamente te quiero confesar un pensamiento notable que tuve desde mi juventud, y agora no estoy libre dél, y es que siempre me admiró el estado de los ricos y poderosos príncipes y señores del mundo; no solamente estimándolos en mi corazón a ellos por bienaventurados como a poseedores y señores de aquellas riquezas, aparatos y familias que poseen, pero aun me tuviera por bienaventurado si como ministro y criado de alguno de aquellos mereciera yo frecuentar su familiaridad, servicio y conversación, porque aunque no estuviera yo en el punto de la bienaventuranza que ellos tienen como poseedores y señores, a lo menos me contentara si por criado y apaniaguado yo pudiera gozar de aquella poca felicidad y contento que dan aquellos aparatos y riquezas a solo el que los ve; y lo mismo tengo agora, en tanta manera, que si me faltases a me entretener la vida miserable que padezco me iría para allá, principalmente viéndome tan perseguido de pobreza que me parece muchas veces, que vivir en ella no es vivir, pero muy miserable morir, y me ternía por muy contento si la muerte me quisiese llevar antes que pasar en pobreza acá.

Gallo: Admirado me has, o Micilo, cuando habiéndote mostrado hasta agora tanta diversidad de cosas y los grandes infortunios que estén anejos y como naturales a todos los estados de los hombres, a solo el de los ricos tienes inclinada la afición, a los cuales el trabajo es tan natural. Y más me maravillo cuando quejándote de tu estado felicísimo dices que por huir de la pobreza ternías por bien trocar tu libertad y nobleza de señor en que agora estás por la servidumbre y cautiverio a que se someten los que viven de salario y merced de algún rico señor, yo condeno este tu deseo y pensamiento por el más errado y miserable que en el mundo hay, y así confío que tú mismo te juzgarás por tal cuando me acabes de oír; porque en la verdad yo en otro tiempo fue desa tu opinión, y por experiencia lo gusté y me sujeté a esa miseria; y te hago saber, por el Criador, que acordarme agora de lo que en aquel estado padecí se me vienen las lágrimas a los ojos, y de tristeza se me aflige el corazón, como de acordárseme haberme visto en una muy triste y profunda cárcel, donde todos los días y noches aherrojado en grandes prisiones, en lo oscuro y muy hondo de una torre, amarrado de garganta, manos y pies pasé en lágrimas y dolor; así aborrezco acordarme de aquel tiempo que como siervo sujeté a señor mi libertad; que se me espeluzan los cabellos, y me tiemblan los miembros como si me acordase agora de una gran tempestad en que en el golfo de Inglaterra, y otra que en el archipiélago de Grecia en otro tiempo pasé, cuando me acuerdo de aquella contrariedad de los vientos que de todas partes nos herían el navío, el mástil y antena y las velas echadas al mar, ya sin remo ni gobernalle ni juicio que lo pudiese regir. Vernos subir una vez por una ola que por una gran montaña de agua nos llevaba a las estrellas, y después descender a los abismos, y fácilmente volvernos a cubrir de agua otra ola que venía por sobre puente y plaza del navío como si ya sorbido del casco nadáramos a pie por el mar. ¡Ay!, que no lo puedo decir sin suspiro, cuando me acuerdo vernos ir con toda la furia que los vientos nos podían llevar a envestir con el navío en una muy alta roca que parecía fuera del agua, y por comiseración de Dios hincharse tanto el mar, que cubierta la roca de agua fuemos llevados por cima en gran cantidad sin alcanzar a picar el navío en ella. Por lo cual, o Micilo, porque no te puedas quejar en algún tiempo de mí, que te fue mal amigo y consejero, y que viéndote inclinado a ese yerro y opinión no aconsejé bien descubriéndote el daño que después de tragado el cebo en el anzuelo está, y teniendo la meluca en la boca para la tragar no te la hago echar fuera antes que prendiendo la punta en tu paladar, vomites la sangre y vida con dolor. Antes que vengas en este peligro te quiero amonestar como amigo, descubriéndote el veneno que en este miserable estado de siervo está ascondido porque en ningún tiempo te puedas quejar de mí, y si lo que yo te dijere no fuere verdad, si lo probar quisieres, entonces dirás con razón que soy el más fabuloso que en el mundo hay, y no te fíes otra vez de mí, y todo lo que en este propósito dijere quiero decir principalmente por ti, Micilo, por satisfacer a tu perplejidad. Y después quiero que también entiendan por sí todos cuantos en el mundo son, los cuales son dotados de naturaleza de alguna habilidad para aprender, o que saben ya algún arte mechánica, la cual tomada por oficio cotidiano, trabajando a la contina se pueden mantener; o aquellos que en alguna manera se les comunicó por su buen natural alguna ciencia, gramática, retórica, o filosofía, éstos tales merecían ser escupidos y negados de su naturaleza si, dejando el ejercicio y ocupación destas sus ciencias y artes que para la conservación de su bienaventurada libertad les dio, si repudiada y echada de sí, se lanzan en las casas de los príncipes y ricos hombres a servir por salario, precio, jornal y merced. Con solos aquéllos no quiero al presente hablar que el vulgo llama truhanes, chocarreros, que tienen por oficio lisonjear para sacar el precio miserable, que éstos tales son locos, necios, bobos; y porque sé que en los tales no ha de aprovechar mi amonestación dejarlos he, pues naturaleza los dejó privados del sumo bien, que es juicio y razón con que pudiesen dicernir la verdad; y así pues ella los dejó por la hez y escoria de hombres que crió, no la quiero con mi buen consejo al presente repugnar ni contradecir, corrigiendo lo que ella a su propósito formó; y también porque éstos tales son tan inútiles y tan sin habilidad que si les quitásemos por alguna manera este su modo de vivir no restaba sino abrirles el sepulcro en que los enterrar; y así ellos por esta causa no les es alguna culpa ni injuria si afrontados y vituperados de sus señores sufren sin sentir con tal que les pagen su vilísimo jornal e interés. Viniendo, pues, al propósito de nuestra intención, harto pienso que haré hoy, Micilo, si con mi elocuencia destruyere aquellas fuertes razones que tienen a ti, y a los semejantes secaces, pervertida y convencida vuestra intención; porque necesariamente han de ser de doblada eficacia las mías, pues a las vuestras tengo de echar de la posesión y fortaleza en que estaban señoreadas hasta aquí, y debo mostrar ser flacas y de ningún valor, y que de aquí adelante no tengáis los tales con que es escusar, encubrir y defender. Cuanto a lo primero dices tú, Micilo, ser tan bravo enemigo la pobreza en el ánimo generoso, que por no le poder sufrir te quieres acoger a los palacios y casas de los poderosos y ricos hombres, en cuya servidumbre te piensas enriquecer viviendo por merced, precio, y jornal. ¿Dices esto, Micilo?

Micilo: Eso digo, gallo, ser así; y no solo yo, pero cuantos hombres en el mundo hay.

Gallo: Por cierto, Micilo, ya que tienes aborrecida la pobreza en tanta manera que más querrías morir que vivir en ella, yo no hallo cuanto remedio os sea para huir della lanzaros a la servidumbre del palacio, ni me fatigaría mucho en persuadir a los que esa vida seguís por remedio de vuestra necesidad el valor y estima en que la propia libertad se debe tener. Pero si yo veo por experiencia que el palacio no es a los tales menesterosos sino como un jarabe, o flaca medicina, que algún médico da al enfermo por entretenerle en la vida quedando siempre el fuego y fuerza de la enfermedad en su vigor, así, ¿cómo podré yo aprobar vuestra opinión, si siempre con el palacio queda la pobreza, siempre la necesidad del recibir, siempre la ocasión del pedir y tomar? Si nada hay entonces que se guarde, ninguna que sobre, ninguna que se reserve, pero todo lo que se da y que se recibe, todo es menester para el ordinario gasto y aún siempre falta y nunca la necesidad se suple, por mejor se debría tener, Micilo, haberos quedado en vuestra pobreza con esperanza que algún día os alegrara la próspera fortuna, que no haber venido a estado y causas en que la pobreza se conserva y cría, y aun augmenta como es en la vida que por remedio escogéis. En verdad que el que viviendo en servidumbre le parece huir la pobreza no puedo sino afirmar que grandemente a sí mismo se engaña, pues siempre veo al tal menesteroso y miserable y en necesidad de pedir, y que le den.

Micilo: Yo quiero, gallo, responder por mí y por aquellos que la necesidad los trae a este vivir, con los cuales comunicando muchas veces, con mucho gusto y placer, me solían decir los fundamentos y razones con que se apoyaban y denfendían su opinión, que a muchos oí decir que seguían aquella vida del palacio porque a lo menos en ella no se temía la pobreza, pues que conforme a la costumbre de otros muchos hombres trabajaban haber su cotidiano mantenimiento de su industria y natural solicitud, porque ya venidos a la vejez, cuando las fuerzas faltan por flaqueza o enfermedad, esperan tener allí en qué se poder mantener.

Gallo: Pues veamos agora si ésos dicen la verdad; más antes me parece que con mucho mayor trabajo ganan esos tales el mantenimiento que cuantos en el mundo son, porque lo que allí se gana hase de alcanzar con ruegos; lo cual es más caro que todo el trabajo, sudor y precio con que en el mundo se pueda comprar. Cuanto más que aún quieren los señores que se trabaje y se sude el salario, y de cada día se les augmentan dos mil negocios y pleitos para el cumplimiento de los cuales no basta al hombre la natural salud y buena disposición para los poder solicitar, por lo cual es necesario venir a enfermedad y flaqueza, y cuando los señores los sienten que por su indisposición no los pueden servir y abastar a sus negocios, los despiden de su servicio y casa. De manera que claramente ves ser engañados por esa razón, pues les acarreó el palacio más trabajo y por el consiguiente más miseria y enfermedad que llevan cuando a él fueron.

Micilo: Pues dime agora tú, gallo; pues, ¿no te parece que los míseros como yo deben desear aquella vida, por solo el deleite y contentamiento que da vivir en aquellas anchas y espaciosas casas, habitación de dioses y de sola persona real y movidos e incitados de aquellas grandes esperanzas que prometen aquellos poderosos señores con su real y generosa conversación, someternos a su servicio por gozar solamente de aquellos maravillosos terosos, aparadores de oro y de plata, vagillas y tapetes, y otras admirables riquezas que entretienen al hombre en deleite y contentamiento comiendo y bebiendo en ellos, casi en esperanza de los comer y tragar?

Gallo: Esto es, Micilo, lo verdadero que primero se había de decir, que es causa principal que mueve a los hombres semejantes a trocar su libertad por servidumbre, es la codicia y ambición de solo gustar y ver las cosas profanas, demasiadas y superfluas; y no el ir a buscar (como primero decíades) lo necesario y conveniente al cumplimiento de vuestra necesidad, pues eso mejor se hallara en vuestras chocas y propias casas aunque pobres de tesoros, pero ricas por libertad; y esas esperanzas que decís que prometen los señores con la conversación de su generosidad, digo que son esperanzas vanas, y de semejante condición que las promesas con que el amante mancebo entretiene a su amiga, que nunca le falta una esperanza que la dar de algún suceso, o herencia que le ha de venir, porque no piensa poder conservar la vanidad de su amor, sino con la vana esperanza de que algún día ha de tener grandes tesoros que la dar, y así ambos dos confiados de aquella vanidad llegan a la vejez mantenidos de solo el deleite que aquella vana esperanza les dio, abiertas las bocas hasta el morir, y se tienen éstos por muy satisfechos porque gozaron de un contentamiento que les entretuvo el vivir, aunque con trabajo y miseria. Desta manera se han los que viven en el palacio, y aún es de mejor condición la esperanza destos míseros amantes que la de que se sustentan los que viven de salario y merced, porque aquéllos permanecen en libertad, y éstos no. Son como los compañeros de Ulises, que transformados por Circe en puercos, revolcándose en el sucio cieno, estimaban en más gozar de aquel presente deleite y miserable contentamiento que ser vueltos a su humano natural.

Micilo: ¿Y no te parece, gallo, que es gran felicidad y cosa de grande estima y valor tener a la contina comunicación y familiaridad con ilustres, generosos príncipes y señores, aunque del palacio no se sacase otro bien ni otro provecho, ni otro interés?

Gallo: Ha, ha, ha.

Micilo: ¿Y de qué te ríes, gallo?

Gallo: Porque oí cosa más digna de reír. Porque yo no ternía por cosa más vana que comunicar y asistir al rey más principal que en el mundo hay, si otro interés no se sacase de allí; ¿pues no me sería igual trabajo en la vida que haber de guardar tanto tiempo aquel respeto, aquel sosiego y asiento, miramiento y severidad que se debe tener ante la presencia y acatamiento de la gran majestad del rey? Agora, pues que hemos tratado de las causas que les traigan a éstos a vivir en tal vida, vengamos agora a tratar los trabajos, afrentas e injurias que padecen para ser por los señores elegidos en su servicio, y para ser preferidos a otros que están oppuestos con el mismo deseo al mismo salario; y también veremos lo que padecen en el proceso de aquella miserable vida, y a la fin en que acaben. Cuando a lo primero es necesario que si has de entrar a vivir con algún señor, que un día y otro vayas y vengas con gran continuación su casa, y que nunca te apartes de sus umbrales y puerta, aunque te tengan por enojoso e importuno, y aunque con el rostro y con el dedo te lo den a entender, y aunque te den con la puerta en los ojos, no te has de enojar, mas antes has de disimular, y comprar con dineros al portero porque se acuerde de tu nombre, y que al llegar a la puerta no le seas importuno. Demás desto es necesario que te vistas de nuevo con más suntuosidad y costa que lo sufren tus fuerzas conforme a la dignidad del señor que vas a servir; para lo cual conviene que, o vendas tu patrimonio, o te empeñes para delante pagar del servicio si al presente no tienes qué vender, y con esto has de vestirte del color y corte que sepas que más usan o le aplace a tu amo, porque en cosa niguna no discrepes ni pases su voluntad; y también has de mirar que le acompañes con gran cordura do quiera que fuere, que mires si has de ir adelante, o detrás, en qué lugar, o mano; si has de ir entre los principales, o con la trulla y comunidad de familia por hacer pompa y aparato de gente. Y con todo esto has de sufrir con paciencia, aunque pasen muchos días sin que tu amo te quiera mirar a la cara, ni echarte de ver, y si alguna vez fueres tan dichoso que te quisiere mirar, si te llamare y te dijere cualquiera cosa que él quisiere, o se le viniere a la boca, entonces verás te cubrir de un gran sudor, y tomarte una gran congoja, que se te ciegan los ojos de una súbita turbación, principalmente cuando ves los que están alrededor que se ríen viendo tu perplegidad y que mudo no sabes qué decir. En tanta manera que te acontece que preguntándote el señor qué hombre fue el rey Tolomeo, respondas tú que fue hermano y marido de Cleopatra, o otra cosa que va muy lejos de la intención de tu señor. Y a este embaraco de naturaleza llaman los virtuosos que delante están vergüenza, y los desvergoncados dicen que es temor, y los maliciosos dicen que es necedad y poca experiencia; y tú, miserable, cuando has salido tan mal desta primera conversación de tu señor quedas tan mohíno y acobardado que de descontento te aborreces. Y después de haberte fatigado muchos días y sin sueño haber pasado muchas noches con cuidado de asentar y salir con tu intención; y cuando ya has padecido mil tormentos y aflicciones, injurias y afrentas, y no por alcanzar un reino en posesión, o una ciudad, sino solamente un pobre salario de 5.000 maravedís, ya que algún buen hado te favoreció, al cabo de muchos días vienen a informarse de tu habilidad, persona y linaje; y esta pesquisa que de ti se hace no pienses que le es poca ufaneza y presunción a tu señor, porque le es gran gloria que digan que se sirve de hombres sabios y cuerdos; y aún te has de aparejar que has de hacer examen e información de tu vida y costumbres. ¡O desventurado de ti!, qué congojas te toman cuando piensas si por malicia de un ruin vecino que quiera informar de ti una ruin cosa, o que cuando mozo pasó por ti alguna liviana flaqueza, y por no te ver aventajado, por tener envidia de tus padres o linaje, informa mal, por lo cual está en ventura ser desechado y excluido; y también como acaso tengas algún opositor que pretenda lo que tú y te contradiga, es necesario que con toda su diligencia rodee todas las cabas y muros por donde pueda contraminar y abatir tu fortaleza. Este tal ha de examinarte la vida y descubrirte lo que esté muy oculto y sonoliento; y sabida alguna falta o miseria, ha de procurar con toda su industria porque el señor lo sepa, que tengo por mayor el daño que resulta en tu persona saber el señor tu falta verdadera, o impuesta, que no el provecho que podrá resultar de servirse de ti todos los días de su vida. Considera, o Micilo, al pobre ya viejo y barbado traerle en examen su cordura, su linaje, costumbres y ser. Agora, pues, pongamos que todo te suceda bien y conforme a tu voluntad: mostraste tu saber, cordura y discreción; y tus amigos, vecinos, y parientes todos te favorecieron e informaron de ti bien; el señor te recibió; la mujer te aceptó; y al mayordomo despensero y oficiales y a toda la casa plugó con tu venida; en fin, venciste. ¡O bienaventurado triunfador de una gran victoria!, mereces no de roble o arrayán como los otros en la Olimpia, o que por ti se ganó el reino de Nápoles o pusiste sobre el muro la bandera en la Goleta. Razón es que recibas el premio y corona igual a tus méritos, trabajos y fatigas: que de aquí adelante vivas descansado, comas y bebas sin trabajo de la abundancia del señor, y como suelen decir de hoy más duermas a pierna tendida. Mas ante todo esto es al revés, porque de hoy más no has de sosegar a comer ni a beber; no te ha de vagar, dormir ni pensar un momento con ocio en tus propias cosas y necesidades; porque siempre has de asistir a tu señor, a tu señora, hijos y familia; siempre despierto, siempre con cuidado, siempre solícito de agradar más a tu señor; y cuando todo esto hubieres hecho con gran cuidado, trabajo y solicitud te podrá decir tu señor que hiciste lo que eras obligado, que para esto te cogió por su salario y merced, porque si mal sirvieras te despidiera y no te pagara, porque él no te cogió para holgar. En fin, mil cuidados, trabajos y pasiones, desgracias y mohínas te sucederán de cada día en esta vida de palacio; las cuales no solamente no podrá sufrir un libre y generoso corazón ejercitado en alguna virtuosa ocupación, o estudio de buenas letras, pero aun no es de sufrir de alguno que por pereza, codicia y ambición desee comunicar aquellas grandezas y suntuosidades agenas que de sí no le dan algún interés más de verlas con admiración sin poderlas poseer. Agora quiero que consideres la manera que tienen estos señores para señalar el salario que te han de dar en cada un año por tu servicio. Procura que sea a tiempo y a coyuntura y con palabras y maneras que sean tan poco que si puede casi le sirvas de valde: ya después de algunos días que te tiene asegurado y que a todos tus parientes y amigos y a todo el pueblo has dado a entender que le sirves ya, cuando ya siente que te tiene metido en la red y muestras estar contento y ufano, y que te precias de le servir, un día señalado, después de comer hácete llamar ante su mujer y de algunos amigos iguales a él en edad, avaricia y condición, y estando sentado en una gran silla como en teatro, o tribunal, limpiándose con una paja los dientes, hablando con gran severidad y gravedad te comienza a decir: «Bien has entendido, amigo mío, la buena voluntad que hemos tenido a tu persona, pues teniéndote respeto te preferimos en nuestra compañía y servicio a otros muchos que se nos ofrecieron y pudiéramos recibir. Desto, pues, has visto por experiencia la verdad, no es menester agora referirlo aquí, y así por el semejante tienes visto el tratamiento y ventajas que en estos días has tenido en nuestra casa y familiaridad. Agora, pues, resta que tengas cuenta con nuestra llaneza, poco fausto, que conforme a la pobreza de nuestra renta vivimos recogidos, humildes como ciudadanos en ordinario común; de la misma manera querría que sujetases el entendimiento a vivir con la misma humildad, y te contentases con aquello poco que por ti podemos hacer cuanto a grandes salarios, teniendo antes respeto al contentamiento que tu persona terná de servirme a mí, con nuestra buena condición, trato y familiaridad, y también con las mercedes, provechos y favores que andando el tiempo te podemos hacer. Pero razón es que se te señale alguna cantidad de salario y merced, y quiero que sea lo que te pareciere a ti; di lo que te parecerá, porque por poco no te querría desgraciar. Esto todo que tu señor te ha dicho te parece tan gran llaneza y favor que de valde estás por le servir, y así enmudeces vista su liberalidad; y porque no ve que no quieres decir tu parecer, sois concertados que lo mande uno de aquellos que están allí viejos, avarientos, semejantes y criados de la mocedad con él. Luego el tercero te comienza a encarecer la buena fortuna que has habido en alcanzar a servir tan valeroso señor, el cual por sus méritos y generosidad todos cuantos en la ciudad hay le desean servir; y tú te puedes tener por glorioso, pues todos quedan invidiosos deseando tu mismo bien. Y pues los favores y mercedes que te puede cada día hacer son bastantes para pagar cualquiera servicio sin alguna comparación, porque parezca que so color del salario te puede mandar, recibe agora 5.000 maravedís en cada un año con tu ración, y no hagas caudal desto que en señal de aceptarte por criado te lo da para unas calcas y un jubón, con protestación que no parará aquí, porque más te recibe a título de merced, debajo del cual te espera pagar». Y tú confuso, sin poder hablar, lo dejas así, arrepentido mil veces de haber venido a le servir, pues pensaste a trueque de tu libertad remediar con un razonable salario toda tu pobreza y necesidades, con las cuales te quedas como hasta aquí, y aun te ves en peligro que te salgan más. Si dices que te den más, no te aprovechará y decirte han que tienes ojo a solo el interés, y que no tienes confianza ni respeto al señor; y aunque ves claro tu daño no te osas despedir, porque todos dirán que no tienes sosiego ni eres para sufrir y servir un señor. Y si dijeras el poco salario que te daba, injuriaste, porque dirán que no tenías méritos para más. Mira batalla tan miserable y tan infeliz, ¿qué harás?: necesitaste a mayor necesidad; pues por fuerza has de servir confiado solo de la vana esperanza de merced, y la mayor es la que piensa la que te hace en se servir de ti, porque todos estos señores tienen por el principal artículo de su fe, que los hizo tan valerosos su naturaleza, tan altos, de tanta manificencia y generosidad que el soberano poder le tienen usurpado; es tanta su presunción que les parece que para solos ellos y para sus hijos y descendientes es poco lo que en el mundo hay, y que todos los otros hombres que en el mundo viven son estiércol, y que les basta solo pan que tengan qué comer, y el Sol que los quiera alumbrar, y la tierra que los quiera tener sobre sí; y teniendo ellos cincuenta cuentos de renta y más, no les parece un maravedí, y si hablan de un clérigo que tiene un beneficio que la renta 100 ducados, o 1.000, santíguanse con admiración, y preguntan a quien se lo dice si aquel beneficio tiene pie de altar qué puede valer; y muy de veras tienen por opinión que para ellos solos hizo naturaleza el faisán, el francolín, el abutarda, gallina y perdiz, y todas las otras aves preciadas; y tienen muy por cierto que todo hombre es indigno de lo comer. Es, en conclusión, tanta la soberbia y ambición destos, que tienen por muy averiguado que todo hombre les debe a ellos salario por quererse dellos servir. Ya que has visto cómo eligen los hombres a su propósito, oye agora cómo se han contigo en el discurso de tu servicio. Todas sus promesas verás al revés, porque luego se van hartando y enhadando de ti, y te van mostrando con su desgracia y desabrimiento que no te quieren ver, y procuran dártelo a entender en el mirar, y en el hablar, y en todo el tratamiento de tu persona. Dicen que veniste tarde al palacio y que no sabes servir, y que no hay otro hombre del palacio sino el que vino a él de su niñez. Si tiene la mujer o hija moza y hermosa, y tú eres mozo y gentil hombre tiene de ti celos, y vive sobre aviso recatándose de ti: mírate a las manos, a los ojos, a los pies. Mandan al mayordomo que te diga un día que no entres en la sala y comunicación del señor, y otro día te dice que ya no comas en la mesa de arriba, que te bajes abajo, al tinelo, a comer, y si porfías por no te injuriar, mandan al paje que no te dé silla en que te asientes, y tú tragas destas injurias dos mil por no dar al vulgo mala opinión de ti. ¡Cuánta mohína y pesadumbre recibes en verte así tratar!; y ves la nobleza de tu libertad trocada por un vil salario y merced: verte llamar cada hora criado y siervo de tu señor. ¿Qué sentirá tu alma cuando te vieres tratar como a más vil sclavo que dineros costó?, que criado y siervo te han de llamar; y no te puedes consolar con otra cosa sino con que no naciste sclavo, y que cada día te puedes libertar si quisieres, sino que no lo osas hacer porque ya elegiste por vida el servir. Y cuando ya el mundo y tu mal hado te ven ya desabrido y medio desesperado, o por manera de piedad, o por te entretener y prendarte para mayor dolor, date un cebo muy delicado, una dieta cordial como a hombre que está para morir; y sucede que se van los señores un día a holgar a una huerta o romería, mandan aparejar la litera en que vaya la señora y avisan a toda la gente que está a punto, que han todos de cabalgar; y cuando está a caballo el señor y la señora está en la litera, mándate la señora a gran prisa llamar. ¿Qué sentirá tu alma cuando llega el paje con aquel favor?: estás en tu caballo enjaezado a toda gallardía y cortesanía, y luego partes con una brava furia por ver qué te manda tu señora. Y ella haciéndose toda pedazos de delicadeza y majestad te comienza a decir: «Micilo, ven acá; mira que me hagas una gracia, un soberano servicio y placer. Hazlo de hacer con buena voluntad, porque tengo entendido de tu buena diligencia y buena inclinación que a ti solo puedo encomendar una cosa que yo tanto amo, y de ti solo se puede fiar. Bien has visto cuánto yo amo a la mi Arménica, perrica graciosa; está la miserable preciada y muy cercana al parto, por lo cual no podré sufrir que ella se quede acá; no la oso confiar destos mal comedidos criados que aun de mi persona no tienen cuidado, ¿cuánto menos se presume que ternán de la perrilla, aunque saben que la amo como a mí? Ruégote mucho que la traigas en tus manos delante de ti con el mayor sosiego que pudieres llevar, porque la cuitada no reciba algún daño en su preñez». Y luego el buen Micilo recibe la perrilla encomendada a su cargo de llevar, porque casi lloraba su señora por se la encomendar, que nunca a las tales se les ofrece favor que suba de aquí. ¡Qué cosa tan de reír será ver un escudero gallardo, gracioso, o a un hombre honrado de barba larga y gravedad llevar por medio de la ciudad una perrica miserable delante de sí, que le ha de mear y ensuciar sin echarlo él de ver!; y con todo esto cuando se apean y la señora demanda su Arménica no le faltará alguna liviana desgracia que te poner por no te agradecer el trabajo y afrenta que por ella pasaste. Dime agora, Micilo, ¿cuál hombre hay en el mundo por desventurado y miserable que sea, que por ningún interés de riqueza ni tesoro que se le prometa, ni por gozar de grandes deleites que a su imaginación se le antojen haber en la vida del palacio, trueque la libertad, bien tan nunca bastantemente estimado de los sabios, que dicen que no hay tesoro con que se pueda comparar, y vivan en estos trabajos, vanidades, burlerías y verdaderas niñerías del mundo en servidumbre y cautiverio miserable?; ¿cuál será, si de seso totalmente no está privado, y mira siempre con ojos de alinde las cosas, con que todas se le hacen muy mayores sin comparación?, ¿quién es aquel que teniendo algún oficio, o arte mecánica, aunque sea de un pobre capatero como tú, que no quiera más con su propia y natural libertad con que nació, ser señor y quitar y poner en su casa conforme a su voluntad, dormir, comer, trabajar y holgar cuando querrá, antes que a voluntad agena vivir y obedecer?

Micilo: Por cierto, gallo, convencido me tienes a tu opinión por la eficacia de tu persuadir, y así digo de hoy más que quiero más vivir en mi pobreza con libertad que en los trabajos y miserias del ageno servicio vivir por merced. Pero parece que aquéllos solos serán de escusar, a los cuales la naturaleza puso ya en edad razonable y no les dio oficio en que se ocupar para se mantener. Estos tales no parece que serán dignos de reprehensión si por no padecer pobreza y miseria quieren servir.

Gallo: Micilo, engañaste; porque esos mucho más son dignos de reprehensión, pues naturaleza dio a los hombres muchas artes y oficios para los poder aprender; y por su ocio, negligencia y vicio quedan torpes y necios e indignos de gozar del tesoro inestimable de la libertad; del cual creo que naturaleza en pena de su negligencia los privó; y así merecen ser con un garrote vilmente castigados como menospreciadores del soberano bien. Pues mira agora, Micilo, sobre todo, el fin que los tales han, que cuando han consumido y empleado en esto, suez y vil trato, la flor de su edad, ya que están casi en la vejez, cuando se les ha de dar algún galardón, cuando parece que han de descansar, que tienen ya los miembros por el servicio contino inhábiles para el trabajo, cuando tienen obligados a sus señores a alguna merced, no los falta una brizna, una miserable ocasión para le despegar. Dice que por tener grande edad le perdió el respeto que le debía como a señor, o que le trata mal sus hijos, o que quiere mandar más que él; y si eres mozo levántate que te quieres echar con la hija, o con la mujer; o que te hallaron hablando con una doncella de casa en un rincón. De manera que nunca les falta con qué infame y miserablemente los echar, y aun sin el salario que sirvió, y donde pensé el desventurado del siervo que había proveído a la pobreza y necesidad en que pudiera venir, se ofreció de su voluntad a la causa y ocasión de muy mayor, pues echado de aquellas agenas casas viene forzado al hospital. Allí, viejos los tales y enfermos, los dan de comer y beber, y sepultura por limosna y amor de Dios. Resta agora, Micilo, que quieras considerar como cuerdo y avisado ánimo todo lo que te he representado aquí, porque todo lo experimenté y pasó por mí. No cebes ni engañes tu entendimiento con la vanidad de las cosas desta vida, que fácilmente suelen engañar, y mira bien que Dios y naturaleza a todos crían y producen con habilidad y estado de poder gozar de lo bueno que ella crió, si por nuestro apetito, ocio y miseria no lo venimos a perder; y de aquí adelante conténtate con el estado que tienes, que no es cierto digno de menospreciar.

Micilo: O gallo bienaventurado, que bienaventurado me has hecho hoy, pues me has avisado de tan gran bien; yo te prometo nunca serte ingrato a beneficio de tanto valor. Solo te ruego no me quieras desamparar, que no podré vivir sin ti; y porque es venido el día huelga, que quiero abrir la tienda por vender algún par de capatos de que nos podamos mantener hoy.

Fin del décimo nono canto del gallo

Argumento del vigésimo y último canto
En este vigésimo canto el autor representa a Demofón, el cual viniendo un día a casa de Micilo su vecino a le visitar le halló triste y afligido por la muerte de su gallo, y procurando dejarle consolado se vuelve a su casa.

Demofón: Micilo.
Demofón: O Micilo, vecino y amigo mío, ¿qué es la causa que así te tiene atormentado por cuidado y miserable acontecimiento? Véote triste, flaco, amarillo con representación de filósofo, el rostro lanzado en la tierra, pasearte por este lugar oscuro, dejado tu continuo oficio de zapatería en que tan a la continua te solías ocupar con eterno trabajo, consumes agora el tiempo en suspiros. Nuestra igual edad, vecindad y amistad te obliga a fiar de mí tus tan miserables cuidados, porque ya que no esperes de mí que compliese tus faltas, ayudarte he con consejo; y si todo esto no estimares, bastarte ha saber que mitiga mucho el dolor comunicar la pena, principalmente contándose a quien en alguna manera por propia la sienta. ¿Qué es de tu belleza y alegría, desenvoltura y comunicación con que a todos tus amigos y vecinos te solías dar de noche y de día en cenas y convites y fuera dellos? Ya son pasados muchos días que te veo recogido en soledad en tu casa, que ni me quieres ver ni hablar, ni visitar como solías.

Micilo: O mi Demofón, mi muy caro hermano y amigo. Solo esto quiero que como tal sepas de mí, que no sin gran razón en mí hay tan gran muestra de mal. Principalmente cuando tienes de mí bien entendido que no cualquiera cosa hace en mí tan notable mudanza, pues ¿has visto en mí haber disimulado en varios tiempos notables toques de fortuna e infortunios tan graves que a muy esforzados varones hubieran puesto en ruina?, y yo con igual rostro los he sabido pasar. Aunque comúnmente se suele decir que al pobre no hay infortunio, que aunque esto sea así verdad no dejamos de sentir en nuestro estado humilde lo que al ánima le da a entender su natural. Así que tengo por cierto, Demofón, que no hay igual dolor de pérdida ni miseria que con gran distancia se compare con el mío.

Demofón: Mientras más me le has encarecido, más me has augmentado la piedad y miseria que de tu mal tengo, de donde nace en mí mayor deseo de lo saber. Por tanto, no reserves en tu pecho tesoro tan perjudicial, que no hay peor especie de avaricia que de dolor. Por cierto, en poco cargo eres a naturaleza, pues, privándote del oro y riquezas, fue contigo tan liberal de pasiones y miserias que en abundancia te las comunicó. Dime, ¿por qué así te dueles?, que no podré consentir lo pases con silencio y disimulación.

Micilo: Quiero que ante todas las cosas sepas, o Demofón, que no es la que me fatiga falta de dineros para que con tus tesoros me hayas de remediar, ni de salud para que con médicos me la hayas de restituir. Ni tampoco me aflijo por mengua que me hagan las tus vasijas, aparatos y arreos de tapetes y alhajas con que en abundancia te sueles servir. Pero fáltame de mi casa un amigo, un compañero de mis miserias y trabajos, y tan igual que era otro yo; con el cual poseía yo todos los tesoros y riquezas que en el mundo hay; fáltame, en conclusión, una cosa, Demofón, que con ningún poder ni fuerzas tuyas la puedes suplir, por lo cual me escuso de te la decir, y a ti de la saber.

Demofón: No en vano suelen decir, que al pobre es propio el filosofar como agora tú; yo no creo que has aprendido esa retórica en las escuelas de Atenas, con que agora de nuevo me encareces tu dolor, ni sé qué maestro has tenido della de poco acá.

Micilo: Ese maestro se me murió, cuya muerte es causa de mi dolor.

Demofón: ¿Quién es?

Micilo: Sabrás, amigo, que yo tenía un gallo que por mi casa andaba estos días en compañía destas mis pocas gallinas que las albergaba y recogía y defendía como verdadero marido y varón. Sucedió que este día de carnestolendas que pasó, unas mujeres desta nuestra vecindad con temeraria libertad, haciendo solamente cuenta, y pareciéndoles que era el día previllegiado, me entraron mi casa estando yo ausente, que cautelosamente aguardaron que fuese así, y tomaron mi gallo y lleváronle al campo, y con una gran grita y alarido le corrieron arrojándole las unas a las otras; y como suelen decir «daca el gallo, toma el gallo», les quedaban las plumas en la mano. En fin, fue pelado y desnudo de su adornado y hermoso vestido, y no contentas con esto, rindiéndosele el desventurado sin poderles huir, confiándose de su inocencia, pensando que no pasara adelante su tirana crueldad, sujetándoseles con humildad, pensando que por esta vía las pudiera convencer y se les pudiera escapar, sacaron de sus estuches cuchillos, y sin tener respecto alguno a su inocencia le cortaron su dorada y hermosa cerviz, y de común acuerdo hicieron cena epulenta dél.

Demofón: Pues, ¿por faltarte un gallo te afliges tanto que estás por desesperar? Calla que yo lo quiero remediar con enviarte otro gallo criado en mi casa que creo que hará tanta ventaja al tuyo cuanta hace mi despensa a la tuya para le mantener.

Micilo: O Demofón, cuánto vives engañado en pensar que mi gallo perdido con cualquiera otro gallo se podría satisfacer.

Demofón: ¿Pues qué tenía más?

Micilo: Óyeme, que te quiero hacer saber que no sin causa me has hallado filósofo retórico hoy.

Demofón: Dímelo.

Micilo: Sabrás que aquel gallo era Pitágoras el filósofo, elocuentísimo varón, si le has oído decir.

Demofón: Pitágoras, muchas veces le oí decir. Pero dime, ¿cómo quieres que entienda que el gallo era Pitágoras, que me pones en confusión?

Micilo: Porque si oíste decir de aquel sapientísimo filósofo, también oirías decir de su opinión.

Demofón: ¿Cuál fue?

Micilo: Éste afirmó que las ánimas pasaban de un cuerpo a otro; de manera que dijo que muriendo uno de nosotros luego desamparando nuestra alma este nuestro cuerpo en que vivió se pasa a otro cuerpo de nuevo a vivir, y no siempre a cuerpo de hombre: pero acontece que el que agora fue rey pasa a cuerpo de un puerco, vaca o león, como sus hados y susceso lo permiten, sin el alma lo poder evitar; y así el alma de Pitágoras después que acá nació había vivido en diversos cuerpos, y agora vivía en el cuerpo de aquel gallo que tenía yo aquí.

Demofón: Esa manera de decir ya la oí que la afirmaba él. Pero era un mentiroso, prestigioso y embaidor, y también como él era eficaz en el persuadir y aquella gente de su tiempo era simple y ruda, fácilmente les hacía creer cualquiera cosa que él quisiese soñar.

Micilo: Cierto sé yo que así como lo decía era verdad.

Demofón: ¿Como así?

Micilo: Porque en aquel gallo me habló y me mostró en muchos días ser él.

Demofón: ¿Qué te habló? Cosa me cuentas digna de admiración. En tanta manera me admira lo que dices por cosa nueva que si no hubiera conocido tu bondad y sincera condición pensara yo agora que estabas fuera de seso y que como loco devaneas, o que teniéndome en poco pensabas con semejantes sueños burlar de mí. Pero por Dios te conjuro, o Micilo, y por nuestra amistad, la cual por ser antigua entre nosotros tiene muestra de deidad, me digas en particular todo lo que en la verdad es.

Micilo: O Demofón, que sin lágrimas no te lo puedo decir, porque sé yo solo lo mucho que perdí. Habíanme tanto favorecido los hados que creo que en el mundo no haya sido hombre tan feliz como yo. Pero paréceme que este favor fue para escarnecer de mí, pues me comunicaron tan gran bien con tanta brevedad, que no parece sino que como anguila se me deleznó. Solamente me parece que entendí mientras le tuve en le apretar en el puño para le poseer, y cuando pensé que le tenía con alguna seguridad se me fue. También sospecho que los hados me quisieron tentar si cabía en mí tanto bien, y por mi mala suerte no fue dél merecedor. Y porque veas si tengo razón de lo encarecer, sabrás que en él tenía yo toda la consolación y bienaventuranza que en el mundo se podía tener: con él pasaba yo mis trabajos de noche y de día, no había cosa que yo quisiese saber o haber que no se me diese a medida de mi voluntad; él me mostró la vida de todos cuantos en el mundo hay, lo bueno y malo que tiene la vida del rey y del ciudadano, del caballero, del mercader y del labrador; él me mostró cuanto en el cielo y el infierno hay, porque me mostró a Dios y todo lo que gozan los bienaventurados allá. En conclusión, o Demofón, yo perdí un tesoro que ningún poderoso señor en el mundo más no pudo poseer.

Demofón: Por cierto tengo, o Micilo, sentir con mucha razón el gran mal que te han hecho esas mujeres en privarte de tanto bien, cuando queriendo satisfacer a sus vanos apetitos, celebrando sus lascivas y adúlteras fiestas no perdonan cosa dedicada ni reservada por ningún varón, con tanto que ejecuten su voluntad. No miraron que tú no eras hombre con quien tal día suelen festejar, y que por tu edad no entras en cuenta de los que celebran semejantes fiestas, que los mozos ricos sujetos al liviano amor, empleados en las contentar no les pueden negar cosa que haga a su querer; y así para los entretener les demandan en tales días cosas curiosas, en el cumplimiento de las cuales conocen ellas su mayor enamorado y servidor; y así agora dándoles a entender que para su lacivia no los han menester por entrar el tiempo de Cuaresma, mostrando gran voluntad de se contener, pelan aquellos gallos en lugar de la juventud, mostrando menospreciar su gallardía de hoy más; y también pelando aquellos gallos muestran a los mancebos tenerlos en poco, pues pelados de todas sus plumas y hacienda en el tiempo pasado, agora fingiendo recogimiento y santidad, dicen que no los han menester, ¡o animal tirano e ingrato a todo bien!; que en todas sus obras se precian mostrar su mala condición. ¿Y no vían que tú no estabas en edad para burlar de ti?

Micilo: Y aun por conocer yo esa verdad ni me casé, ni las quise ver; y aún no me puedo escapar de su tiranía, que escrito me dicen que está que no hay hombre a quien no alcance siquiera la sombra de su veneno. Solamente me lastima pensar que ya me habían de herir no fue de llaga que se pudiese remediar. Quitáronme mi consejero, mi consuelo y mi bien. Aun plugiese a Dios que en este tiempo tan santo se recogiesen de veras y sin fingir nada tratasen de veras la virtud: ayunar, no beber, ni comer, no burlar, no se afeitar, ni vestirse tan profanamente, y vivir con tanta disolución como en otro cualquier tiempo del año. Pero vemos que sin alguna rienda viven el día de Cuaresma como cualquiera otro. Son sus fiestas las que aborrece Dios, porque no son sino para le ofender.

Demofón: Por cierto, Micilo, espantado estoy de ver la burla destas vanas mujeres, con cuántas maneras de invención pasan su tiempo, y cuántas astucias usan para sacar dineros de sus amantes. Principalmente en estos pueblos grandes de villas y ciudades; porque estas cosas no las saben por los pueblos pequeños, ni ha llegado la malicia humana por allá. Por cierto, cosas hay de gran donaire en estos pueblos grandes que se inventan de cada día, con las cuales los inventores dellas entretienen sus cosas, y hacen su hecho, por su propio fin e interés de cada cual; por cierto que me tienen de cada día en más admiración. Principalmente en este pueblo donde hay tanta concurrencia de gentes, o por causa de corte o de chancillería, porque la diversidad de extranjeros hace dar en cosas, e inventar donaires que confunden el ingenio haberlas solamente de notar; cuantas maneras de santidades fingidas, romerías, bendiciones y peregrinaciones; tanto hospital, colejios de santos y santas; casas de niños y niñas o hospitales de viejos; tanta cofradía de disciplinantes de la cruz y de la pasión, y procesiones; tanto pedigüeño de limosnas, que más son los que piden que son los pobres que la quieran recibir.

Micilo: Por cierto, Demofón, tú tienes mucha razón y una de las cosas de que yo estoy más confuso es de ver que en este nuestro lugar, siendo tan noble y el más principal que hay en el reino, pues de contino reside en él la corte, y a esta causa hay en él más letrados y hombres más agudos en la conversación y cosas del mundo y cortesanía, y en estas cosas son todos en un común más fácilmente arrojados, y aun engañados que todos cuantos otros pueblos hay, que se atreva un hombre a entrar aquí en este pueblo donde está la flor de cordura y agudeza y discreción, y que debajo de un hábito religioso engañe a todo estado eclesiástico y seglar, diciendo que hará volver los ríos atrás, y hará cuajar el mar, y que forzará los demonios que en los infiernos están, y profierese de hacer parir las mujeres cuanto quiera que de su naturaleza sean estériles y que no puedan parir, y que en esto vengan a caer todos los más principales y generosos, y mandan a sus mujeres y parientas se vayan para el zarlo embaidor, para que haga dellas lo que querrá. Que se sufra vivir en este pueblo un hombre que debajo de nombre de Juan de Dios, no se le cierre puerta de ningún señor ni letrado ni se le niegue cosa alguna que quiera demandar, y después le quemen públicamente por somético engañador. Pues, ¿no se ha disimulado también un clérigo que había sido primero fraile veinte años, al cual por tener muestra de gran santidad le fue encargado aquel colegio de niñas?, y tal sea su salud cual dellas cuenta dio. ¿En qué está esto, amigo?

Demofón: A tu gallo quisiera yo, Micilo, que lo hubieras preguntado antes que a mí porque él te supiera mejor satisfacer. Pero para mi bien creo que en alguna manera debo de acertar; que creo que de los grandes pecados que hay en este pueblo viene esta común confusión, o ceguedad, que como no hay en este pueblo más principal ni más común que pecados y ofensas de Dios: pleitos, hurtos, usuras, mohatras, juegos, blasfemias, simonías, trapazas y engaños, y después desto una putería general, la cual ni tiene punto, suelo, ni fin; que ni se reserva día, ni fiesta, Cuaresma, ni aún Semana Santa, ni Pascua en que se deje de ejercitar como oficio conveniente a la república, permitido y aprobado por necesario en la ley, en pena deste mal nos ciega Dios nuestros entendimientos, orejas y ojos, para que avisándonos no entendamos, y oyendo no oyamos, y viendo seamos como ciegos que palpamos la pared. En tanta manera somos traídos en ceguedad que estamos rendidos al engaño muy antes que se ofrezca el engañador. Hanos hecho Dios escarnio, mofa y risa a los muy pequeños niños de muy tierna edad. ¿En qué lugar por pequeño que sea se consintirá, o disimulará lo mucho, ni lo muy poco que se disimula y sufre aquí?, ¿dónde hay tanto juez sin justicia como aquí?, ¿dónde tanto letrado sin letras?, ¿dónde tanto ejecutor sin que se ejecute la maldad?, ¿dónde tanto escribano, ni más común el borrón?, ¿que no hay hombre de gobierno en este pueblo que trate más que su propio interés, y como más se aventajará? Por esto permite Dios que vengan unos zarlos, o falsos profetas que con embaimientos, aparencias y falsas demostraciones nos hagan entender cualquiera cosa que nos quieran fingir. Y lo que peor es, que quiere Dios que después sintamos más la risa que el interés en que nos engañó.

 Micilo: Pues aún no pienses, Demofón, que la vanidad y perdición destas livianas mujeres se le ha de pasar a Dios sin castigo, que yo te oso afirmar por cosa muy cierta y que no faltará, que por ver Dios su disolución, desenvoltura, desvergüenza y poco recogimiento que en ellas en este tiempo hay; visto que así vírgines como casadas, viudas y solteras, todas por un común viven muy sueltas y muy disolutas, y que por la calle van con un curioso paso en su andar, descubierta la cabeza y cabello con grandes y deshonestas crenchas, muy alto y estirado el cuello, guiñando con los ojos a todos cuantos encuentran en la calle, haciendo con su cuerpo lascivos meneos. Por esta su común deshonestidad sey cierto que verná tiempo en el cual ha de hacer Dios un gran castigo, y será que hará que se pelen de todos sus cabellos y que se hagan todas calvas; y será tiempo en que les quitará Dios sus joyeles, sortijas, zarcillos, collares, medallas, ajorcas y apretadores de cabeza; quitarles ha sus partidores de crenchas, tenacicas, salsericas, redomillas y platelicos de colores, y todo género de afeites, sahumerios, guantes adobados, sebos y unturas de manos y otros olores, alfileres, agujas y prendederos; quitarles ha las camisas muy delgadas, y los manteos, basquiñas, briales, saboyanas, nazarenas y rebocinos; y en lugar de aquellos sus cabellos encrespados y enrifados les dará pelambre y calvez, y en lugar de aquellos apretadores y joyeles que les cuelgan de la frente les dará dolor de cabeza, y por cinta de caderas de oro muy esmaltadas y labradas, les dará sogas de muy áspero esparto con que se ciñan y aprieten; y por aquellos sus muy curiosos y suntuosos atavíos de su cuerpo les dará silicio; y desta manera hará Dios que lloren su lascivia y desorden, y que de su lujuria y deshonestidad hagan grave penitencia. Entonces no habrá quien las quiera por su hediondez y miseria; y siete mujeres se encomendarán a un varón y él de todas huirá menospreciándolas y aborreciéndolas como de gran mal.

Demofón: Gran experiencia tengo ser todo lo que dices verdad, por lo cual verná este mal por justo pago de Dios. Y también tienen los varones su parte de culpa, y aun notable, por darles tanta libertad para usar ellas mal destas cosas, y aun de sí mismas sin les ir a la mano, por lo cual permite Dios que ellos vivan injuriados e infames por ellas; que aun ellos no tienen modo ni rienda en su vivir, en su estado y fuerzas de cada cual siendo casados, que todos pasan y se quieren adelantar a la calidad de sus personas y decendencia de linaje, en el traje, comer y beber, y manera de familia y servicio, y porque nos entendamos quiero decender a particular: que se hallará un escribano vil de casta y jaez, que quiere justar, correr sortija y jugar cañas, y otros ejercicios de caballeros en compañía de los más poderosos y generosos de toda la ciudad, y acerca de su oficio (en el cual indignamente subió) no sabe más tratar, ni dar razón que el asno en el prado. Paréceme que una de las cosas que nuestro rey, príncipe y señor había en esta su república de proveer sería de un particular varón de gran severidad, el cual fuese censor general de todas las vidas y costumbres de los hombres de la república, como lo fue aquel Catón famoso censor en la república romana; y a la contina se procurase informar de la vida, costumbres de cada uno y cuando supiese de alguno por información de su desorden y mal vivir, hasta ser informado de su casa trato y conversación de su mujer, familia, comer y beber, entonces le había de enviar a llamar y corregirle de palabras ásperas y vergoncosas, poniéndole tasa y orden y modo de vivir; y si no se quisiese emendar fuese desterrado de la república como hombre que la infamaba y daba ocasión que por su mal vivir entre los extranjeros se tuviese de nuestra república deprabada opinión; y así por el semejante el tal juez y censor fuese cada día pasando las calles de la ciudad mirando con gran atención el traje del uno, y ocupación, el ocio del otro, la habla y conversación de todos en particular y general; y a la contina entendiese en los arrendar, enmendar y corregir, porque ciertamente el hierro y falta del particular viene la infamia en todo el común; y así por el consiguiente viene a tenerse en el universo por infame y corrompida una nación. Todo está ya depravado y corrompido, Micilo; y ya no lleva este mal otro remedio, sino que envíe Dios una general destrucción del mundo como hizo por el diluvio en el tiempo de Noé y renovando el hombre dársele ha de nuevo la manera y costumbres de vivir; porque los que agora están necesariamente han de ir de mal en peor. Y solamente te ruego, Micilo, por nuestra buena y antigua amistad, que por este triste suceso tuyo, ni por otra cosa que de adversa fortuna te venga no llores, ni te aflijas más, porque arguye y muestra poca cordura de un tan honrado hombre como tú; pues en morirte tú se aventura más, y la falta que el gallo hizo a tu buena compañía y consolación la procuraré yo suplir con mi hacienda, fuerzas y cotidiana conversación, de lo cual espero adquirir yo gran interés, pues un buen amigo y vecino con ningún tesoro del mundo se puede comparar.

 Micilo: Por cierto, gran consuelo me ha sido al presente tu venida, o Demofón, de la cual si privado fuera por mi miserable suerte y fortuna pensara en breve fenecer. Pero ya lo que me queda de la vida quiero tomar a ti por patrón; al cual trabajaré regraciar en cuanto podré, porque espero que la falta del gallo se me recompensará con tu buena conversación y aun confío que tus buenas obras se aventajarán en tanta manera que me forzarán de hoy más a le olvidar.

 Demofón: Mucho te agradezco, o Micilo, el respeto que tienes a mi persona, pues así concedes con agradecimiento mi petición. Y pues es hora ya de nos recoger, queda en paz.

 Micilo: Y tú, Demofón, ve con Dios.

FIN DEL CRÓTALON DE CHRISTÓFORO GNOFOSO Y DE LOS INGENIOSOS SUEÑOS DEL GALLO DE LUCIANO, FAMOSO ORADOR GRIEGO

Libros a la carta

A la carta es un servicio especializado para
empresas,
librerías,
bibliotecas,
editoriales
y centros de enseñanza;
y permite confeccionar libros que, por su formato y concepción, sirven a los propósitos más específicos de estas instituciones.

Las empresas nos encargan ediciones personalizadas para marketing editorial o para regalos institucionales. Y los interesados solicitan, a título personal, ediciones antiguas, o no disponibles en el mercado; y las acompañan con notas y comentarios críticos.

Las ediciones tienen como apoyo un libro de estilo con todo tipo de referencias sobre los criterios de tratamiento tipográfico aplicados a nuestros libros que puede ser consultado en Linkgua-ediciones.com.

Linkgua edita por encargo diferentes versiones de una misma obra con distintos tratamientos ortotipográficos (actualizaciones de carácter divulgativo de un clásico, o versiones estrictamente fieles a la edición original de referencia).

Este servicio de ediciones a la carta le permitirá, si usted se dedica a la enseñanza, tener una forma de hacer pública su interpretación de un texto y, sobre una versión digitalizada «base», usted podrá introducir interpretaciones del texto fuente. Es un tópico que los profesores denuncien en clase los desmanes de una edición, o vayan comentando errores de interpretación de un texto y esta es una solución útil a esa necesidad del mundo académico.

Asimismo publicamos de manera sistemática, en un mismo catálogo, tesis doctorales y actas de congresos académicos, que son distribuidas a través de nuestra Web.

El servicio de «libros a la carta» funciona de dos formas.

1. Tenemos un fondo de libros digitalizados que usted puede personalizar en tiradas de al menos cinco ejemplares. Estas personalizaciones pueden ser de todo tipo: añadir notas de clase para uso de un grupo de estudiantes,

introducir logos corporativos para uso con fines de marketing empresarial, etc. etc.

2. Buscamos libros descatalogados de otras editoriales y los reeditamos en tiradas cortas a petición de un cliente.

www.ingramcontent.com/pod-product-compliance
Lightning Source LLC
Chambersburg PA
CBHW030105170426
43198CB00009B/493